马克思主义新闻观
教育统编教材

丛书主编　李昌文
　　　　　常　庆

新闻评论

主　编　张成良
副主编　姜常涵　仇　玲

山东大学出版社
SHANDONG UNIVERSITY PRESS
·济南·

图书在版编目(CIP)数据

新闻评论/张成良主编.—济南:山东大学出版社,2022.5

马克思主义新闻观教育统编教材/李昌文,常庆主编

ISBN 978-7-5607-7438-1

Ⅰ.①新… Ⅱ.①张… Ⅲ.①评论性新闻－教材 Ⅳ.①G20

中国版本图书馆 CIP 数据核字(2022)第 065539 号

责任编辑　滕希功
文案编辑　谭婧婺
封面设计　张　荔

出版发行　山东大学出版社
社　　址　山东省济南市山大南路 20 号
邮政编码　250100
发行热线　(0531)88363008
经　　销　新华书店
印　　刷　泰安金彩印务有限公司
规　　格　720 毫米×1000 毫米　1/16
　　　　　18.25 印张　328 千字
版　　次　2022 年 5 月第 1 版
印　　次　2022 年 5 月第 1 次印刷
定　　价　49.00 元

新媒体背景下传统媒体新闻评论的困境与突围

（代序）

科技事业发展日新月异，新闻传媒的介质呈现出勃勃生机。以博客、播客、微博、微信为载体的新的个性化交互式的新闻评论方式以多姿多彩的形式引领时代风尚，不论是高级白领还是草根阶层都可以通过新媒体渠道发出声音，给社会生活留下了深刻的记忆。① 与此同时，传统媒体虽然也在努力尝试改变叙事文风等，但与开放度较高的新媒体自由言论传播相比，仍然未能引起人们的足够关注，传统媒体新闻评论改革势在必行。

一、传统媒体新闻评论的传播困境

在所有新闻体裁中，新闻评论被喻为传统媒体的灵魂和标志，成为区域宣传舆论导向的风向标，然而这种自上而下的精英式话语传播体系受到了以草根式话语传播为主导的新媒体评论的影响，与此同时，各种媒介渠道传播的言论文章也大行其道。这样的新闻评论传播背景使得传统媒体陷入新闻评论传播困境，如何突围成为摆在传统媒体面前的一道难题。

1.选题内容失衡之困

新闻评论是针对新闻事件而生发的评论，是社会各界对社会政治经济局势及事件发表的言论与主张。传统媒体隶属地方党委，行政权力对媒体运行有相当的制约力。围绕地方政府党的中心工作与重大事件，传达党的指示，反映公众观点，以此体现党和人民的意志，应是传统媒体评论的立足点。在实践运行过程中，一些传统媒体顾虑到新闻评论选题面临的政治风

---

① 参见杨焕周：《新媒体态势下的党报言论策略》，《城市党报研究》2009年第5期。

险，片面看待评论取向或照搬照抄文件或热衷于大而空的选题，缺少有针对性的见解。这种保守的选题造成了政府与民众期许的错位，形成了话语失衡的局面，使传统媒体的舆论引导作用受到限制，更影响了传统媒体的市场竞争力。

2.传播渠道之困

目前的传统媒体发行渠道中，仍然并存着计划与市场的“双轨制”现象，大多数传统媒体由于没有走上市场化道路，仍然依靠红头文件、行政命令、发行指标等按计划发行。① 发行渠道的窄化决定了传播渠道的受限，传播渠道的受限影响了区域新闻评论语态的传播，区域新闻评论传播的受限进而弱化了传统媒体的区域舆论引导地位。与之相对应的是，城市晚报、都市报等致力于市场份额最大化的报纸则最大限度地发挥了舆论引领的作用。突破地域限制的新媒体则以其特有的交互性、时空开放性和即时性等特点，自发形成了民间话语体系的新闻评论渠道。近年来随着报网融合实践的推动，许多传统媒体适时推出其网络平台，与受关注度较高的网络社区论坛、博客相比，网络传统媒体的传播渠道因为交互功能的缺乏，并未产生预期的传播效果。因此，相对于新闻评论总体上的蓬勃发展，一些传统媒体评论的现状并不乐观，反而有被边缘化的危险。②

3.传播功能错位之困

传统媒体作为反映社情民意和舆论监督的重要桥梁，要求评论从社会宏观的发展视野出发，在区域舆论引导中发挥重要作用，然而处于转型期的媒介生态矛盾横陈，使得评论的引导有所倾向，或听命于部门授意，放弃对地方热点的参与，任由异地媒体的舆论监督，这种地方媒体失声、外地媒体补位的舆论引导对地方媒体的社会公信力影响极大。此外，回避民生问题，弱化政府与民间的矛盾，也是传统媒体舆论引导功能错位的表现之一，如强制拆迁暴力事件引发的案件。设想如果传统媒体及时发挥相关舆论引导功能，就可以避免类似事件的发生。

二、传统媒体新闻评论趋弱的问题分析

传统媒体评论趋弱，归根到底反映出传统媒体发展中的深层次问题并呈现出一些结构性矛盾。这些矛盾的相互牵制，影响了传统媒体新闻评论

① 参见程颖刚：《传统媒体的市场定位及市场化运营》，《传媒》2006 年第 2 期。

② 参见田大宪：《制度视野下城市党报评论的创新之路》，《新闻知识》2008 年第 5 期。

在新媒体背景下的同步发展。

首先，制度设计对传统媒体定位产生影响和制约。传统媒体作为新闻产业的组成部分，同时又作为政府舆论喉舌，受到制度设计的影响较为明显，这种影响对其舆论引导及定位产生了消极作用。作为主流媒体，在传递主流社会价值观的过程中，传统媒体被赋予言论的生产者与把关人的身份，但这种权力的赋予并不意味着对信息源加工过程中，根据制度设计加以定向选择，即只反映地方政府观点才能体现正确的价值观。实际上，在现有的社会舆论生产过程中，公众舆论的多元呈现也不容忽视，特别是新媒体背景下，民众选择话语的渠道已不仅限于传统媒体，而是通过网络、移动网络等多元渠道进行言论发布。近年来，常常有传统媒体片面理解舆论导向，以为与政府意见不同的观点就不正确，甚至地方政府因为追求区域发展的片面利益违背国家大政方针的意见，也被作为评论的立论基点，而将地方公众的利益诉求视为正向舆论的对立面。这种依照制度设计人为撕裂舆论的做法为突发公众事件包括新媒体事件埋下了伏笔。

其次，舆论引导模式与新媒体时代受众诉求并不合拍。以正确的舆论引导人，是传统媒体新闻评论的社会责任，发挥评论的社会效益，是传统媒体评论的应有追求；但是习惯于传达精神、表达宣传思想诉求的社论、评论员文章，往往只是对相关政府文件的二次解读与褒颂，是附丽于政策方针之后的“硬评论”。[①] 与之相因应的是，在激烈的观点市场竞争中更胜一筹的“软评论”——时评，这种新鲜活泼的评论体裁，迅速在城市晚报、都市报乃至网络中占有一席之地。受众在对新闻事件的深入解读过程中，往往更倾向于注重事实判断依据、有较强时效性和针对性的新闻评论。

再次，舆论监督与批评权限之间的矛盾影响了传统媒体新闻评论的权威性。批评是新闻评论的重要特征之一，如果批评受限势必会影响到舆论监督的开展，由此影响到新闻评论的开放性。就评论的功能而言，传统媒体评论理应对一切违背公众利益的政策、做法实施监督，然而在中国现有的行政体制内，由此行政级别确定的媒体权限形成了特有的媒介生态，使得传统媒体在监督对象、批评层级、评论话题、监督力度等方面无法达到国家级媒体乃至省级媒体的高度。在对一些突发事件处理过程中，在地方政府与外地媒体进行舆论监督博弈的过程中，一些传统媒体甚至为了树立地方政府

① 参见黄保才：《运用本地化策略激活党报评论——以〈台州日报〉“台州湾时评”栏目为例》，《新闻实践》2008年第12期。

形象,不惜与外地媒体展开论战,成为地方政府申辩的工具。[①] 这种是非不清,甚至指鹿为马的新闻评论对媒体公信力造成的伤害极大,影响到传统媒体长期积累的权威性主流媒体形象,这种形象会随着突发事件的频繁发生而不断被销蚀,一旦达到临界状态,将进入不可逆的传播可自持状态,传统媒体的权威形象将再也无法修复。

三、协同传播:传统媒体新闻评论的突围之路

传统媒体评论的现实困境与滞后原因表明,增强与提升传统媒体的核心竞争力,必须着眼于创新发展。创新发展,既包括新闻评论内容的创新,又包括新闻评论渠道的创新,而内容的创新归根结底是打造出符合新媒体传播现状的新的开放性传播渠道。这就要求在以传统媒体为核心的传播渠道建设过程中,通过媒介融合的内容整合,形成具有一定竞争力、突破区域影响力的新的协同传播模式。

协同传播是在参照协同理论(又称"协同学")的基础上建构起来的指导新闻传播实践的新型信息传播模式。在新媒体时代,伴随着传播方式改变的是信息的高度碎片化,作为话语权表征的新闻评论在碎片化语境中极易形成相互之间的干扰,在彼此扰动的过程中形成一种无序的熵增状态。面对信息的碎片和无序化发展方向,协同传播显得尤为必要。协同理论[②]创造人赫尔曼·哈肯(Hermann Haken)认为,子系统的相干性和互相作用,产生系统整体功能大于要素功能的简单的数字之和。[③] 系统演进过程中,各子系统会通过相互协同作用,在自身涨落力的推动下,以自组织的方式趋向于新的平衡。在新闻评论传播的过程中,与新闻评论传播相关的(如跟帖留言等)、相干的以及其他的信息碎片形成了复杂的系统结构,在自组织的作用下,优质的信息开始以集束的方式把包裹着同一评论的信息组传播到新媒体平台上,并吸引相似的信息进一步集结,朝着一个舆论方向推进,从而形成一个新的有序结构,这就是新媒体对新闻评论的协同传播过程。

---

① 2006年,潼关事件发生后,针对《河南商报》的报道,潼关本地的传统媒体对地方政府违规罚款事件进行"漂白",发表了大量相反的新闻评论,由此引发了媒体论战。

② 协同传播是在媒介融合语境下产生的新的传播模式。哈肯根据物理光学中激光的谐波振荡发现了协同理论,并根据理论发展推广到社会学各个方面,包括舆论的生成等。

③ 参见黄瑞刚:《危机中政府与媒体互动的协同效应》,《国际新闻界》2010年第5期。

1.协同传播中的“舆论领袖”

在传播学中，人际传播相对于大众传播更具有渗透力，相较于程式化的大众传播，人际传播具有一定的人际交往基础，而人传人的链条式结构通过网络可以形成几何级数的传播速度。[①] 舆论形成离不开人际传播，而人际传播又离不开“舆论领袖”。一些晚报、都市报的新闻评论之所以引人关注，是因为它们培养了一批在新媒体环境中有一定“粉丝”群体的“舆论领袖”，成为引导舆论的重要因数。

在“舆论领袖”引导舆论的过程中，笔者借鉴了抽屉式传播模式进行分析：这种传播模式以“舆论领袖”为中心，由地方（城市）政府部门、粉丝群体和相关新闻信息组成新闻评论信源。其中，“舆论领袖”作为传播模式的核心组织力量，好比拉抽屉的人，其他信源好比三个盛满东西的抽屉，新闻传媒通过与各信源沟通互动，抽取各信源掌握的信息，经过整合（评论）后呈现给受众，再通过受众反馈，及时将反馈信息传递给三个信源，形成信息传播的完整链条（如图1所示）。

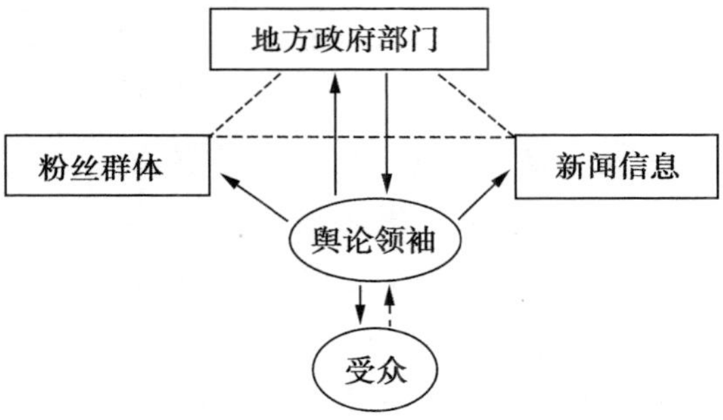

图1　舆论领袖抽屉式模式

在传统媒体的新闻评论人才培养过程中，通过新媒体人际社交网络传播模式，逆向打造出具有新媒体时代特征的新闻评论人才。即在新媒体语境下，将人际传播中的“舆论领袖”与大众传播中评论专栏评论者的身份合二为一，由“舆论领袖”进一步打通两个舆论场。以“舆论领袖”为轴心，形成兼顾粉丝群体、当地政府部门、相关新闻信息等多要素协同参与的新闻评论传播新模式。经过多年探索实践，目前一些传统媒体以专栏等形式积极探索协同传播的新模式，一些专栏作家通过开通微博、博客等方式增加网络的影响力，逐渐向网络社区“舆论领袖”的身份转化。虽然还没有取得立竿见影的成效，却迈出了打通舆论场的坚实一步。除了“舆论领袖”的自我培养，基于新媒体的评论专家引进成为协同传播人才培养的另一渠道。

① 利用社会网络进行一系列活动，包括组织、讨论、计划还有宣传，这种网络人际传播被西方社会称为“脸谱革命”和“推特起义”。

2.协同传播中的媒介系统开放

德国物理学家、协同学创始人哈肯认为，舆论起着序参数的作用，它支配着人的意见，强制形成一种大体上是一致的舆论，借以维持其自身的存在。[①] 在新媒体背景下，以草根话语为标志的流行舆论的兴起，影响着区域舆论的生成。作为信息传播系统的子系统，传统媒体与新媒体均有着不同的传播话语体系，以协同学的视角，传统媒体新闻评论作为传播子系统的舆论，要么受到流行舆论的影响，要么游离于流行舆论之外在相对封闭的渠道内传播。协同传播对于流行舆论的要求源于媒介系统的开放，开放边际的传播子系统间的信息流动，是协同传播形成的基本前提。

目前，协同传播在媒介内容与产业融合过程中，新媒体作为传播的新渠道，在媒介内容选择上以舆论需求为导向，开辟了媒介系统开放的新路径。作为传统媒体的报刊媒体，在整合系统资源过程中，在新闻评论内容生产的基础上，利用网络传播、移动网络传播，形成评论内容的边际开放，形成评论反馈的话语边际开放，最终促成媒介子系统之间的完美融合。尽管新媒体具有许多优点，也逐渐为受众所认可，对流行舆论起着重要的推动作用，但无论如何，新媒体由于信源的不确定性以及新闻评论的随意性，使得其很难成为主导区域舆论的主流媒体。与此同时，传统媒体等主流媒体只要与时俱进，在媒介系统开放中继续强化组织传播和把关人角色，在澄清传言、权威发布信息方面仍能起到主导舆论的作用，这也是传统媒体新闻评论改革的内在动力。

在传统媒体新闻评论内容生产实践中，《襄阳日报》敢于创新，评论版面开发过程强化品牌意识与边际开放，“汉江时评”版面推出了强调“舆论领袖”话语模式的“博士论坛”以及强调网络话语体系的“汉江微评”专栏，其中微评的尝试基于新媒体系统的开放而引入，这样的实践使得传统媒体新闻评论系统更开放，信息交流能力显著增强。

3.协同传播中的地域特色融合

目前许多传统媒体相继创办了时评栏目，甚至开辟时评版面，这在一定程度上打破了传统媒体评论严肃有余、活泼不足的局面。不过，这些时评特别是批评性的言论，大多倾向于评论外地新闻事件，属于异地监督或就事论事。传统媒体的优势在于做大做强本地新闻，只有立足于本地，强化地域特

---

① 参见[德]赫尔曼·哈肯：《协同学：大自然构成的奥秘》，凌复华译，上海译文出版社 2005 年版，第 89 页。

色，才能摸索出一条以本地化策略激活传统媒体评论的新路。所谓本地化策略，一是强调时评要从本地新闻事件或新闻现象切入，以本地作者、本地媒体评说本地时事；二是将外地新闻事件本地化，即找到外地新闻事件与本地实际的内在联系展开评说，从而增强时评的针对性、可读性和影响力。①当传统媒体把突出本地地域特色作为协同传播的着眼点，等待传统媒体的将是区域舆论主导的最佳机会，抓住新闻评论改革的机会，传统媒体的选题则变得更加丰富多彩。

总之，传统媒体新闻评论的突围是一项系统工程，离不开观念的创新。在现有的新媒体环境下，推进传统媒体改革，充分发挥媒介、政府、公众的合力，协同传播，共同推进，才能有效提升其影响，增强新闻评论传播的实力。

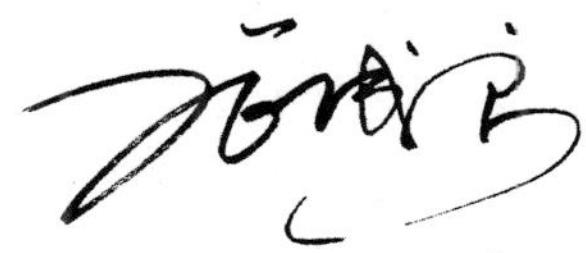

2021 年 7 月

① 参见黄保才:《运用本地化策略激活党报评论——以〈台州日报〉“台州湾时评”栏目为例》,《新闻实践》2008 年第 12 期。

前　言

在新闻传播学专业框架里，采、写、编、评作为新闻实务的四大课程体系在新闻专业人才培养方面发挥着重要作用。在新兴媒介形态不断演进、深度赋能传统媒体新闻生产的当下，新闻评论的生产范式受到新媒体思维的影响，在评论主体、内容形态、传播渠道、传播效果等诸问题中均发生一定的变化。如何在新兴媒介背景下培养高水平的新闻评论人才，使之在表达社情民意、引导社会舆论、弘扬社会正能量等方面发挥积极作用，这既是新闻传播人才培养的需要，也是新闻评论课程设置的根本要求。《新闻评论》是在当下媒介大变革环境下，推出的"马克思主义新闻观"系列教材之一，旨在提升相关专业学生的新闻评论写作水平。在编写过程中，编写组强调"新思维""新案例""新视角"对于全书编写的引导，以期为新时代新闻评论教学提供全新的教学参考范式。

全书由张成良教授确定编写宗旨、体例与规范，并进行全书的统稿。编写团队具体分工如下：

第一章，新闻评论的性质与新闻评论的形态，张成良；

第二章，新闻评论的党性原则，仇玲；

第三章，新闻评论的主体，张成良；

第四章，新闻评论中的事实，李晓慧；

第五章，新闻评论的选题策划，姜常涵；

第六章，新闻评论的论证，仇玲；

第七章，新闻评论的标题制作，张成良；

第八章，新闻评论的文风与语言，姜常涵；

第九章，报纸评论，李珂心；

第十章，广播、电视新闻评论，姜常涵；

第十一章，网络新闻评论，尹美琪。

本书借鉴了诸多专家学者的研究成果，他们这些年来开拓性的成果成为后继者得以滋养的丰厚馈赠。感谢编写团队克服疫情困难，不断通过线上会议讨论教材框架，推敲应用案例的使用等，正是大家的积极努力才促成本书的顺利面世，我们也将在教材的后续使用过程中不断摸索改进，让本书更好地服务于读者。

编 者

2021 年 7 月

目录

上篇　理论篇

下篇　实践篇

上　篇

理论篇

第一章　新闻评论的性质与新闻评论的形态

【学习要点】

了解新闻评论的选题原则，熟悉新闻评论的分类。对新闻评论中的观点、事实和论证要求有一定的掌握，把握新闻评论的结构与节奏。掌握评析新闻评论、撰写新闻评论稿件的能力。在具体的评论形态中，了解报刊类评论的写作、广播电视类新闻评论的写作以及网络新闻评论的写作。在具体的学习实践中，把握新闻评论写作的文风和特点，能够独立完成新闻评论的撰写要求，是本章学习的重点。

新闻评论是新闻体裁中最重要的一类，它代表着媒体对新闻事件的判断、观点和立场。从本质上看，新闻评论是认识与意见表达的文本。一篇好的新闻评论，反映了作者认识问题、分析问题的思路和见解，同时也反映出媒体的公众舆论引导的特征。可以说，撰写新闻评论是一个新闻工作者应该具备的基本新闻写作能力。

人们通过翻阅报刊，收听收看广播电视来获得时下新闻事件的各种评论，它们种类多样，表现形式丰富多彩。透过这些新闻评论，人们能够感受到的不仅是信息，还有信息带来的“色彩”和“温度”，进而从中感知社会，与社会同频共振。那么日常我们所见的新闻评论应该如何分类呢?

按照评论对象的内容分类，可以分为政治评论、军事评论、社会评论、经济评论、国际评论、体育评论等。

按照评论性的功能分类，有鼓舞型评论、批评型评论、论战型评论、解说型评论等。

按照评论论证的角度分类，有理论性评论、驳论性评论、阐述性评论、提示性评论、解释性评论等。

事实上，不同国家由于文化背景不同，所以新闻评论从文体上的分类也不同。具体说来，西方国家以及我国港台地区一般将新闻评论分为社论、专论、释论、短评和杂志评论这五种形态。社论一般是编辑部就重大问题发表的评论，突出媒体对新闻事件的态度和主张；专论一般是社会知名专家学者对一些问题的具体意见和评论文章等；释论实质是解释性的评论，分析事件的诱因并给出发展趋势的一般判断；短评是作者对社会生活方方面面的评论文章；杂志评论是在时事杂志上发表的评论文章。

我国根据媒体形态不同，一般将新闻评论分为报刊类、广播类、电视类、网络新媒体类。

报刊类的评论一般可以分为 10 类，包括编辑部文章、社论、本报评论员文章、本报特约评论员文章、记者述评、短评、编者按、编后、署名评论、杂文。

广播类评论一般分为 7 类，包括本台评论、本台评论员评论、记者述评、广播谈话、本台短评、编后话、署名评论。

电视评论起步较晚，一般包括评论、短评、编后话、电视访谈、观察和思考、电视政论片、广而告之、电视述评论栏目等。

网络新媒体类评论是近年来新兴的评论体裁，包括网站评论、专家评论、转发其他媒体的评论、网民新闻点评和网络电子论坛等。

上述媒介评论中，尽管网络新闻评论起步最晚，但其交互性、即时性和非线性的新媒体功能确保了公众参与评论的可能性，有公众广泛参与的评论会强化其平台属性，提高群众参与意见表达的积极性，媒介的中间属性得以突显，公众舆论场域开始形成。

第一节　新闻评论概述

新闻评论从内容分析上看，主要包括了事实和观点两个要素，没有事实不能构成新闻，没有观点就不能构成评论。运用事实或话语证明观点的过程，便是新闻评论中的论证。新闻评论本身具有强烈的说服性，通过说服的方式使读者（观众）获得共识，进而形成对新闻事件的认同。

一、新闻评论中的观点

新闻评论中的观点是作者传达给读者（观众）的态度，在提供新闻事实的同时，申明自己的态度。新闻评论中的观点事实上是作者引导读者（观众）对新闻事件的认识和检索。从新闻的属性来看，有的新闻并未提供观点，只是叙述新闻事件本身的发展和对现场进行再现，这类情况的出现缘于媒体对新闻认识得不够深刻，仅关注信息传播本身，尚未考虑通过评论深化公众对于事件的认知。有的新闻报道虽然未提供观点，但通过受访者的选择以及受访者回答问题的内容，婉转地表达了新闻事件的观点，这种情形一般出现在媒体不便于表达态度和看法的具有争议性的事件报道活动时。还有的新闻媒体直接亮明观点和态度，旗帜鲜明地表达媒体的立场。这种情况一般出现在事件本身立场清晰或没有其他选择余地的刚性事件。例如2019年10月NBA休斯敦火箭队经理莫雷发表关涉香港问题的不当言论一事，对我国媒体来说，事件本身的立场不容辩驳。

就新闻评论中的观点如何进行分析和判断，马少华在《新闻评论教程》中认为："价值与事实是人类生活的两个界域，也是人们的基本认识层面的分界。因此，它是我们对新闻事件发表看法的两大领域。它们有不同特点、规则，表现出不同的方式，也有不同的要求。"①

对于观点的判断，可以从事实判断与价值判断两个层面入手。事实判断解决的是事实本身的内在逻辑，包括事实的构成、关系、原因与结果。价值判断解决的是新闻事实价值层面的评价，是对事实的见解与判断。

新闻评论从本质上看是对新闻事件的认识活动，认识活动的判断是论点，是新闻评论表现出对事件的见解，是写作者主观性的价值判断。论点是新闻评论中重要的观点判断标准。原人民日报社总编辑邵华泽对论点提出的要求是：科学性、有新意、鲜明、全面、深刻。这种提法具有一定的代表性的。其中，科学性和深刻是人们对于新闻评论论点的普遍要求。科学性是评论的观点在逻辑上的可论证性，客观上观点的合理性；深刻是要求评论的论点论人所未知，论人所未见。

新闻评论中的观点不等同于论点，观点强调的是作者对于新闻事件的认识、判断、见解等，其普遍存在于新闻评论作品中。论点则强调某一特定观点在全篇作品中占据的核心地位。因此，论点作为核心观点，是全篇文章围绕展开的灵魂所在。在具体论证中，观点支持论点，观点论证有着强大的震撼力。新闻评论家邵飘萍在一篇评论中曾经提到，帝王思想误尽袁世凯

① 马少华：《新闻评论教程》，高等教育出版社2012年版，第27页。

一生。这句话竟一语成谶，四年后得以应验。

从观点的具体表现方式来看，评论中存在特定的语言标记语，如："认为""看来""必将""肯定""未必"等。如"从目前情势看，民间机构造假必将丧失社会公信力，自然会受到应有的惩罚"。

二、新闻评论中的事实

新闻评论所包含的要素除了观点之外，还包括新闻事实。新闻事实是新闻评论的前提基础，是使新闻评论具有新闻属性的靶标，也是新闻评论具有现实意义的立足点和出发点。源于新闻事实的评论是有针对性的评论，也是引导新闻事实在公众中产生影响的质料。

新闻评论中的事实是动态发展的事实，在评论中主要承担着四个"作为"：作为由头的逻辑起点；作为判断的评论对象；作为论据的事实支撑；作为背景的论证铺垫。

作为由头的逻辑起点，新闻事实既是新闻评论的事实，也是评论针对的对象。虽然新闻评论不能离开新闻事实而存在，但未必所有的新闻事实都能成为新闻评论的由头，而成为新闻由头的事实必然具有广泛的社会关注，甚至具有争议性。这也说明，以新闻事实引出的新闻评论，除了能够更清晰地解读新闻事实之外，也使得新闻事实本身更加清晰，同时也可能对未来事件的发展指明大概的方向。

下面的新闻评论就是一个很好的例子。

警惕"精致的形式主义"①

这样一些新闻，让人看了如鲠在喉、不吐不快：抓餐饮浪费，一些店家则推出"称体重点餐"举措、出台"'N'个人只能点'N－2'个菜"的规定；抓农贸市场精细化管理，个别执法人员便拉着直线检查摊位上菜品是否摆放整齐，甚至连鲜带鱼也要一刀剪齐；抓环境卫生，有管理者要求"一平方米内的烟蒂不得多于两个""厕所内的苍蝇不得多于3只"，或把地面灰尘扫起来过秤"以克论净"。如此规定，看起来挺严格、挺精细，可稍作探究，有几个不是流于形式摆摆样子？

形式主义已经成为人人喊打的过街老鼠，那种"开会摆鲜花、迎宾铺红毯"、一眼就能看出来的形式主义少了，打着"精细管理""绣花功夫"的幌子、

① 刘庆传、颜云霞：《警惕"精致的形式主义"》，《新华日报》2020年10月12日。

跟手机拍照一样用“美颜”功能修饰过的形式主义却多了。习近平总书记强调，要摸清形式主义、官僚主义在不同时期、不同地区、不同部门的不同表现，紧密联系具体实际，既解决老问题，也察觉新问题；既解决显性问题，也解决隐性问题；既解决表层次问题，也解决深层次问题。而“精致的形式主义”就是形式主义的变种，是需要认真解决的新问题。

相比于那些典型的形式主义表现，“精致的形式主义”有些新特点：用“美颜”进行精心包装，似乎很“新鲜”，乍一看“不违和”，但通常“不经看”；往往打着“精细管理”“绣花功夫”的幌子，如果不琢磨，还真让人以为是作风细致。应该说，“精致的形式主义”也下了功夫，可功夫却没下在“啃硬骨头”抓落实上，而是下在了搞形式创新、做表面文章、摆“花架子”工程上。说到底，“精致的形式主义”依然是只重形式不重内容、只重过程不重结果、只看表面热闹不看实际效果的典型，是中看不中用的“绣花枕头”。

形式主义由来已久。《资治通鉴》记载了这样一个细节：隋朝大业六年，各蕃部落酋长齐聚洛阳，炀帝杨广命令集市内用丝绸缠树、店铺内必须挂设帷帐、酋长到餐馆吃饭店主必须免费，连卖菜的人也要用龙须席铺地。这种“打肿脸充胖子”的形式主义，连一些酋长都“看不下去”。实际上，即便是在古代，人们对形式主义也深恶痛绝。后周太祖郭威要求奏章照实报来即可，直陈其事最佳，不要讲究辞藻；明太祖朱元璋严令群臣奏折要“许陈实事，不许繁文，若过者罪之”，这都是古人反对形式主义的典型案例。

既然形式主义古已有之且一直不乏反对者，为何到现在还未绝迹？这一方面是因为形式主义具有很强的顽固性，在一些人看来，形式主义闻起来臭却吃起来香，有时还“很好用”“很顶用”；另一方面是因为，形式主义往往很“狡猾”，善于“基因重组”，长于“变形变异”，总能根据形势变化及时“换装”，摇身一变，让人一时难以识别。“精致的形式主义”就是用精细化管理和“绣花功夫”等精心“美颜”过的形式主义，因为具有很强的隐秘性和欺骗性，往往更容易迷惑人。

形式主义是党和人民事业的大敌。不管是什么形式主义，我们都要旗帜鲜明地反对。反对形式主义，首先要坚持辩证思维，把必要的形式和形式主义区分开来。内容是形式的根本，形式是内容的表现方式。有些工作讲究仪式感是需要的，但过度讲究仪式感，甚至把形式当成工作的全部，只顾形式而不顾内容，只顾表面热闹而不管效果好坏，这就沦为形式主义。形式主义具有多样性和变异性，对此必须时刻保持清醒头脑、睁大“火眼金睛”。

"精致的形式主义"讲究数的精确、形的精美、势的浩大，披着精美的外衣，尤其需要认真防范。形式主义是官僚主义的"孪生子"、弄虚作假的"龙凤胎"，反对各式各样的形式主义，就要反对形形色色的官僚主义和弄虚作假。

一株带刺的毒草，人们容易"识"而远之；一株带毒的鲜花，却容易让人中招上当。显性的形式主义人们一眼就能看穿，隐性的形式主义却常常迷惑人们的眼睛。要看到，形式主义越"美颜"、越"精致"，就越难以识别，浪费的人力物力往往越多，危害性也越大。这提醒我们，对"精致的形式主义"，任何时候都要擦亮眼睛、保持警惕、坚决反对。

文章以当前生活中存在的形式主义为新闻事实，列举了诸如抓环境卫生，有管理者要求"一平方米内的烟蒂不得多于两个""厕所内的苍蝇不得多于3只"等现象，强调形式主义的危害性，作为自古有之的形式主义问题如何提高警惕。作者同时将包装的精致的形式主义呈现出来，突出形式主义的隐蔽性和社会影响，引导人们擦亮眼睛，反对各种显性与隐性的形式主义。

作为判断的评论对象，新闻事实给予的是能够提供事实判断的实体依据。事实本身具有不可辩驳的真实性，因此能够增强论证的客观力量。

作为论据的事实支撑，新闻事实提供了类比论证的案例，提供了新闻事件的其他视角。

作为背景论证铺垫的事实，是新闻评论中论证的逻辑起点，论证源于事实，也依赖于事实，以"述评"方式进行的新闻评论可读性更强，文本的靶标更加明晰。缺乏事实背景铺垫的评论更像是"对空言说"，言之无物，言之无基。当然，作为铺垫的事实只能以论证背景出现，有关细节的选择与陈述只是为后文的论证提供依据，否则便会出现本末倒置的问题。

事实在新闻评论里的力量是巨大的，这要求新闻评论者做好日常积累，将发生过的新闻事件作为事实出现在后续的新闻评论写作中，保持开放状态，将新闻事实纳入新闻评论中，使得"用事实说话"的评论文风成为一种写作常态。

三、新闻评论中的论证

论证是增加一个论点可接受程度的方法与手段。在新闻评论的要素中，观点与事实作为静态的要素存在，其结构性过程便是论证的动态过程。新闻评论的论证讲究理性，通过逻辑思维能力建构一种理性的推理过程。

常见的新闻评论中的论证包括：因果论证、条件论证、演绎论证、归纳论证、类比论证、比喻论证和对比论证。

（一）因果论证

因果论证是根据客观事物内在的因果联系进行推理的一种论证方式。因果论证具有两个明显的特点：一是在时间关系上，由因而果，因在先，果在后。在新闻评论中，从目前的结果，追溯到这个结果形成的根源，或者从已知的原因出发，推导出它的结果。二是因与果的必然逻辑，此因必成此果。应该说，因果是一种强逻辑关系，因为因果带来了事件结果的最终归因。笔者在《博士买题案，行贿"潜规则"的一次示众》一文中就运用了因果论证："正是因为文化制度理解的不同，所以买题案甫一公布，就引来许多争议：有人认为举报的老师虚伪、矫情，不念师生之谊，把学生送进囹圄，由此毁了女博士的一生；也有人觉得，女博士行贿教师被判入狱是咎由自取，怨不得别人。"①文化制度理解作为因，惹来争议作为果，这样的因果论证链条就自然成立了。

（二）条件论证

条件论证强调一种情况对另一种情况的直接影响，从形式逻辑上看可以叫作条件联系。应当说，因果联系可以看作是一种条件联系，但并不是所有的条件联系都是因果联系。二者存在的区别在于范畴不同。例如同一性与差异性的联系是条件联系，但不是因果联系，同样地，偶然与必然的联系也不是因果联系。从推理思维上看，条件论证采用假言推理，即由此条件导致此结论。一般采用"如果……就……"，"除非……不……"。笔者在《绿色GDP缘何难入地方政府"法眼"？》一文中，运用的就是条件论证："如果没有前期试点使用，仓促上阵的绿色 GDP 核算必然会出现种种技术等问题，那样的话相关部门拒绝核算就会更加理直气壮。"②在这里"仓促使用绿色GDP核算"是"地方政府理直气壮拒绝"的前提条件。

（三）演绎论证

演绎论证是演绎推理的论证，它强调从一般到特殊，从普遍性到特殊性。演绎论证的论点与论据之间的联系是必然性联系。运用三段论推理形式进行论证，这在新闻评论和一般论文中相当广泛。《登徒子好色赋》中宋玉运用演绎论证自己并非好色："天下之佳人莫若楚国，楚国之丽者莫若臣

① 张成良：《博士买题案，行贿"潜规则"的一次示众》，《鲁东大学报》2006年12月20日。

② 张成良：《绿色 GDP 缘何难入地方政府"法眼"？》，《鲁东大学报》2006年12月10日。

里，臣里之美者莫若臣东家之子。东家之子，增之一分则太长，减之一分则太短，著粉则太白，施朱则太赤。眉如翠玉，肌如白雪，腰如束素，齿如含贝。嫣然一笑，惑阳城，迷下蔡。然此女登墙窥臣三年，至今未许也。”他先是强调东家之子的美貌对周围人的影响，然后演绎个人的特殊，由此论证自己并非好色。

（四）归纳论证

归纳论证是通过归纳推理进行论证的方法。与演绎论证不同，其强调的是从个别到全面，从特殊到一般。这种特殊的论证是具有代表性的，可以成为归纳佐证的材料。笔者在《“沙尘四月”何时休？》一文中运用了归纳论证：“回顾我国沙尘暴的统计资料，20 世纪 50 年代共发生过 5 次，60 年代 8 次，70 年代 13 次，80 年代 14 次，90 年代 23 次；2000 年一年就发生 12 次，2001 年至 2005 年末共发生 6 次。尽管数字上升之快让人心惊，但是看完这组数字，我们还是满怀美好心情地想象：2001 年以来，沙尘暴似乎已经得到了治理。”[①]通过数据的变化，由特殊到一般，得出整体上的结论。

（五）类比论证

类比论证是运用类比推理的方式进行论证。是根据两个或两类对象有部分属性相同，从而推论出它们的其他属性也相同。类比推理也是一种必然性推理。笔者在《比劫持更可怕的是冷漠》一文中列举了类比论证的事例：“同年 5 月，烟台市曾发生了类似的两起抢劫案。4 名歹徒乘一辆出租车连续作案，疯狂抢劫单身行路女子。事后，烟台日报社《今晨 6 点》刊登了题为《女子凌晨被抢，出租司机助纣为虐》的文章，把目睹抢劫而无动于衷的司机推上了道德审判的法庭！然而时隔不到三个月，类似的抢劫案如出一辙地被再次演绎出来，小文成为这次事件的受害者！”[②]两相比较，既确定了本文要评论的小文遭遇的实质，也点明冷漠带来的影响更加可怕。

（六）比喻论证

比喻论证是通过打比方来说明问题，具有生动活泼、深入浅出的特点。新闻评论中使用比喻论证更容易使人理解本体，能够获得更深刻的评论效果。笔者在《英才何必论出处》一文中，将人才比喻成菜，将用人单位比喻成摘菜人：“其实剜到篮子里的也未必就都是菜！即便把‘菜’放在了你的篮子

---

① 张成良：《“沙尘四月”何时休？》，《鲁东大学报》2006 年 5 月 15 日。

② 张成良：《比劫持更可怕的是冷漠》，《鲁东大学报》2006 年 11 月 30 日。

里，也未必就能用好这篮子‘菜’，搞不好只能眼看这些‘菜’白白地烂掉。”[①]

（七）对比论证

对比论证是通过对比不同性质的事物或者通过对比同一事物的不同表现来说明道理。对比论证可以突出说明事物的同与异，能给读者、听众留下深刻的印象。在《纪念白求恩》[②]一文中，介绍白求恩精神时使用了“对工作的极端负责任，以及对同志对人民的极端的热忱”。与之相对应，指出其他同志“不少的人对工作不负责任，拈轻怕重，把重担子推给人家，自己挑轻的”。这样的对比突出了白求恩同志毫不利己的精神面貌。

第二节　新闻评论的特点

新闻评论不同于其他文体，新闻报道强调的是新闻事实的报道，其客观性记录的特征显而易见，事实上，新闻报道通过对客观事实的在场性描述，建立的是客观的事实范畴，新闻评论是依托于客观新闻报道的主观性评述，涉及意识形态的引领与价值导向的树立。新闻评论也不同于文艺作品，文艺作品出于意识形态需求的符号建构，透过现实生活的观察与体验，形成独特的艺术观念后，通过特定符号的使用，形成在外观与细节等方面与现实生活有高度相似性的面貌和逻辑。

当然，新闻评论与理论性文章也存在显著的区别，虽然二者均强调主观性的“论说”，但在选题方向、立论基点、时效要求、论证方法以及卒章显志方面，均有着各自的倾向与不同。最重要的是，新闻评论立足于“新闻”，以追求社会“热点”“疑点”“难点”和“焦点”等影响社会舆情的问题为立足点，其价值在于引导新闻舆论，让民众更好地认识新闻事实和现象，对新闻作出恰如其分的分析和评价。

具体来说，新闻评论的特点应具备现实的新闻性、强烈的时效性、鲜明的思想性，选题具有广泛的关注性等。

关于新闻评论特点的论述林林总总，具有一定影响力的如下：

新闻评论是一种具有新闻性、政治性和群众性等显著特征的评论

---

① 张成良：《英才何必论出处》，《鲁东大学报》2006年3月30日。

② 《毛泽东选集》第2卷，人民出版社1991年版，第659页。该文是毛泽东在1939年12月21日为纪念白求恩写的悼念文章。

文章。[①]

新闻评论主要特点：鲜明的政治性、强烈的新闻性、广泛的群众性和严格的科学性。[②]

新闻评论的特性大致有以下几点：新闻评论所依赖事实的新闻性，新闻评论传播的时效性，新闻评论论说的理论性，新闻评论内涵的思想性，新闻评论传播知识的有益性。[③]

新闻评论的根本特征可归纳为三点，即：论题具有强烈的新闻性，论理具有鲜明的思想性，论说具有广泛的公众性。[④]

我们根据各位专家学者对于新闻评论的总结，认为新闻评论具有以下几个特性：现实的新闻性、强烈的舆论引导性、鲜明的思想性、广泛的群众性。

一、新闻评论应具备现实的新闻性

新闻评论首先源自新闻，是次生于新闻消息后的新闻作品类型，有新闻才能有评论，有评论必然有新闻，因此新闻评论本质上仍然属于新闻范畴，其新闻性影响着传受对象和传播效果。

新闻评论具备的现实新闻性包含着两个层面：一是基于新闻事实而存在，二是基于新闻时效而存在。

新闻事实是新闻评论最显著的特性，新闻评论之所以引起广泛关注，源自人们对于新闻本身的关注，一些具有广泛影响的新闻一经报道，立刻会引起轩然大波，从新闻到新闻评论，是新闻有机运动的自然过程。新闻从来不是一个静态和孤立的存在，而是在社会因素综合作用下不断发展变化的过程，作为有机运动的重要参与对象，新闻评论在其中也起到了重要的作用，要么推动了新闻事实的传播，要么改变了新闻事件中当事者的行为态度，从而影响到新闻事件的发展。不可否认，新闻评论作为有机新闻运动中的变量作用，其本身也受到新闻事实的影响，新闻事实报道的偏颇甚至虚假，往往也会影响到新闻评论的价值判断。这涉及从新闻报道回溯到新闻事实的选题能力和价值判断能力，新闻报道未必是新闻事实，而基于新闻报道的新

① 参见范荣康：《新闻评论学》，人民日报出版社 1988 年版，第 5 页。

② 参见秦珪、胡文龙：《新闻评论学》，中国人民大学出版社 1987 年版，第 8～15 页。

③ 参见吕智胜主编：《新闻评论》，北京师范大学出版社 2010 年版，第 13 页。

④ 参见丁法章：《当代新闻评论教程》，复旦大学出版社 2012 年版，第 31 页。

闻评论往往会受到新闻报道本体的影响。

2020 年 4 月,《南风窗》《澎湃新闻》《新京报》等多家媒体报道,原杰瑞副总裁鲍某涉入性侵案,对方是他的“未成年养女”,该事件一时间引爆舆论。爆料人即视频中的女孩小兰(化名)自述,从 2016 年刚满 14 岁起,便开始遭身为烟台一上市公司高管的养父的长期性侵,被用“各种方式折磨”。因为《南风窗》与财新网报道存在着较大的分歧,由此引来更多媒体参战。随后,基于这些新闻报道的各种新闻评论大量出现在各种媒体上,“性侵幼女”“性侵养女”成为价值判断的起点。事实上,这些新闻评论在强调评论的价值判断和引导的同时,都不约而同地忽略了新闻性这一新闻评论的鲜明特性,在面对单信源新闻报道时,生怕在舆情中缺位的媒体一拥而上,迅即形成一股舆论风潮,裹挟在风潮里面的既有施害者鲍某,也有烟台本地的公安机关,同时受到影响的还包括杰瑞集团和中兴通讯股份有限公司,新闻评论与新闻报道引发了广泛的社会关注和舆情。

几乎在同一时间,媒体间的论战也引发了网友的站位和评论。如有网友在知乎上质疑财经新闻的报道:“这样一个涉及近年来多国社会最痛心疾首的女童保护议题,‘特稿’记者最后唯一的指向,是一段充满个人高度臆测的洛丽塔式的故事。”

9 月 17 日,随着最高检、公安部联合督导组通报,这一长达五个月之久的新闻事件才最终宣告平息。通报显示:鲍某涉嫌性侵韩某某案调查情况,经过全面深入的调查,现有证据不能证实鲍某的行为构成刑事犯罪。

后真相时代新闻事件的动态发展性意味着许多新闻评论也会由此迷失方向。新闻报道一旦失之偏颇,建立在新闻报道基础上的新闻评论也必然面临着“连坐”的命运。虽然新闻评论者无法到新闻现场去核查一切事实,但这并不意味着新闻评论者就可以信口开河,新闻评论者出于新闻敏感和对新闻事实的判断都将影响到新闻评论的价值取向。

有人总结 2020 年的新闻事件发现,2020 年重大舆情事件几乎全部反转:除了鲍某的反转外,罗某“用强奸犯的污名换前男友社会性死亡”反转事件、晨小晨“装被盗号假死又复活导致现象级网暴”反转事件、苟某“抢冒名顶替热度夸大式维权”反转事件、教师体罚学生吐血“血衣是假,哮喘是假,网络炒作是真”反转事件。这些反转事件中的新闻评论无一例外不被带偏了节奏,最终成为新闻评论的一地鸡毛。

应该说,新闻评论不仅要考虑到评论文本本身,还要回溯到新闻事件上去，因为新闻性特征决定了即便书写再完美的评论，终究离不开母体新闻报道本身的影响。因此，新闻评论从来不会是静态的孤立存在，其必然生存于新闻事件产生、发展和结束的大环境里，这是新闻本身的属性要求，也是新闻评论的天然使命。

二、新闻评论应具备强烈的舆论引导性

新闻评论作为重要的新闻体裁，在各个时期的新闻舆论引导工作中成为宣传的一面旗帜，是我国开展新闻舆论引导工作的一件重要“法宝”。虽然新闻报道本身因为议程设置以及新闻主体价值倾向等因素的存在而带有一定的立场倾向，但与新闻评论相比，新闻报道本身还是被赋予了更多客观事实的叙事功能。新闻评论作为一种有立场、有态度、有观点的新闻产品，是媒体传播的主要面相，是舆论引导的有效手段和有力武器。① 习近平总书记指出：“舆论导向正确，就能凝聚人心、汇聚力量，推动事业发展；舆论导向错误，就会动摇人心、瓦解斗志，危害党和人民的事业。”②如果说新闻报道解决了“发生了什么”的事实呈现问题，那么新闻评论应该是“如何看待”和“怎样看待”的路径引导问题。舆论引导在重大的新闻事件中发挥着澄清事实、凝聚人心、形成共识的作用，从这一视角来看，新闻评论具有工具理性，是重要的舆论引导武器。

新闻舆论是人们认识主客观世界并通过其加以沟通、协商进而取得共识的重要媒介，属于社会意识形态概念范畴。③ 新闻评论是引导和产生新闻舆论的重要手段，在新媒体技术环境下的重要突发性事件中，围绕新闻事件的各类信息纷纭错杂，引导群众产生正确的舆论观，推动事件的正向发展，让人们逐渐看清事件的本质属性并作出相应的正确的行动，这不仅是政府的职责所在，更是新闻媒体的主要工作内容。

抗击新冠肺炎疫情的实践也充分证明，只要我们准确发声、解读政策、回应关切，就能有效引导社会舆论。④ 2020 年 1 月，新冠肺炎疫情暴发初期，有关疫情发生的源头、新冠肺炎的预警、社区隔离等各类信息铺天盖地，使

① 参见秦俊：《融媒时代新闻评论的舆论引导策略》，《新闻世界》2020 年第 4 期。

② 本书编写组编著：《〈中共中央关于坚持和完善中国特色社会主义制度、推进国家治理体系和治理能力现代化若干重大问题的决定〉辅导读本》，人民出版社 2019 年版，第 291 页。

③ 参见张成良：《新闻舆论：概念源流与内涵解读》，《中国社会科学报》2017 年 3 月 16 日。

④ 参见秦俊：《融媒时代新闻评论的舆论引导策略》，《新闻世界》2020 年第 6 期。

得各种新闻评论也未能形成有效的舆论引导。

新闻评论一开始未能迅速形成积极的舆论场，少部分媒体在新闻评论撰写、舆情回应以及引导舆论等方面表现得乏善可陈。具体表现为新闻评论真实性和专业性缺失、新闻评论议题失焦以及公共议题新闻评论的同质化现象严重等，导致新闻评论不仅没有发挥舆论引导的优势，反而引发了负面舆情。① 具体说来，主要源于以下几个原因：一是事发突然，国家政府与社会需要时间认清疫情的防控措施和办法，作为新闻评论者的个体在没有成熟经验指导的情况下，也无法作出准确判断，因此在舆情引导中思路不够明晰，态度也不够坚决。二是事件重大，相关新闻报道与信息海量传播，新闻评论者在短时间内无法抓住事件的主要矛盾方向，新闻评论也就无法迅速引导舆论。三是西方舆论与国内批评者的话语方式夸大了疫情发生后的负面问题和社会影响。随着时间的推移和人们对疫情认识的提高，全民抗疫的社会环境逐渐形成，以个体行动自觉支持抗疫行动成为社会共识，在各大媒体新闻评论与网络评论的推动下，积极正确的舆论引导氛围得以确立，新媒体评论的作用开始得到充分体现，一些优秀的新闻评论作品随之出现，如《湖南日报》刊发的《防控重大疫情，我们在一起》、《湖北日报》刊发的《非常之时，果断之举——坚决遏制疫情扩散蔓延》、北京广播电视台播出的《防疫一天“7 张表”，形式主义何时了？！》等，这些新闻评论作品成为抗疫宣传中新闻媒体给予的一抹亮色。

在重大的新闻事件中，经过充分策划的新闻评论能够敏锐地抓住社会矛盾和公众的情绪，通过耐心说服，诚恳沟通，循循善诱，化解矛盾，凝聚共识，形成舆情引导与社会治理的重要力量。② 值得一提的是，随着新兴媒体的兴起，媒介形态的泛化使得新闻评论写作趋向泛化，人人皆是“麦克风”，人人都是评论者。媒介环境的开放与社会情绪化释放使得新闻评论在舆论引导中面临着巨大压力，说服难，认同更难。在这样的现实舆论环境中要想发挥新闻评论的功用，就要增强媒体新闻评论的选题策划意识，打通几个传媒舆论场，建立起新闻评论者广泛的社会影响力，同时利用新媒体矩阵提升新闻评论的传播范围，形成主导社会舆论的重要力量。

---

① 参见朱迪：《新闻评论在重大突发事件中的舆论引导分析——以新冠肺炎疫情期间的主流媒体为例》，《新闻知识》2021 年第 1 期。

② 参见桑翔：《发挥新闻评论的舆论引导排头兵作用》，《新闻战线》2020 年第 8 期。

三、新闻评论应具有深刻的思想性

评论的思想性，就是要站在政治高度明辨是非，阐明立场，表明观点，给出导向。新闻评论属于意识形态范畴，是评论者对新闻事实发表的看法、观点，它强调评论者的立场、态度，评论者旗帜鲜明地肯定什么、否定什么，而不是人云亦云、随波逐流。① 这就关涉思想性的问题，思想性的高度决定了新闻评论的舆论引导力，决定了媒介的独特品格。新闻评论最根本的任务是要有清晰的评论立场。有评论者认为："如果手中无利矢，心中无靶子，不明指向，不知所云，再精美的文字也打动不了人。"②事实证明，有深刻思想性的新闻评论往往能够引起广泛共鸣，从而形成舆论引导的重要声音。

要把握新闻评论的思想性，首先，评论者要深入基层，经过调查研究对新闻事实有一个独特的判断，确认新闻报道的价值导向问题，在新闻事实清晰、价值引领准确的基础上进行新闻评论的文本写作。对于不同的媒体形态，新闻评论也存在着不同的要求，一般而言，广播、电视媒体的新闻评论与新闻采访紧密联系在一起，新闻工作者深入基层就意味着与新闻事实无限接近，这样的新闻评论最接地气、最具生命力。其次，评论者要学会"吃透两头"。所谓"吃透两头"，就是吃透中央的精神，吃透基层的实情。"吃透"就是深刻、全面、准确领会中央精神，深刻学习中央的精神，了解掌握最基层的实际情况。③ 不了解中央精神就无法在引导舆论过程中把握住正确的方向，新闻评论也就缺失了思想性和引导力，不了解基层具体情况往往容易纠结于与主题无关的问题方向，从而失去新闻评论的整体性把握。2020 年新冠肺炎疫情暴发初期就出现了议程设置偏颇、缺乏主题意识的选题，这些评论不但未有效引导舆论，甚至因其思想性问题产生了负面的影响和作用。

我们以《人民日报》发表的《任何挑战都挡不住中国前进的步伐》为例，看一看评论是如何体现立场、观点和方法，对论题进行持之有据的分析和论证的。

任何挑战都挡不住中国前进的步伐(节选)④

中美贸易摩擦再度升级。美方无视中方富有诚意的态度与行动，于华

---

① 参见杨新敏：《重新认识新闻评论》，《现代传播》2002 年第 4 期。

② 丁法章：《当代新闻评论教程》，复旦大学出版社 2012 年版，第 33 页。

③ 参见康维佳：《提升广播评论的思想性——以中国新闻奖获奖作品〈脱贫攻坚摆不得半点"花架子"〉为例》，《中国广播》2018 年第 9 期。

④ 国纪平：《任何挑战都挡不住中国前进的步伐》，《人民日报》2019 年 5 月 13 日。

盛顿时间 2019 年 5 月 10 日 0 点 01 分开始，对 2000 亿美元中国输美商品加征的关税从 10%上调至 25%。中方同步发表声明，宣布不得不采取必要反制措施。

面对这个令人遗憾的情况，密切关注中美经贸高级别磋商迄今所取得进展的人们不得不发问：美方从根本上违背相互尊重、平等互利的谈判原则，难道是要将中美经贸磋商进程退回到原点吗？

中方始终认为，合作是最好选择，也是解决问题的唯一正确选择。只有切实遵循双方业已确定的原则和方向，加强沟通、聚焦合作、管控分歧，才能推动中美经贸合作和两国关系健康稳定发展。

中美经贸关系走向，不仅攸关两大经济体，也深刻影响世界。面对百年未有之大变局，经济全球化遭遇波折、不确定性加剧，人类社会走向何处？当前，美国政策制定者在“斗”的一面下了一个大赌注，让“现得利益”的浮云遮住了拨云见日的望眼，不能把握历史规律，不去认清世界大势，不想担负时代责任，给世界发展前景蒙上了阴影。

…………

（五）

沿着历史发展的脉络溯源，就能看清前进的逻辑。在中国改革开放大格局中审视，贸易摩擦也是一次“压力测试”，更加坚定了我们全面深化改革开放的信心和决心。

40 年前，美国《时代周刊》质疑：让全球 1/4 的人口迅速摆脱孤立、与世界接轨，有过这样的先例吗？

40 多年来，中国从“摸着石头过河”到“闯出一条新路”，用改革开放这把金钥匙，打开拥抱世界的大门，实现了从赶上时代到引领时代的伟大跨越。今天，中国已是全球第二大经济体、第一大货物贸易国、第一大外汇储备国，成为 120 多个国家和地区的主要贸易伙伴。

中国实行全方位开放，并不依赖一个国家或一个地区，美国是中国的最大贸易伙伴国，但并不是唯一贸易伙伴。

“中国的改革开放，是二战以后人类历史上最为成功的经济改革运动。”诺贝尔经济学奖得主科斯在《变革中国》一书中得出这样的结论。

大门打开，新鲜空气能进来，风雨也会进来，各种风险挑战躲不开、绕不过。这次贸易摩擦不只是大国之间的“高手过招”，也是成长过程中的一次砥砺。

这是对抗压能力的检验。改革开放40年,中国发展积累起来的强大势能,是应对冲击的坚固基础。中国是唯一拥有联合国产业分类全部工业门类的国家,近14亿人口的大市场欣欣向荣,丰富的人力资本源源不断,消费需求成为“第一引擎”,基本面决定了中国经济具有很强的韧性。“中国经济是一片大海,而不是一个小池塘。”“狂风骤雨可以掀翻小池塘,但不能掀翻大海。”习近平主席的话语铿锵有力、掷地有声。

这是对经济活力的检验。每一分钟,中国发生哪些变化?在湖北,下线12辆东风汽车;在河南,出口价值4.8万元的食品农产品;在辽宁自贸试验区,新增69万元注册资本……“一分钟”的刻度,让人们感受到中国发展的蓬勃脉动。一切活力源自改革开放。中国企业在大步走向世界过程中,呛过水,遇到过漩涡,遇到过风浪,但在游泳中学会了游泳。今天,深化改革实招频出、力度空前,推进“放管服”改革、大规模减税降费等一系列举措,最大限度释放了1亿多户市场主体的创新创业创造活力。

这是对发展质量的检验。贸易摩擦也是一场冷水浴,让我们更清醒地看到结构短板。小小的芯片,竟成为中国第一大进口商品;220多种主要工业品产量常年领先,但不少拼的仅是汗水与资源。这也给我们上了很好的一课:中国不可能买来一个现代化,也买不起一个现代化。当前,世界范围内的结构性竞赛已经启幕,抢占新一轮产业变革制高点,我们必须深化供给侧结构性改革,加快优化经济结构,推动质量变革、效率变革、动力变革,为高质量发展提供不竭动力。

从一次次挑战中走来,中国更加清醒自己从哪儿来、往哪儿去。改革开放是“必由之路”“关键一招”。今天的中国,全面深化改革开放进入深水区,“改不改”的回答更加坚定,“改什么”“怎么改”的路径更加明晰。直面发展中不平衡不充分问题,向改革开放要动力,“有没有”转向“好不好”正成为今日中国坚定不移的目标。

改革开放只有进行时,没有完成时。改革开放以来,我们以敢闯敢干的勇气和自我革新的担当,闯出了一条新路、好路,迎来了民族复兴的光明前景。奋进新时代、开启新征程,正如习近平总书记在改革开放40周年之际庄严宣告的:“中国改革开放永不停步!下一个40年的中国,定当有让世界刮目相看的新成就!”

(六)

在更高层次“睁眼看世界”,经济全球化是不可逆转的历史大势。“让世界经济的大海退回到一个一个孤立的小湖泊、小河流,是不可能的,也是不符合历史潮流的。”

2019 年 4 月的北京,春意盎然,这里见证又一重要历史节点。

“只要大家齐心协力、守望相助,即使相隔万水千山,也一定能够走出一条互利共赢的康庄大道。”习近平主席在第二届“一带一路”国际合作高峰论坛开幕式上的主旨演讲中提出的倡议,代表着人类共同的追求,引起国际社会强烈共鸣。39 位外方领导人、150 多个国家、92 个国际组织、近 6000 位外宾参会,论坛达成的一系列合作共识、形成的一项项务实成果,折射出“一带一路”的国际影响力、道义感召力、合作吸引力。

倡议源自中国,机会属于世界。这不是私家小路,而是大家携手前进的阳光大道:在塞尔维亚,河钢集团斯梅代雷沃钢厂成为第一大出口企业,当地失业率锐降,“一座钢厂重生,幸福了一座城”;在马尔代夫,跨海大桥连通岛屿;在黑山共和国,高速公路穿越群山;在白俄罗斯,有了轿车制造业……这是“一带一路”建设的丰硕成果,也是经济全球化给各国人民带来的福祉。

什么是经济全球化?手机生产就是生动缩影。一部小小的手机,可能有美国博通的芯片、日本索尼的图像传感器、中国蓝思科技的屏幕玻璃、中国京东方的柔性屏等,全球 200 多家供应商的零部件漂洋过海,涌入中国深圳等地完成生产,再送到世界各地消费者手中。可以说,没有商品、资本、技术、信息等跨越疆界流动,就没有人人离不开的智能手机。

经济全球化大潮滚滚向前,但保护主义、单边主义为世界经济增长蒙上了阴影,人类又一次站在了“十字路口”。“智者顺时而谋。”当此之际,中国坚定不移奉行互利共赢的开放战略,推动建设开放型世界经济、引领经济全球化进程,为不确定的世界注入更多确定性,更向世界传递出中国信心、中国力量——中国始终是世界和平的建设者、全球发展的贡献者、国际秩序的维护者。

“条条大路通北京。”有海外媒体如是评论。东方耸起的这个“发展极”,已经走近世界舞台中央,分量越来越重。中国经济对世界经济增长的贡献率连续多年在 30%以上,是世界经济增长的主要稳定器和动力源。未来,中国的发展也将描绘世界的方向。美国《世界邮报》曾如此断言:中国经济未来发展,对地球上的每一个人都有潜在影响。

身处相互为邻的“地球村”,今日中国的发展,不再是一条平静的“内河”,而是与全球经济交融激荡的“世界洋流”,深度融入世界经济链。构建休戚与共的命运共同体、合作共赢的利益共同体，这是人心所向、大势所趋。

大海之大，正在其开放包容的广阔胸怀。今日中国之开放，不只是与世界同行的自我发展，更是引领潮流的主动担当。中国是多边贸易体制的坚定捍卫者，是扩大对外开放的笃定践行者，是构建人类命运共同体的积极倡导者。与世界各国携手打造合作平台，实现共赢共享，中国责无旁贷。

“世界好，中国才能好；中国好，世界才更好。”习近平主席的朴素话语，揭示了新时代中国与世界关系的大逻辑。中国智慧犹如大海中的灯塔，指引着世界经济航船不断前进。

（七）

站在更长时间轴上，大国崛起必然经历沟坎，关键要保持战略定力和战略耐力，集中精力办好自己的事。

新兴国家由大而强，无不经历一个风险和挑战增大的特殊历史阶段。今日中国，正处于这样的“关键性阶段”。如此大的体量、如此重的分量，不是“低调”就能隐藏的，就像大象不可能隐身于小树之后，遇到沟坎在所难免。

“沟”与“坎”，左右不了事物发展的“时”与“势”。当今世界面临风险与挑战，但和平与发展仍是当今时代主题。作为世界第一人口大国、第二大经济体，中国在解决各种世界性难题中的作用不可替代，各国对中国市场等方面的依赖全面上升。中国发展仍处于重要战略机遇期，时与势在我们一边。

没有坐享其成的黄金时代。就像奔驰的列车，动力系统一旦停摆，靠着惯性也可以跑一段，但最终必然会停下来。中华民族伟大复兴，绝不是轻轻松松、敲锣打鼓就能实现的，我们必须准备付出更为艰巨、更为艰苦的努力。今天的中国，是全体人民干出来的；未来之中国，更要靠全体人民撸起袖子加油干！

办好自己的事，我们当不负时代，砥砺前行。

越是紧要关头，越要保持战略定力、坚定必胜信心。中国经济基本面底气十足，中国制度优势无可比拟，有以习近平同志为核心的党中央坚强领导、掌舵领航，我们绝不会因一时风浪而迷失。坚定自己的方向，走好自己的路，中国这艘巨轮将劈波斩浪、行稳致远！

办好自己的事，我们当顺势而为，攻坚克难。

越是艰难险阻，越要增强忧患意识，以更大的政治勇气和智慧迈向高质量发展。发展是硬道理，有实力才有话语权。无论是化解结构性矛盾，还是防范周期性风险，全面深化改革都是金钥匙。思想观念的束缚正在冲破，利益固化的藩篱正在打破，体制机制的牵绊正在突破，改革开放全面发力，中华民族正跑出新时代的加速度。

“暴风雨中的雷声特别响，乌云深处的闪电特别亮，只有通过漫长的黑夜，才能喷涌出火红的太阳。”诗人艾青笔下《光的赞歌》的诗句，象征着奋斗者百折不挠、勇毅前行的精神。

风雨虽大不足惧，中流奋楫，只争朝夕。站在“两个一百年”奋斗目标的历史交汇期，迎着中华民族伟大复兴的中国梦，只要我们紧扣重要战略机遇新内涵，变压力为动力，加快推动经济高质量发展，一定能把发展的主动权牢牢掌握在自己手中！

“历史只会眷顾坚定者、奋进者、搏击者，而不会等待犹豫者、懈怠者、畏难者。”一个古老的民族焕发青春，亿万向往幸福生活的“追梦人”，正朝着中华民族伟大复兴的目标奋勇前行！

一个更高水平开放的中国，将与世界形成更加良性的互动，一起播撒合作的种子，共同收获发展的果实！

这篇文章在中美经贸摩擦的关键时刻举旗定向、为国发声，有力揭批了美国奉行的单边主义、霸权主义做法；充分展示了党中央捍卫国家核心利益和人民根本利益，有信心有决心有能力应对风险挑战的坚定姿态；理性阐释了“办好自己的事”的深刻道理。文章站位高、格局大、内涵深、分析透，凸显了党中央机关报勇于担当、引领舆论的“中流砥柱”“定海神针”作用，为中美经贸摩擦舆论斗争作出了突出贡献。

文章主题鲜明，思想深刻，行文铿锵有力，势大力沉。如同一篇战斗檄文，有力地敲击美国霸权主义行径，站位高，气势宏大，是一篇难得的佳作。该篇评论被评为第三十届中国新闻奖。

四、新闻评论应具有广泛的群众性

我们常说，要把新闻写在大地上，这表示新闻记者要深入基层和了解基层，当然这还远远不够，新闻记者的转化能力至关重要，不但要身体力行、脚踏实地，更要写出与群众感同身受的文字。毛泽东曾经说过：“一切群众的实际生活问题，都是我们应当注意的问题……满足了群众的需要，我们就真正成了群众生活的组织者，群众就会真正围绕在我们的周围，热烈地拥护我们。”[①]新闻评论要引导舆论，传达一定的宣传思想，那么就必然要建立在广泛的群众基础上。选题要来源于群众，只有来源于群众的新闻评论选题才能激发群众的积极性与参与传播的热情，从而形成良性的舆论氛围；反之，脱离群众的选题必然不能受到广泛关注，无法建立引导舆论的评论场域。新闻评论要用群众看得懂、听得清的文字或视音频来进行传播，群众喜闻乐见的内容、平实朴素的话语、深入浅出的道理才能够产生同频共振，只有这样才能在传播交互关系中建立起稳定的互动关系。事实上，近年来一直强调的贴近实际、贴近群众、贴近生活的“三贴近”，正是对新闻工作者最基本的指导方针。

值得一提的是，新闻评论的广泛群众性，还应该包括群众的互动与参与。在新兴媒体环境中，新闻评论早已不再是媒体机构的自说自话，而是在特定网络社群环境中的特定“议程”，基于议题的群众反响可以延伸新闻评论的内容，甚至形成与原议题相关的附加议题。一篇新闻评论，其影响已不仅体现在评论文本本身，其开放留言上的评论内容也一道构成新闻评论的亮丽风景。这里我们把新兴媒介环境中的传播形态叫作“个媒体”。个媒体是在舆论领袖的交互关联中的组织传播而形成的自媒体集群，传统媒体与其他个媒体成为栖息于大平台上的小平台和小小平台，逐渐形成一个广泛开放的媒介生态系统。[②] 个媒体传播本身是去组织化和去中心化的，网络新媒体环境中的新闻评论意味着去魅化过程，这体现出广泛的群众性特征，也对新闻评论者的舆论引导力提出了新的挑战。新闻评论者的文风、立场和导向都要接受群众的审阅和挑战，应付了事的急就章或文风晦涩的评论无法在个媒体环境中生存发展，甚至于成为负面舆情中的靶子，供人批评指摘。

新闻评论具有的广泛群众性既是新闻评论的鲜明特点，同时也是新闻评论者职业素养的基本要求，从以往的“为群众说话”，到“说群众的话”，再到现在“与群众说话”和“让群众说话”，这些转变正是基于新闻评论引导社会舆论、表达积极媒体声音的出发点和落脚点。

第三节 不同媒介形态的评论

新闻评论是不同媒介形态中最常见的新闻体裁。不同媒介因为传播渠

① 《毛泽东选集》第1卷，人民出版社1991年版，第137页。
② 参见张成良：《融媒体传播论》，科学出版社2019年版，第172页。

道不同，其所建构的文本根据符号不同，也表现出各自独特的文本特性，形成了不同侧重的书写与传播风格。报刊类新闻评论文字符号侧重于评论以说理为主的论说特征，要求文字在行文上具有强烈的论证逻辑特征；广播电视则因为视听符号的主导和影响，要求新闻评论的在场表达，客观的多元呈现；网络媒体强调即时在场以及交互沟通，要求新闻评论在场表达，即时交互的碎片化表达与呈现。

一、报刊类新闻评论

报刊类新闻评论是指报刊媒体发表的各类评论形式的总称，是针对具体的新闻事件、社会现象等发表意见、阐明观点、表明态度的一种文体。新闻评论曾被喻为党报的灵魂，是宣传舆论导向的风向标。在新兴媒体环境下，既往自上而下的精英式话语传播体系受到了以草根式话语传播为主导的新媒体评论的影响，各类媒介融合语态下都市报的言论文章大行其道。[①]作为大众传媒中的成熟的文体，报刊新闻评论在引导舆论、表达立场等过程中发挥着重要的影响。即便到了互联网大行其道的今天，报刊类新闻评论仍然代表着主流舆论发出的声音，影响着社会舆情的发展，其在体裁上表现的丰富性、在语言上呈现的朴实性和在文风上的贴近性，成为报刊类新闻评论的主要特征。

（一）丰富的体裁呈现

报刊类新闻体裁多种多样，有社论、评论员文章、短论、编者按、述评、时评等。

社论是报刊评论中最重要的一种，被称为报纸的旗帜，体现出强大的政治性、政策性、权威性与导向性，表明了报社对于重大新闻事件以及政策、问题的观点、立场与主张，其一般出现在党政机关报重要版面。

评论员文章是报刊评论中仅次于社论的一种高规格的评论，关注国内外重要问题、行业、部门等范畴的重要问题，相比于社论，其选题方向更加广泛，语言风格也比较活泼自然，强调社会舆论的引导性。

短论是针对新闻事件或现象的简要评论，一般一事一议，一题一议，具有独立思考的特性。

编者按是依附于其他新闻体裁的编者评论，目的性明确，通过画龙点睛

① 参见张成良：《城市党报新闻评论面临的困境与突围》，《青年记者》2015年第11期。

的方式点明文章主旨，突出新闻报道或其他文稿的作用。

述评是指新闻中边叙述边评论的一种文体，报刊类新闻评论中使用不多，强调以事实立论，以事实的叙述推动评论，强化作者的态度和主张。

时评是新闻媒体中最常见的一种文体，紧跟时事，深刻具体，语言犀利，具有很强的导向性。目前许多报刊设立栏目或版块，均以时评为主导，强调报刊的办报特征。

报刊类新闻评论体裁上的丰富性决定了其对于新闻事件、社会事务的广泛关注，也是引导舆论、树立主流媒体威信的重要文体。

（二）语言的朴实无华

报刊类新闻评论语言风格不同于其他新闻文体，尽管呈现出不同的两种风格——情感化的和理性化的，但不可否认的是，这两种风格在语言的使用上都要求凝练隽永、朴实无华。新闻评论不同于其他新闻叙事，它更加注重文字的有效性，因此不论是情感倾向还是理性倾向，在语言上都着力做到"深入浅出"地讲道理，从"官话"到"民话"，努力使用通俗易懂的群众语言，这不但符合大众传播过程中传播的有效性，同时朴实的语言风格也显得更接地气。

语言上的朴实性也表现为口语式的表达，行文中会出现民间俗语等接地气的话，例如笔者曾在《绿色 GDP 缘何难入地方政府"法眼"?》一文中引入了"是疖子总是要出头的"这句俗话意在说明这样一个道理："尽管绿色 GDP 核算会遇到种种困难，但是绿色 GDP 核算已经是大势所趋，推广绿色 GDP 核算，将成为地方政府迈向科学发展观制度建设的必然趋势。"[①]

语言上的朴实还表现为比喻论证的使用，例如前文比喻论证中提到的把人才比作"菜"，把用人单位比作买"菜"的人。比喻通过本体和喻体的关系，更加准确地表明了写作者的态度，也使得语言形象生动，富有感染力。

词汇的使用上，报刊新闻评论强调动词、名词的使用，可以准确地描述新闻事件（现象）并进行评论，不用形容词和副词，避免人为的修饰和修辞。比如笔者曾在评论《"沙尘四月"何时休?》里使用了这样的文字："治沙的钱花了不少，怎么就'捂'不住一个沙尘暴?"[②]这里的"捂"字生动地表明了治沙者的急切心态。

报刊类新闻评论语言的朴实性有利于提升读者的参与性，这种参与强

① 张成良：《绿色 GDP 缘何难入地方政府"法眼"?》，《鲁东大学报》2006 年 12 月 10 日。

② 张成良：《"沙尘四月"何时休?》，《鲁东大学报》2006 年 5 月 15 日。

化了读者认同感。20 世纪 90 年代以来一些报刊相继开办更多的言论版块，使得有不同身份的读者均可以加入进来，由此打破了既往报刊单一写作、单向度发声的惯例。

（三）文风的亲切贴近

文风是语言风格的一种，是由具体的语言选择和使用构成行文上的倾向。一直以来，报刊新闻的文风问题引起广泛的社会关注。文风问题的实质并不是语言风格或倾向的问题，而是着眼于读者与作者之间关系的问题，即通过外在的语言使用影响读者对于媒介工作者的认知并由此建构起深刻、复杂的编读关系的过程。

从评论的写作实务上看，党政报刊因为长期担负着舆论宣传的功能，其单向度传播的功能逐渐形成，这种由上而下的引导舆论、教育公众的功能相对单一，评论的修辞比较一致，即任务的下达与推行。

这些年来，我们一直在强调转变文风。转变文风，就是要改变报刊新闻评论的语言风格，建构一种具有广泛贴近性的新时代评论文风。新时代评论文风是符合新兴媒介环境、张扬个性、能够因应未来媒体竞争格局的文风，是能够确立亲民式的评论文风、确立新时代的个性化文风。

建立亲民式的评论文风就是要获得读者认同。评论在摆事实、讲道理之间娓娓道来，读者在倾听与思考之间获得认同。亲民式的评论，一般都具备指导性、知识性、美学性、多样性等特征。

建立新时代的个性化文风，就是从评论的选题立意到材料使用、语言表达及结构安排上，突出评论员的个人特色，使之具有鲜明的个性化特色。事实上，目前许多报刊大都开设有评论员的个人专栏，专栏突出个性，易于形成栏目品牌，培养有一定黏着度的读者。

二、广播电视新闻评论

广播电视新闻评论不同于报刊评论，其独具的视听语言风格更有利于在场性、类交流情境的产生。20 世纪 50 年代，胡乔木就提出广播“要学会走自己的路”，希望广播工作者能摸索出一条具有广播独特语言规律的新闻评论文体。电视的出现，在声音的基础上声画同步的传播模式使得新闻传播的“在场性”进一步增加，极大改变了文字符号写作交流所面临的困境：文字传播对于读者的文化要求成为报刊进一步大众传播的障碍。广播与电视时空拟定的“在场性”虽然只是一种建构式的存在，但不可否认，广播电视的即时性播放造成“在场倾听”“在场观看”的特征，这种情境在新闻评论中体现得更加明显，“类交流”的特征增加了受众的在场仪式感。

（一）广播新闻评论的表现与特征

广播新闻评论最初是文字的口语化表达，即将报纸上的评论文章口语化表达出来，这其实仍然是书面文字的传播，只是改变了传播渠道。随着广播新闻评论的发展，利用广播传播特征确立的新闻评论范式逐渐形成，由书面文字化表达到完全的口语化表达，广播新闻评论逐渐形成了自己的特色，吸引来越来越多听众的关注，时至今日，广播新闻评论的播报方式仍有着较深刻的影响。

1.口语化的语言表达

广播新闻评论是依靠听觉收受的，那么当静态的文字变为动态的声音时，传播的即时性和线性表达意味着听众收受与理解的过程应该尽快完成，否则语意就无法有效传达。口语化的表达不但有利于语言传播，而且其生活化的特征容易得到听众的认可。当然，即便是口语化的表达，其叙事逻辑仍然是清晰的可以触摸的，这不同于日常对话的口语交流。

2.多要素的音效构成

广播与电视新闻评论文体一般比较相近，以新闻述评为主，这种评论强调情境的创设，因此会通过音效的使用达到烘托气氛的目的。一般而言，广播新闻评论的声音由采访者的录音、记者的旁白、大段落的评论组合而成。多要素的音效构成，使得新闻的现场感更强，突出在场气氛，使听众感觉身临其境。

3.实时交流的在场形态

广播能够提供在场评论通常表现为单一向度特征，即一个人的口语评论表达，这样的评论不能构成交流的回路，因此，评论本身只能看作是拟态的。多个评论主体共同在场的交流评论构成了不断完成的回路，这样不需要提前设定情境的交流式的评论更加生动，语境更加完整，评论内容更加丰富多彩。

（二）融媒体时代的广播新闻评论

融媒体时代，人人皆在线，人人可以参与新闻评论，这使得广播新闻评论不论是话题还是传播方式，都向着开放边际、去中心化的态势发展。在新闻事实的叙事环节中，不断融入听众的互动评论与主播同步交流的观点，利用多种新媒体手段，穿越时空形成共同在场、多方联动的广播新闻评论场景。

在融媒体时代广播新闻评论场景建构的模式中，笔者借鉴了抽屉式传播模式进行分析：这种传播模式以节目主播为中心，由新闻事件本身、粉丝群体和参与评论者组成新闻评论多元主体。其中，节目主播作为传播模式的核心组织力量，好比拉抽屉的人，其他参与者好比三个盛满东西的抽屉，媒体评论主播通过与各评论主体沟通互动，抽取各主体的评论信息，经过整合（评论）后呈现给受众，再通过受众反馈，及时将反馈信息传递给上述评论者，形成信息传播的完整链条。

在广播新闻评论节目中，主播享有组织调度评论者进入场景的权力，场景的开放性和技术的支撑为这种引入提供了足够的保障。当然，广播媒体受限于符号选择，其融媒体支撑表现在时空场景调度的高度融合上，加入评论场景的既可以是媒体人，也可以是专家学者，抑或是普通公民，而且这种加入可能不需要策划与准备，变现为一种即时性的连接与匹配。

【新闻背后】

快递员李春兵被打断10根肋骨事件有关评论

杭州之声的中国新闻名专栏《连线快评》曾经评论《快递员李春兵被打断10根肋骨，只因晚了5分钟》这条新闻，贵州卫视《午间道》对快递小哥的职业生态进行了重点关注和评论。在融媒体评论环节，节目增加了三处链接：

①链接首先引用《人民日报》的人民时评——《让快递小哥有保障、有尊严》。表明“快递业传递的不仅是产品货物，更是情绪和人情味”。这一链接带来了不同媒介评论员的观点和立场，对于正在播出的节目而言，这种评论“增量”有利于引导舆论。

②接下来的链接是听众通过微信发来的图文信息。听众发来的是一张顺丰上市仪式上的图片，快递小哥与顺风老总一起站在敲钟台上，这位小哥就是2017年在北京汽车剐蹭事件中被打的那位快递员。这一链接强调了类比论证的图文效应，丰富了评论本身的视角。

③最后一个链接来自杭州之声官方微信的留言。留言是听众将歌曲《成都》的歌词改编为快递小哥版，为此，节目还播放出网友的一段原唱，增强节目的可听性，这样的评论强化了民间的声音和立场，还对引导舆论，提高收听者的参与性大有裨益。

融媒体背景下的广播新闻评论，事实上已经超越了节目形态本身，它通过新兴媒介关系注入新的动力，由此形成场景化的传播环境，推动更加广泛的用户参与意识的形成。因此,可以这样说,融媒体背景下的广播新闻评论,“绝不仅仅是媒介融合过程中简单的传播活动,而是反映着以新兴媒介为主导的新的社会生活秩序的到来”①。

(三)电视新闻评论类型与特征

与报刊类新闻评论及广播新闻评论相比,电视新闻评论具有更加丰富的符号形态,其兼具了报刊与广播的评论表现与特征,以声画相结合的方式,立体全域地突出在场化评论表达的传播效果。

1.电视新闻评论的类型

我国电视新闻评论节目经历了从文字口播评论表达形式到口播加电视画面的复合时代,再到新闻事件报道与评论交叉的述评时代,最后到演播室现场直播交流参与的评论形态,逐渐形成了稳定的评论类型。目前电视新闻评论节目根据新闻事实与意见性内容可以分为两个大类:主评型电视新闻评论和述评结合型电视新闻评论。

主评型电视新闻评论节目中,陈述性信息与意见性内容的比例为 1∶4 左右,这里的陈述通常作为新闻评论节目的由头和开场。电视作为一种视听兼具的媒介形态,其传播优势在于在场性表达,因此新闻事件本身的叙事能够引发评论本身受到关注。

主评型电视新闻评论节目中,借由谈话建构的传播环境更容易推动评论者间的观点表达。当然,结合谈话类节目特点的主评型电视新闻评论形式也是灵活多变的,常见的是由主持人组织形成对话式的新闻评论,如中央电视台《海峡两岸》栏目主持人与嘉宾之间的互动评论,还有作为我国第一档“个人化的新闻评论节目”《时事开讲》,这类评论节目一般由主持人抛出问题,评论嘉宾根据主持人提问展开评论,有时根据需要也可以采取连线的方式进行交流评论。“家常聊天”模式的新闻评论也曾引起广泛关注,因为这种评论一般不预设主题,话题轻松,容易带入情境,产生共鸣。此外,电视新闻评论也可以设计成沙龙式的评论,如曾经引起广泛关注的电视栏目《实话实说》。

述评结合型电视新闻评论中,叙事性信息与意见性的信息相比数量相当或更多一些。这种文体的电视评论一般是边叙事边评论,也有的先叙事后评论,这样评论信息的比例会更低一些。这种新闻评论强调事实呈现,通

---

① 张成良:《融媒体传播论》,科学出版社 2019 年版,“前言”第 6~7 页。

过现场展示强化评论的深刻性，“用事实说话”的“镜头”是叙述性信息表达的主要方式。中央电视台《焦点访谈》栏目就是通过调查叙事引导评论的述评结合的新闻评论栏目形态，吉林电视台《纪实栏目》同样是通过述评的叙事加以评论。

除了上述两种类型外，电视新闻评论还包括主持人单独评论，以新闻案例为辅助的栏目类型。这种电视新闻评论包括白岩松主持的《新闻周刊》，就是以鲜明的个性评论、犀利的评论语言风格产生了深刻的社会影响。

2.电视新闻评论的特征

相比于报刊类新闻评论与广播新闻评论，电视新闻评论不论从场景叙事性还是评论的多角度性上讲都具有不可比拟的优势，它将新闻评论依托于具体的新闻事件之上，就新闻事件本身来展开评论，它在理性叙事的基础上与情感诉求相结合，将现场画面与评论内容融合在统一的时空环境中，增强情感诉求带来的感染力和震撼力。具体特征包括以下三点。

（1）依托于新闻事实，用事实说话

电视新闻评论是建立在新闻事实基础之上的，它利用自己的技术优势，能够发挥现场采访报道、声画一体的独特优势，以可见、可听、可感的视觉与听觉形象，建构一个“眼见为实”的新闻评论场景。

（2）新闻叙事与评论交叉进行，相互确证

电视新闻评论一般都采取述评结合的方式，边叙边议，述评结合。调查性新闻评论，在记者主动参与掌握新闻事实的同时，抓住事件、情节等逻辑关系，引导观众的关注与思考，适时的评论能够引起观众的认同感。

（3）情感诉求的感性与逻辑结构的理性高度融合

电视新闻评论要达到说服与认同的内在统一，就要求在讲究视听符号传播手段、营造客观评论氛围的同时，更要注重调动观众的情感，使观众与评论本身产生情感上的共鸣。因此，电视新闻评论保持客观态度、情感诉求的沟通，通过情感因素带动认识和行为因素，有效推动评论信息的传播。

三、网络新闻评论

融媒体时代对于网络新闻评论，人们有着不同的认知和观点，因此就这一话题展开的评论也众说纷纭，莫衷一是。相关的争议表现在对于评论信息范围的括定上，即除了公开发表在平台上表达观点的信息外，其他广义的评论信息，比如一些来自论坛中的小议论、评价、交流、非正规的言论是否可以被视作网络新闻评论。事实上，网络新闻评论不同于传统报刊及广播电视的评论，凡是关涉意见性的信息都可以看作是网络新闻评论。这表现在两个维度上：一个维度是信息的属性问题，即何种信息是评论信息。如果只把传统媒介公开发表的评论信息视作网络新闻评论，那么其他各种具有评价性、政论性的留言或发布就会被隔离掉，这样显然忽略了网络媒体的传播特征。另一个维度是主体性问题。网络新闻评论的主体更加泛化，从评论文本的发布到各种留言评论的跟进，评论主体都具有不确定性，评论者可以始终在场参与，也可以随机退场。如果说报刊与广播电视新闻评论具有组织功能，同时保持着议题和组织评论者的中心地位功能，那么网络新闻评论则表现出去组织化、去中心化的功能，每个个体都可以成为议题设置者。

那么如何来定义网络新闻评论呢？网络新闻评论是人们借助网络平台对新近新闻事件或现象发表的议论，这些议论的发起与维系具有自发性特征，议论也属于非正规的议论。它们通过微信、微博、贴吧等网络平台发布，或出现在已发布的新闻信息留言中，这些议论都构成了网络新闻评论。

（一）网络新闻评论的价值取向

网络新闻传播带来的变化，首先体现在新闻价值的变化上。新闻评论在时新上取得了长足的发展，网络新闻评论变得更加迅捷，也更加普遍地存在于网络传播环境中。在互联网技术环境下，人们对新闻及评论及时性的要求越来越高，与传统媒体时效性相比，网络新闻评论的实时性使得新闻与评论同步传递给受众。“实时性”不仅意味着新闻事实的同步性，同时还将引导舆论，避免新闻事件背后各类传闻信息的滋生和传播。

网络新闻传播还带来新闻价值取向的新变化。与传统新闻评论导向性要求不同，在网络娱乐化时代，新闻娱乐化必然带来价值取向的娱乐化，这一改变主要表现在网络新闻评论上，各种趣味性强、贴近性突出的评论信息开始大量出现，增强了人们对于网络新闻评论的新认识。

网络新闻传播价值取向的判断开启了新兴的舆论场。在新闻价值判断上，受到政治的、意识形态的影响始终存在，关乎国家前途命运的大事向来是新闻评论选题判断的重要逻辑起点。网络信息传播的快速发展，带来的是实用性信息的大量出现，由此形成的新闻评论议题设置开放，价值取向多元且泛化。各类网络论坛、网上社交活动层出不穷，网络新闻评论重新建构起世俗意义上的新闻评论场。

不可否认，网络新闻价值取向也存在不容回避的问题，具体包括：

首先，在追求时效性的同时，忽视了准确性。对于一些突发事件，在事件发生的第一时间，往往因为事件信息的缺失，容易引起猜测或出现道听途说的消息误导公众，成为谣言滋生的舆论场。近年来屡屡发生的具有错误舆论导向的新闻事件大都出于这种情况。如 2018 年发生的重庆公交坠江事故。事故发生后，立即有评论把责任推向惊魂未定的对向车道的女司机，由此产生了大量的负面舆情反应，直到更多信息披露才逐渐平息。

其次，在追求冲突性的同时，忽视了理性的存在。任何新闻事件一旦被恶意利用形成舆情，便很容易使网民丧失理性，演变为道德绑架，影响到对事件本身的正常判断，形成网民群体性失去理性的局面。

再次，在追求传播效应时，倾向于低俗化、煽情化策略。为引起广泛关注和社会影响，网络新闻评论在价值取向上也陷入一种低俗化倾向中，利用网络空间发表低俗意见，有不同意见便相互诋毁甚至谩骂，这些都影响到网络新闻评论在精神文明建设中所能发挥的积极作用。

（二）网络新闻评论的类型及功能

网络是各种信息与意见的集散地，参与网络新闻评论，是一种被赋权的网络行为，也是网民表达意见和建议，提高网民社会议题参与意识的重要场域。那么，网络新闻评论有哪些类型呢？

1.从网络新闻评论的主体来划分，可以分为以下三种类型。

（1）编辑评论

编辑评论是比较常见的一种网络新闻评论方式，由网站工作人员，包括编辑、记者或特约评论员撰写稿件并推送，代表了网站的基本立场和主张。

（2）专家评论

专家评论是由网站根据需要邀请不同行业领域专家对特定的新闻事件发表的意见和评论。新闻事件因为关涉方方面面，需要专家的分析和评论，具体的评论可以是专家撰写的文字稿件，也可以是在线聊天或聊天室座谈等方式。如体育的足球评论、军事评论、科学技术评论等。

（3）一般网民评论

一般网民的评论是网络新闻评论的主要表现形式，网民自发集结在社区论坛或其他新闻平台上，根据新闻事件的认知与理解发表或长或短的评论。包括大部分有跟帖性质的意见与评论，网民评论议题开放，具有高度的自组织性。除了网民独立的评论外，还包括对其他网民评论的留言评论等，形式多样，内容丰富。

2.从网络新闻评论的载体来划分,可分为以下三种类型。

(1)重大新闻事件的主题论坛

重大新闻事件在网络环境中,主要表现在主题论坛的多元舆论平台上。许多重大的新闻事件,如“我爸是李刚”事件、华南虎事件等,均在网络论坛上开始发酵并形成重要的舆情场域。人民网曾开辟一个“强烈抗议北约暴行BBS论坛”,针对北约空袭中国驻南斯拉夫大使馆引导舆情,后来发展为一个固定的论坛——“强国论坛”。论坛秉持着引领舆论的目标,吸纳不同的民间声音,突破了舆论一律,成为现阶段国内最具说服力的窗口。

(2)网络新闻评论专栏

网络新闻评论专栏类似于报刊类的言论专栏,是网民对新闻事件评价的重要阵地。不同于报刊专栏,网络新闻评论专栏强调实时性发布,容量更大,交互性也更强。如人民网推出新闻评论性专栏——“人民时评”,每日刊发一篇署名文章,对重要新闻事件发表观点主张。此外,红网的“红辣椒评论”等专栏也逐渐形成自己的品牌效应。

(3)网民即时评论和留言

网民即时评论是网民根据自己对新闻的兴趣、看法和态度在网络信息后面的留言评论。这种评论的独特性在于,它可以是对新闻事件的实时评论,也可以是对其他评论的看法。这种及时性的互动,有利于针对特定事件的讨论和意见。除了这种留言性质评论外,为了方便网民的意见表达,近年来出现的“点赞”功能更加直观地呈现参与者的态度。如《今日头条》App就带有这种特殊的评论功能。

思考题

1.如何看待新闻评论中的观点?试就一篇新闻评论文章加以分析,找到这篇文章的观点。

2.新闻评论中的论证主要有哪些,请举例说明。

3.根据网络评论的开放性与匿名性特点,请谈谈其对舆论的生成与发展有哪些影响。

4.请谈谈网络新闻评论能否提高公民的社会议题参与意识。

第二章　新闻评论的党性原则

【学习要点】

新闻评论要坚持党性原则。新闻评论是重要的新闻舆论工作，是提升新闻舆论引导力、公信力的重要手段，是无产阶级重要的斗争武器。要理解这一点，首先要了解无产阶级在新闻评论实践领域有哪些理论和具体实践，从历史进程中理解新闻评论的党性原则。在具体的学习实践中，要坚持正确舆论导向，要以事实为基础，坚持全党办报、群众办报的方针做好新闻评论工作，使评论者能够在实际工作中坚持党性原则。

《孟子・告子上》有云："先立乎其大者，则其小者弗能夺也。"意思是先把重要的思想树立起来，那么其他的想法就不会被引入迷途。

新闻评论是新闻世界的灵魂和旗帜，重要的新闻评论更是如此。新闻评论是舆论引导的重要方式，社会主义国家媒体的新闻评论必须坚持把用"正确的舆论引导人"作为根本任务和最大追求，坚持用马克思主义世界观和方法论分析评价社会中的热点事件，引导人们形成正确的价值观，并对错误的思想倾向进行批判，促使群众在生活中加强并筑牢对社会主义核心价值观的理解。

在当前大数据新闻的背景下，新闻同质化现象非常普遍。新闻评论是塑造一个媒体传播力、影响力、公信力和引导力的重要手段，其独家性显著。正如光明网原总编辑孙明泉所言："在网络背景下，很多人读新闻已经觉得'不解渴'了，大家对评论的阅读需求、阅读期待更强，网络评论成了一种社会期待的价值。”[①]

在本章中，我们从历史发展的角度对新闻评论进行回顾和梳理的基础上，重点对社会主义的新闻评论进行阐述。

第一节　马克思主义新闻评论实践

一、马克思、恩格斯、列宁的新闻评论实践

无产阶级的伟大革命导师马克思、恩格斯、列宁在领导国际共产主义运动的过程中，都有过参与办报、写作新闻评论的经历，可以说新闻评论是马克思非常重要的战斗武器。

1842 年，马克思的《评普鲁士最近的书报检查令》一文可以算得上是无产阶级新闻评论的开端，是马克思的第一篇政论性文章。[②] 尽管那个时候的青年马克思还是一个青年黑格尔派、一个革命民主主义者，但他在文中已经表现出辩证唯物主义和历史唯物主义的锋芒。

马克思在文中对普鲁士王朝发布的反动书报检查令的本质进行了揭露。他尖锐地指出，1841 年 12 月 24 日普鲁士政府颁布的新书报检查令表面上表示不赞成对作家的写作活动加以限制，实际上不仅保存而且还加强了普鲁士书报检查制度。

马克思提出，书报检查就是官方的批评，书报检查的标准就是批评的标准。马克思对书报检查制度的标准进行了批判：

> 根据这一法律〈即根据第 2 条规定〉书报检查不得阻挠人们对真理作严肃和谦逊的探讨，不得使作者受到无理的约束，不得妨碍书籍在书市上自由流通。
>
> 书报检查不得阻挠的对真理的探讨，在这里有了更具体的规定：这就是严肃和谦逊的探讨。……可是，如果探讨老是去注意这个由法律赋予挑剔权的第三者，难道它不是会忽视真理吗？……假如我必须记住用指定的形式来谈论事物，难道我不是会忘记谈论事物本身吗？[③]

---

① 孙明泉、杨武军等：《如何发挥网评的舆论引导作用》，《光明日报》2011 年 7 月 9 日。

② 参见丁法章：《当代新闻评论教程》，复旦大学出版社 2012 年版，第 62 页。

③ 《马克思恩格斯全集》第 1 卷，人民出版社 1995 年版，第 110 页。

1844年，马克思在《〈黑格尔法哲学批判〉导言》中作出这样的判断：

批判的武器当然不能代替武器的批判，物质力量只能用物质力量来摧毁；但是理论一经掌握群众，也会变成物质的力量。①

现代的旧制度不过是真正主角已经死去的那种世界制度的丑角。历史是认真的，经过许多阶段才把陈旧的形态送进坟墓。世界历史形态的最后一个阶段是它的喜剧。……我们现在要为德国政治力量争取的也正是这样一个愉快的历史结局。②

1847年，恩格斯对报刊的任务进行了解释，认为："党的报刊任务是什么呢？首先是组织讨论，论证、阐发和捍卫党的要求，批驳和推翻敌对党提出的各种要求和论断。"③这段话出自恩格斯写的《共产主义者和卡尔·海因岑》的论战文章，该文章在马克思主义思想史上占有非常重要的地位。

海因岑是一个激进的流亡者，他脱离德国的历史和现状，不研究党派和阶级关系，盲目倡导人们进行"暴动"，并对马克思和恩格斯基于"事实"提出的革命道路进行了批判。在这样的背景下，恩格斯进行了论战，并写道：

共产主义不是教义，而是运动。它不是从原则出发，而是从事实出发。共产主义者不是把某种哲学作为前提，而是把迄今为止的全部历史，特别是这一历史目前在文明各国造成的实际结果作为前提。④

恩格斯还批评了海因岑空洞的宣传鼓动方式，并提出7个言辞犀利的提问：

这种毫无意义的、盲目进行的宣传难道不是极其严重地损害着德国民主派的利益吗？

难道经验没有证明这种宣传是毫无补益的吗？

难道在另一个迥然不同的动荡时期即30年代，德国境内没有散发过几十万份类似的传单、小册子吗？

难道其中有一份取得什么成效了吗？

难道一个头脑多少还正常的人会异想天开地认为人民对这类政治

① 《马克思恩格斯选集》第1卷，人民出版社2012年版，第9页。
② 《马克思恩格斯选集》第1卷，人民出版社2012年版，第6页。
③ 《马克思恩格斯选集》第1卷，人民出版社2012年版，第280页。
④ 《马克思恩格斯选集》第1卷，人民出版社2012年版，第291页。

说教和训诫将予以丝毫重视吗？

海因岑先生在他的传单中除了进行训诫和说教以外，什么时候还做过别的事情吗？

不经过冷静思考，不了解也不顾及实际情况，就声嘶力竭地向全世界发出革命号召，这岂不是太可笑了吗？①

1848年，法国和德国爆发了二月革命和三月革命，工人市民沉重打击了封建王朝，但胜利果实落入大资产阶级手中，革命相继失败。马克思和恩格斯正是在这样的背景下，回到德国创办了一份大型日报《新莱茵报》，用来指导波澜壮阔的欧洲革命。马克思和恩格斯写下许多社论指导无产阶级革命斗争，他们抨击普鲁士国民议会，支持波兰、捷克和意大利人民的解放斗争事业。《新莱茵报》成为科学共产主义指导下创立的国际无产阶级最早的马克思主义舆论阵地。②

《新莱茵报》被迫停刊以后，马克思和恩格斯又在美国的进步报纸《纽约每日论坛报》等报纸上继续发表评论。据统计，从1851年8月到1862年3月，马克思和恩格斯总共为该报撰写评论500多篇。③

列宁的办报活动与俄国的革命实践紧密结合，早在1900年12月，他就创办了全俄第一份马克思主义的报纸——《火星报》。从1912年到1923年，列宁在《真理报》上发表852篇文章，其中绝大部分是评论和署名评论。

《从何着手》是列宁论述俄国社会民主工党机关报《火星报》作用的代表性文章。这篇文章最早发表于1901年5月《火星报》第4号头版的社论，很早就传到了中国，对我国的党报理论产生了长期的影响。他指出：

斗争性质和斗争方法问题对于从事实际活动的党来说是一个基本问题；应当承认，这个问题在我们这里还没有解决，还有一些重大的意见分歧，这些分歧暴露出令人感到痛心的思想上的不坚定和动摇。一方面，力图削减和缩小政治组织工作和政治鼓动工作的“经济主义”派别还远远没有死亡。另一方面，只会迎合每个新的“潮流”而不会区别眼前要求同整个运动的基本任务和长远需要的无原则的折中主义派别，

---

① 《马克思恩格斯选集》第1卷，人民出版社2012年版，第279～280页。

② 参见阮益嫘：《〈新莱茵报〉：国际无产阶级最早的马克思主义舆论阵地》，2020年11月18日，https://baijiahao.baidu.com/s?id=1683687269009411282&wfr=spider&for=pc。

③ 参见丁法章：《当代新闻评论教程》，复旦大学出版社2012年版，第62页。

还和过去一样趾高气扬。①

二、毛泽东的新闻评论实践

五四运动爆发以后，青年毛泽东就是湖南学生运动的主要领导人，本着"改造中国与世界"的宗旨，1919 年毛泽东创办了《湘江评论》并走上政治舞台。《湘江评论》在内容上长于政论，以评论为主，设置有"西方大事述评""东方大事述评""世界杂评""湘江杂评""放言"等栏目。李大钊盛赞《湘江评论》是全国见解最深、最有分量的刊物之一。

《湘江评论》上最重要的文章是毛泽东撰写的长篇战斗檄文《民众的大联合》，文章写道：

> 国家坏到了极处，人类苦到了极处，社会黑暗到了极处。补救的方法，改造的方法，教育，兴业，努力，猛进，破坏，建设，固然是不错，有为这几样根本的一个方法，就是民众的大联合。

最后，文章说：

> 思想的解放，政治的解放，经济的解放，男女的解放，教育的解放，都要从九重冤狱，求见青天。我们中华民族原有伟大的能力！压迫愈深，反动愈大，蓄之既久，其发必速。我敢说一怪话，他日中华民族的改革，将较任何民族为彻底。中华民族的社会，将较任何民族为光明。中华民族的大联合，将较任何地域任何民族而先告成功。诸君！诸君！我们总要努力！我们总要拼命向前！我们黄金的世界，光荣灿烂的世界，就在前面！

《湘江评论》热情讴歌十月革命的胜利及其国际意义，还对国内的反动军阀政府污蔑、贬称马克思主义及其信仰者的言径予以驳斥，对旧势力、旧传统进行了大无畏的抨击。

青年毛泽东的新闻评论主要遵循"傍着活事件来讨论"的思想，陈力丹认为，其重点在于抓住当时能够引起广泛关注的新闻话题。在抗日战争和解放战争时期，毛泽东经常为新华社、《解放日报》撰写重要评论、社论。比如，《一个极其重要的政策》《第二次世界大战的转折点》《将革命进行到底》

① 《列宁全集》第 5 卷，人民出版社 2013 年版，第 1 页。

《南京政府向何处去?》《别了,司徒雷登》《为什么要讨论白皮书?》《“友谊”还是侵略?》《丢掉幻想,准备战斗》等。

《别了,司徒雷登》《为什么要讨论白皮书?》《“友谊”还是侵略?》《丢掉幻想,准备战斗》具有逻辑上的关联,都是对美国帝国主义和亚太政策的本质进行揭露。比如,在《丢掉幻想,准备战斗》一文中,毛泽东运用历史唯物主义的观点,对中国革命胜利的原因做了理论上的说明,深刻揭露了美国对华政策的帝国主义本质,批评了国内一部分资产阶级知识分子对于美国帝国主义的幻想,告诫人们战斗,继续战斗,直到完全胜利。

毛泽东还毫不客气地指出:

> 捣乱,失败,再捣乱,再失败,直至灭亡——这就是帝国主义和世界上一切反动派对待人民事业的逻辑,他们决不会违背这个逻辑的。这是一条马克思主义的定律。
>
> 斗争,失败,再斗争,再失败,直至胜利——这就是人民的逻辑,他们也是绝不会违背这个逻辑的。这是马克思主义的又一条定律。

毛泽东主张“精心写作社论是一项极重要任务”[①],“政论应该像政论,但并不排斥抒情”[②]。中华人民共和国成立以后,毛泽东继续关心党报的新闻评论工作,撰写或修改了大量的新闻评论。1952 年 1 月 4 日,《人民日报》发表一篇重要社论《在反贪污、反浪费、反官僚主义的伟大斗争中,发动群众的关键何在?》。这篇社论是人民日报社总编辑邓拓起草,经胡乔木(时任中宣部副部长、毛泽东秘书)修改,最后由毛泽东审阅修改定稿。[③] 这篇社论是在 1951 年 12 月 30 日第 1 版《人民日报》刊登河北省委揭发和处理刘青山、张子善巨大贪污案的报道之后发表的,非常及时。这篇文章论理透彻,逻辑清晰,分析深刻,言辞尖锐,很有说服力和号召力,使人感到振聋发聩,犹如警钟震耳,推动一场群众性的“三反”运动很快在全国形成高潮。

毛泽东的新闻评论笔力纵横意丰厚,视野开阔气势雄。

三、习近平关于新闻舆论工作的重要论述

党性原则是习近平新闻舆论工作的鲜明主线。党性原则是党的新闻舆

① 毛泽东:《给刘建勋、韦国清的信》,《毛泽东文集》第 7 卷,人民出版社 1999 年版,第 338 页。

② 毛泽东:《组织大家写评论》,《毛泽东新闻工作文选》,新华出版社 1983 年版,第 203 页。

③ 参见王爱民:《振聋发聩的反腐号令——毛泽东审改的一篇〈人民日报〉“三反”社论》,2013 年 6 月19 日,http://dangshi.people.com.cn/n/2013/0619/c85037-21889767.html。

论工作的根本原则。2016 年，习近平总书记在党的新闻舆论工作座谈会上提出："坚持党性原则，必须自觉在思想上政治上行动上同党中央保持高度一致。报刊、通讯社、电台、电视台、新闻网站的所有工作都必须体现党的意志、反映党的主张，必须维护党中央权威、维护党的团结，做到爱党、护党、为党。要增强看齐意识，自觉向党中央看齐，自觉向党的理论和路线方针政策看齐，自觉向党中央决策部署看齐。要增强战略定力、站稳政治立场，在'乱花渐欲迷人眼'的诱惑干扰面前，保持'乱云飞渡仍从容'的政治定力，决不能发表同党中央不一致的声音，决不能为错误思想言论提供传播渠道。"习近平总书记强调，党的新闻舆论工作坚持党性原则，最根本的是坚持党对新闻舆论工作的领导。党和政府主办的媒体是党和政府的宣传阵地，必须姓党。[①]

中国是共产党领导下的社会主义国家，习近平总书记在党的新闻舆论工作座谈会的重要讲话中强调，党的新闻舆论工作是党的一项重要工作，是治国理政、定国安邦的大事，要适应国内外形势发展，从党的工作全局出发把握定位，坚持党的领导，坚持正确政治方向，坚持以人民为中心的工作导向，尊重新闻传播规律，创新方法手段，切实提高党的新闻舆论传播力、引导力、影响力、公信力。[②]

正确导向是习近平新闻舆论工作的基本要求。习近平总书记说："舆论导向正确，就能凝聚人心、汇聚力量，推动事业发展；舆论导向错误，就会动摇人心、瓦解斗志，危害党和人民的事业。"[③]在新的时代条件下，党的新闻舆论工作的职责和使命是：高举旗帜、引领导向，围绕中心、服务大局，团结人民、鼓舞士气，成风化人、凝心聚力，澄清谬误、明辨是非，联结中外、沟通世界。

面对世界前所未有之大变局，媒体格局、舆论生态都在发生深刻变化，习近平要求传播内容和手段要开拓创新。新闻评论从本质上说并不占优势。在网络环境下，一些传统媒体纷纷关闭了网络版的评论内容，评论意味着说理，在人们的认知当中，评论、社论都有一副严肃的面孔，与综艺娱乐

① 本报评论员：《党的新闻舆论工作事关治国理政、定国安邦——论学习习近平总书记在党的新闻舆论工作座谈会上的重要讲话精神》，《光明日报》2016 年 2 月 22 日。

② 本报评论员：《党的新闻舆论工作事关治国理政、定国安邦——论学习习近平总书记在党的新闻舆论工作座谈会上的重要讲话精神》，《光明日报》2016 年 2 月 22 日。

③ 本书编写组编著：《〈中共中央关于坚持和完善中国特色社会主义制度、推进国家治理体系和治理能力现代化若干重大问题的决定〉辅导读本》，人民出版社 2019 年版，第 291 页。

影视文学等作品相比，新闻评论即使不去板着面孔说教，也很难适应碎片化、视觉化、娱乐化的大众品味。即使是电视新闻评论或网络视频新闻评论加入了视觉元素，新闻评论的本质也依旧是说理，而说理并不是视觉艺术的强项。① 所以，如何进行新闻评论的内容与手段创新，推动传统媒体新闻评论突围，是摆在新闻工作者面前亟待解决的一个难题。

危机中也蕴藏机会。在这个信息爆炸、信息同质化、信息污染的时代，人们在信息浪潮中极易迷失方向，需要在短时间内找到可提供正确价值判断、是非判断的信息资源。新闻评论在这方面有着天然优势，它能够依托主流媒体在人员、组织、判断上的资源，集多方智慧进行事件分析、背景判断与推理，使人们能够在短时间内得到正确观念的引导，从而给全社会带来巨大正能量。②

2016 年，习近平总书记在党的新闻舆论工作座谈会上强调："党的新闻舆论工作是党的一项重要工作，是治国理政、定国安邦的大事。""做好党的新闻舆论工作，事关旗帜和方向，事关贯彻落实党的理论和路线方针政策，事关顺利推进党和国家前途命运。"这"五个事关"将新闻舆论工作的重要性提升到了一个新高度。

第二节　新闻评论要坚持正确的舆论导向

"举旗帜、聚民心、育新人、兴文化、展形象"是新时代宣传工作的使命，其中，"举旗帜"就是要求把正确的政治方向放在首位。

一、政治上与党中央保持高度一致

坚持正确的政治方向是我党和人民事业兴旺发达的根本，要落实政治家办新闻媒体的主张。1957 年，毛泽东最早提出"政治家办报"思想，他告诫即将到人民日报社走马上任总编辑的吴冷西：写文章尤其是社论，一定要从政治上总揽全局，紧密结合政治形势。"政治家办报"，是老一辈无产阶级革命家根据中国具体的国情、舆情，并结合宣传思想战线多年的经验提出来的，是非常具有现实指导意义的著名思想论断。③ 在新闻评论中坚持政治家

① 参见陆高峰：《新环境下新闻评论面临的困境》，《青年记者》2017 年第 15 期。

② 参见彭迪：《媒介融合背景下传统媒体新闻评论的困境与突围》，《视听》2015 年第 9 期。

③ 参见李亚东：《如何理解"政治家办报"》，《吉林日报》2014 年 10 月 14 日。

办新闻评论的眼光，就需要我们始终保持清醒的头脑，在分析纷繁复杂的事物时有战略眼光，真正明白守什么土，尽什么责。

新闻评论工作要体现并促进对党的政策主张的认同。评论是重大政策释疑解惑的有效帮手。认同是团结的根基，政治共识、政策共识、身份认同是一个国家、民族凝聚力和向心力的保障，没有政治、思想和行动层面的认同，国家和民族就有分崩离析的风险。

新闻评论历来是舆论引导的有效利器，在风云变幻的时代，往往能起到"四两拨千斤"的效果。[①] 1978 年 5 月 11 日，《光明日报》以"本报特约评论员"名义在头版公开发表《实践是检验真理的唯一标准》的评论文章，引发了一场关于真理标准问题的大讨论。1976 年，我国粉碎"四人帮"以后进行了拨乱反正，但这一进程受到"两个凡是"错误思想的严重束缚，这一大讨论正是在这一背景下进行的。这场大讨论使人们认识到，"两个凡是"不符合马克思主义，并推动全国性的马克思主义思想解放运动，引导国家开启了一个新的时代。

邓小平同志在接见中共海军委员会常委扩大会议全体同志时指出："关于真理标准问题，《光明日报》刊登了一篇文章，一下子引起那么大的反应，说是'砍旗'，这倒进一步引起我的兴趣和注意。不要小看实践是检验真理的标准的争论。这场争论的意义大了，它的实质就在于是不是坚持马列主义、毛泽东思想。"[②]

多年来的经验和实践也证明，每遇重大政策、突发事件和重要节点，特别需要新闻评论准确发声，解读政策、回应关切、凝聚共识，进而有效引导社会舆论。[③]

比如，在 2021 年中国共产党成立 100 周年之际，人民网发表"任仲平"重要社论《恢宏史诗的力量之源——论弘扬伟大建党精神》，这篇社论气势恢宏，总结了中国共产党"振衰微于亡国灭种之际，救万民于水深火热之中，建共和于革故鼎新之时，兴百业于一穷二白之上，倡改革于曲折前行之途，成小康于砥砺奋进之中，煌煌然成复兴之大气象……"[④]伟大的百年征程。

---

① 参见桑翔：《新闻评论在融媒体时代的舆论引导探究》，《今传媒》2018 年第 12 期。

② 张颖无、李亚彬：《关于真理标准问题的讨论：推动时代变革的思想先声》，《光明日报》2021 年 3 月 24 日。

③ 参见桑翔：《新闻评论在融媒体时代的舆论引导探究》，《今传媒》2018 年第 12 期。

④ 任仲平：《恢宏史诗的力量之源——论弘扬伟大建党精神》，《人民日报》2021 年 7 月 20 日。

二、牢牢掌握意识形态斗争主动权

根据《辞海》的解释，“意识形态”是指系统地、自觉地反映社会经济形态和政治制度的思想体系。一定的社会意识形态是一定的社会存在的反映，自从阶级产生以后，意识形态便具有了阶级性。

新闻评论是意识形态工作的一部分，事关党的前途命运和国家的长治久安，做好意识形态宣传和引导，有利于建立和维护人民的道路自信、理论自信、制度自信、文化自信。

第一，意识形态领域并不平静，新闻评论要维护社会主义意识形态的合理性和合法性，自觉同反意识形态行为作斗争。随着中国政治经济的崛起，西方国家对中国所选择的社会主义道路进行批判和渗透，妄图通过宣传“普世价值”鼓吹资产阶级的自由、民主、人权理念，企图将中国出现的所有问题都归咎于我国的政体和国体，从而达到不可告人的目的。我国的新闻评论要自觉运用马克思主义理论体系与西方资产阶级的意识形态进行斗争，马克思主义认为社会主义与资本主义将长期共存，社会主义必然代替资本主义是人类社会发展的历史趋势。

面对复杂的国际局势，新闻评论要从政治上坚持批判，批判西方“新闻自由”的虚伪本质，引导民众自觉抵制其媒体是“社会公器”“第四权力”的说法，揭露其在国内新闻报道和国外新闻报道中对“事实”要求的双重标准。

比如，在英国，每家媒体都要接受英国通信管理局(OFCOM)的监管，但BBC国际频道除外。在公开层面，这家有着上亿受众的对外媒体机构，在英国国内不受任何法律和外部机构以及受众的监管。①

2001年，美国之音在美国发动阿富汗战争时播发了基地组织领导人穆拉·奥马尔的一段反美录音，产生了较大的国际影响，但这一报道不利于美国进行侵略战争，美国政府快速将其台长撤职并毫不留情地打压美国之音，理由就是这些记者的报道违反了美国的国家利益。

以上事例都体现了美国、英国等西方国家将媒体视为其意识形态宣传的重要工具，并且维护资产阶级意识形态领域的决心十分坚定，凡是不利于其意识形态斗争的行为都会被强力打压。

第二，新闻评论在引领社会思潮中发挥重要作用。社会主义、自由主

---

① 参见郑言:《藏在BBC国际频道背后的那些小秘密》,2021年2月16日,http://news.youth.cn/gj/202102/t20210216_12712352.htm。

义、民族主义是当今世界的三大主流意识形态和社会思潮。在更具体的领域产生的历史虚无主义思潮、民主社会主义思潮、殖民文化思潮、民主分裂主义思潮、拜金主义思潮、利己主义思潮等都需要警惕。

以历史虚无主义思潮为例,该思潮并不是否定所有的历史,而是从政治需要出发,否定某段或某几段历史。20 世纪 90 年代以来,中国历史虚无主义思潮表现为否定近现代以来的一切革命,包括太平天国运动、旧民主主义革命、新民主主义革命,反对中国走社会主义道路,主张"全盘西化",污蔑党的历史是"不断犯错误"的历史,否定领袖人物,是反历史唯物主义和反社会主义的一种思潮。该思潮置国家和民族的利益于不顾,如果任凭该思潮泛滥,则会动摇中国人民坚定走中国特色社会主义道路的意志力,否定党领导下的社会主义制度的优越性,否定蒸蒸日上的人民事业,搞乱人民思想。东欧剧变,苏联解体就是最典型的例子。在历史虚无主义和民主主义思潮中,苏共历史被否定,列宁等领导人的地位被否定,苏共丧失意识形态的领导权,最终国家走向分崩离析。

21 世纪初,格鲁吉亚、乌克兰、吉尔吉斯斯坦等国相继爆发"颜色革命",新闻媒体在其中发挥了非常重要的舆论引导作用。在这一过程中,这些国家的主流媒体基本丧失了领导能力,人们很难听到来自政府的权威声音,造成民众思想混乱和无所适从。①

三、澄清谬误,明辨是非

正所谓"谬误不澄不清,是非不辨不明"。新闻舆论阵地,马克思主义不去占领,非马克思主义就会去占领;正确的东西不去占领,错误的东西就会去占领。这是一条铁律,也是事实。② 因此,我们做新闻舆论工作必须时刻保持警惕,提高政治敏锐性,站稳政治立场,当战士,不当绅士,做斗士,不做好好先生,承担起新闻舆论工作的神圣使命。③

在当前复杂的形势下,国内和国外确实存在不少需要澄清的模糊认识,新闻评论就要担当使命,对干部群众不好理解的路线方针政策进行解读,对

---

① 参见任勇:《坚决抵制西方意识形态渗透》,《人民日报》2016 年 5 月 20 日。

② 参见杨振武:《把握好政治家办报的时代要求(学习贯彻习近平同志在党的新闻舆论工作座谈会上重要讲话精神)——深入学习贯彻习近平同志在党的新闻舆论工作座谈会上的重要讲话精神》,《人民日报》2016 年 3 月 21 日。

③ 参见赵新乐:《澄清谬误　明辨是非　激浊扬清敢亮剑》,《中国新闻出版广电报》2016 年 3 月 1 日。

干部群众存在的模糊认识和错误认知要加以引导，对当前一些热点问题中尚有争议之处或错误倾向进行澄清，对敌对势力的攻击、诋毁，要坚定地予以反击。

有些事件的澄清需要依靠调查，比如 2011 年《人民日报》开设了"求证"栏目，记者用调查的方法澄清网络假信息和谣言，还网络世界一个清朗的空间。有些事件则需要用理性的逻辑思维来明辨是非。比如，针对 2017 年备受社会关注的体罚学生是否应该一事，一直未能有一个确定的答案。2017 年 3 月，《中国教育报》发了一篇评论，认为"惩戒"和"伤害"是两回事，从古至今，中国的教育理念一直认可"惩戒"的必要性，不能因为体罚的违法性就完全否定教育惩戒。

别把"惩戒"和"伤害"混为一谈(节选)①

几天前，网曝陕西一小学生未完成作业，遭班主任撕裂耳朵，这很容易让人把它和另一条新闻联系起来：青岛市制定《青岛市中小学校管理办法》，赋予了学校对学生的教育惩戒权。有媒体报道称，这是全国或地方教育性法规中，近年来罕见地提出"惩戒"概念。在当下的教育舆论环境下，惩戒权问题被热议是自然的。

…………

"玉不琢，不成器；人不学，不知义。"必要的惩戒，在中国的传统教育中，是很重要的教育手段，但今天却成了需要讨论的话题，真是耐人寻味。就算是当下欧美现代教育中，学校和教师也保有适当的惩戒权。比如在英国，教师可以像中国古代的私塾先生那样给学生来个打手心，教育惩戒何以在咱们这里有了敏感性呢？实施教育惩戒，不可能也没有必要简单复制古代的或国外的做法，而必须考虑今天的教育实际和社会环境，使之和现代教育精神和法治精神吻合，方能得到社会和家庭的更多认可，达到更理想的教育效果。至于惩戒方法、程序和监督等如何更科学精准，避免后续可能产生的质疑和争议，则是需要认真研究解答的现实问题。青岛破的这个题，答案需要教育界上下一起来回答。

2020 年底，教育部颁布了《中小学教育惩戒规则(试行)》，从 2021 年 3 月 1 日起开始实施。该《规则》对教师和学校的教育惩戒方式进行了具体的

---

① 钟焦平：《别把"惩戒"和"伤害"混为一谈》，《中国教育报》2017 年 3 月 3 日。

界定，细化法律规定，最大限度地解决老师不敢管、不愿管、不会管学生的突出问题。

2019 年 5 月 13 日，《人民日报》在第 1 版刊登评论《任何挑战都挡不住中国前进的步伐》（该评论获得第三十届中国新闻奖一等奖），该评论是针对 2019 年全球最有争议事件——中美贸易争端的代表性作品。

该评论在开头就将中美贸易争端再次升级的严重程度以及美方主动发起加征关税、中方被迫采取反制措施的关系解释清楚，让人们了解贸易争端升级的责任完全在美方，在强权面前，中国选择了直面挑战。

> 中美贸易摩擦再度升级。美方无视中方富有诚意的态度与行动，于华盛顿时间 2019 年 5 月 10 日 0 点 01 分开始，对 2000 亿美元中国输美商品加征的关税从 10%上调至 25%。中方同步发表声明，宣布不得不采取必要反制措施。

紧接着，该评论就发出了深刻的提问。

> 面对这个令人遗憾的情况，密切关注中美经贸高级别磋商迄今所取得进展的人们不得不发问：美方从根本上违背相互尊重、平等互利的谈判原则，难道是要将中美经贸磋商进程退回到原点吗？

然后点明中方观点：

> 中方始终认为，合作是最好选择，也是解决问题的唯一正确选择。只有切实遵循双方业已确定的原则和方向，加强沟通、聚焦合作、管控分歧，才能推动中美经贸合作和两国关系健康稳定发展。

在后面的论证部分，首先对中美经贸磋商的进程进行了回顾，让人民知道事情的来龙去脉。该评论获奖推荐理由认为，这篇文章在中美经贸摩擦的关键时刻举旗定向、为国发声，有力揭批了美国奉行的单边主义、霸权主义做法；充分展示了党中央捍卫国家核心利益和人民根本利益，有信心、有决心、有能力应对风险挑战的坚定姿态；理性阐释了“办好自己的事”的深刻道理。文章站位高、格局大、内涵深、分析透彻，凸显了党中央机关报勇于担当、引领舆论的“中流砥柱”“定海神针”作用，为中美经贸摩擦舆论斗争作出了突出贡献。

第三节　社会主义新闻评论要以事实为基础

新闻评论要基于事实并高于事实,新闻评论的事实主要是基于新闻事件或者新闻人物。新闻评论不是孤立存在的,是在对客观事实进行客观描述并形成感性认知之后,根据逻辑和理性形成的一个螺旋式飞跃的过程,是理性认知的精神交往产物。

新闻评论要针对当前的热点、工作的薄弱环节进行开展,针对社会中存在争议的问题、老百姓中流行的错误观点与行为进行开展,针对不断涌现的新事物、新问题进行正确认知讨论。

一、评论是基于客观事实的主观判断

讨论这一部分之前,我们要先明确客观事实、新闻真实和新闻评论三者之间的关系。客观事实是客观存在的事实的自然形态,不以人的意志为转移,但可以被人类认识。

新闻真实是人对客观事实的反映,强调依据事实的本来面貌对事件进行客观性反映,新闻真实追求从具体、整体层面上无限接近客观事实,但新闻真实是记者、媒体、受众经过选择、筛选之后报道出来的信息,新闻真实本身仍然存在一定的价值表达。

新闻评论是对新闻事实意见和态度的表达,一般要依据新闻真实对客观事实作出主观判断。所以,如果新闻报道本身不真实、信息爆料者本身提供的信息有误或者人们对事件的认知还不全面,新闻评论的导向必然产生偏差。

一般情况下,新闻评论一般发生在新闻报道之后,是在新闻事实的基础上进行的主观判断。对于新闻评论来说,事实是第一性的,主观判断是第二性的。

关于事实与评论的关系,一些学者还就报纸应该成为“新闻纸还是观点纸”进行了讨论。这是一个见仁见智的问题,很难有最终的定论,但通过讨论,人们达成一种共识,那就是世界需要“有深度的思想”,在互联网时代尤其如此。[①]

---

① 参见蔡敏:《把纸媒做成观点纸——谈全媒体时代纸媒的核心竞争力》,《传媒》2010年第7期。

下面一则新闻名专栏的评论作品——《有滴灌设备,更要有滴灌意识》[①],评论者根据在田间地头的深入调查和广泛研究发现了滴灌仍然浪费水的现实社会问题,通过对事件问题的细致描述,表达了鲜明的立场站位,并提出具有可实施性的建议。

文章有清晰的事态分析:

> 近日,笔者在华北一带调研时,发现一些农民的田地里虽然安装了滴灌设施,但在使用时却存在"只开不关"的现象。
>
> 近些年来,华北地区地下水超采问题突出。农业用水,耗水量巨大,节水滴灌是缓解华北缺水问题的重要抓手。正是出于这样的历史现实原因,华北地区大力推广节水农业,鼓励铺设滴灌设备。然而就一些地方的统计数据来看,铺设滴灌设备后却并没有起到明显的节水效果。

文章也有鲜明的立场和观点:

> 究其原因,在于部分农业生产者只知道打开滴灌设备,却不知道什么时候关停,有时甚至忘记了关停。不同农作物有不同的灌溉需求,什么时间滴灌、每次滴灌持续多长时间,农民并不掌握这些信息。

并提出行之有效的对策建议:

> 因此为最大化实现农业节水目标,除了铺设滴灌设备,更应该增强滴灌意识,此外也应该加强滴灌知识及技能培训。

二、把握新闻评论的时效度

(一)时是时效,也是时机

什么是新闻评论的时效度?"时"有两个层面的意思:一是追求实效,二是注重时机。既不能简单理解为"时效",也不能单纯理解为"时机",对这个概念的误解会给新闻评论工作带来诸多困扰。

1.时效讲究快

新闻评论反应要快,尤其是新闻时评。电影《功夫》中有句台词:"天下武功无坚不破,唯快不破。"新闻评论传播的是一种观点信息,要多快才好?

---

① 柯利刚:《有滴灌设备,更要有滴灌意识》,《农民日报》2019 年 7 月 27 日。

如何能做到快评？在“唯快”的问题上，权威媒体评论从选题到写作再到播发，有着严密的流程和制度，这套流程和制度是党报评论准确性和公信力的保障，所以“唯快”是有一定难度的，尤其是时评，不仅要分析当前的形势，理性判断更要经得起历史的考验。

当前环境下，新闻生态复杂，一是新闻界所囊括的对象越来越宽泛，因为“我在现场，你不在现场，所以让我来告诉你这里发生了什么”，爆料人在现场，他有设置议程的优先权；二是自媒体发评人鱼龙混杂，观点信息泛滥，甚至爆料人为了个人利益，将新闻事实当作小说来编造，进而“带节奏”，使信息的权威性和准确性受到冲击。

举一个例子：2020 年 5 月，一名家长在微博发文爆料，说 2019 年 12 月自己的孩子在广州市某小学被某老师体罚。老师在家长多次告知孩子有哮喘不能剧烈运动的情况下，因某老师自己心情不好罚学生在操场跑了 10 圈，导致孩子哮喘发作大口吐血，并爆料老师收受贿赂，半年多的时间学校没有处理此事，家长情绪愤怒，并配上孩子吐血、就医等九宫格图片。

一张九格图，一篇充满“血腥味”的文章，获点赞 400 多万次，评论回复近 50 万条，转发量更是达到了 140 万次，舆论一边倒的压力可想而知。

5 月 31 日，事件发生反转，广州白云警方通过微博发布通告：经警方取证，发帖家长刘某承认其孩子吐血、被老师殴打、老师收受贿赂等情节都是她编造的谎言，血迹为化妆品和水，孩子精神状态良好。警方在调查中还发现了刘某涉嫌雇请人员进行网络炒作的相关证据。

警方微博一发，广州市某小学教师涉嫌体罚学生一事，原来是无中生有。由此可见，如果权威媒体没有核实的情况下，被爆料人带偏，贸然发布评论，会严重危害媒体公信力。

2.找准时间，方能事半功倍

新闻评论要找准时机，主动设置议程，不能人云亦云，方能起到事半功倍的效果，在国际传播的舆论斗争中尤其如此。2016 年是美国大选年，新华社找准时机，以大选中的“金钱政治”“民粹主义”等乱象为抓手，发表系列评论“八问西方制度”，深入揭露了西方政治弊端，反思西方制度和民主缺陷，揭露其“权钱旋转门”的体制性“顽症”，直击西式民主的虚伪本质。该系列评论对外被法国《欧洲时报》等多家境外媒体采用，在海外社交媒体平台上引起美国民众共鸣，一些发展中国家粉丝纷纷转发并反思西式民主的弊病。

以下是该系列评论中的开篇之作：

肆无忌惮的权钱“旋转门”(节选)[①]

美国总统选举三轮电视辩论结束后，特朗普与希拉里两名总统候选人共同出席一场慈善晚宴，特朗普在发言中讽刺“这是希拉里首次对大型商界领导人聚会讲话不收费”，而希拉里则自嘲称不收费是“特殊优待”。

…………

最触目惊心的利益输送乃是权力与院外游说集团的结盟，这已俨然打入美国政治大厦的地基之中。美国政治圈对这样的资本操纵与利益交换习以为常，甚至并不把这看作腐败。

地处白宫北面的K街是华盛顿的游说业中心，数万名说客云集，有美国“第四权力”中心之称。英国《观察家报》称其为“世界上最腐败的地方之一”。

以K街为代表的院外游说集团已经渗透到美国权力架构的所有层面，这些职业说客在企业与政客之间长袖善舞。说客们并不只是为各种利益集团叩响权力之门，事实上他们也为政客们服务，建立起“双通道”。

对于一个政客来说，竞选就是拼钱，没有企业与富人的金钱支持一切都无从谈起。在美国，新世纪以来总统候选人的竞选花费动辄都是数亿美元，一名参议员需要花费起码2000万美元才能保住自己的席位。

于是，权跟钱自然就走到了一起。

(二)新闻评论要有尺度，知进退

新闻评论要拿捏好尺度，一张一弛，到底是犀利如匕首，还是宽容大度，都要根据选题性质的不同来选择。

1.语言要犀利、稳妥

语言要犀利、稳妥，听起来像是矛盾的，但大家仔细体会就会发现，新闻评论的语言不能一味追求犀利，而是应该在稳妥和严谨的基础上凸显“锋利”。2017年3月《新华每日电讯》发表了一篇评论，这样写道：

警惕形式主义披隐身衣卷土重来(节选)[②]

前段时间，《人民日报》刊登一篇题为《送温暖无需兴师动众》的文章，里面提到“40多人下乡送温暖，三天活动两天在路上”，如此送温暖受到不少群

① 吴黎明：《肆无忌惮的权钱“旋转门”》，2017年6月15日，http://www.xinhuanet.com//zgjx/2017-06/15/c_136364945_2.htm。

② 何晨阳：《警惕形式主义披隐身衣卷土重来》，2017年3月21日，http://www.xinhuanet.com//mrdx/2017-03/21/c_136144117.htm。

众吐槽，一些网友留言称“这不是说我们单位吗?”互动中可见类似事件并非个例，戏谑的口吻中则透露出群众对此现象的反感之深。

一次基层采访见闻让我印象深刻。某贫困镇为在上级领导调研时展现乡镇良好风貌，派专人打扫道路，因没有获知领导确切调研时间，当地连续20多天组织群众在街头巷尾清扫垃圾，按每人每天70元的日薪结算，近20人的清扫队伍需要一笔不小支出。上级检查一走，环境整治立马停止。

…………

如今，作报告写文章拿腔拿调、列队欢迎送温暖队伍等形式主义已在“反四风”的凌厉攻势下明显减少，但打着“关爱”“关心”等旗号却不务实的形式主义倾向依然存在。

比如，一提走群众路线，一些干部就弄上两袋大米、一壶香油等到贫困群众家中走一遭，送米、拍照、走人一气呵成；一说轻车简从、密切联系群众，一些干部就走马观花下趟基层……

群众的眼睛是雪亮的，什么是作秀，什么是真正为民服务，一眼就看得出来。很多时候，送温暖、密切联系群众的出发点都是好的，但掺杂进形式主义的杂质就让人有“好经被念歪”之感。一些群众因“出发点是好的”而不愿计较，但久而久之，披着“隐身衣”的形式主义必将玷污良好的初衷，将好事异化。

记者在调研期间积累了大量鲜活的案例和一手素材，并且在初稿完成以后，《新华每日电讯》的编辑及终审发稿人就细节反复打磨，使人们对打着“关爱”“关心”等旗号却不务实的形式主义行为有了深刻感受。

在确保记者准确反映了社会问题之后，评论中的语言表达既一针见血、犀利精辟，又严谨稳妥，论点阐述严密，更能凸显新闻评论的深度。一些网民评论称，这样直接谈问题的评论文章，不拐弯抹角，殊为难得，尤其在当前的现实语境中，值得回味。

2.语言表达要情理相融

理不辩不明，我们鼓励公民在保有独立人格的前提下开展讨论，但在对待人民内部矛盾的时候，平衡的天平上应该加上“宽容”这一砝码，宽容承载着平等与公正的理念。[①] 在第二十七届奥运会上，当被寄予厚望的射击运动员赵颖慧冲金未果时，白岩松这样说：“人们记住失利的赵颖慧似乎比记住得铜牌

① 参见赵振宇：《怎样认识和做好新闻评论》，《新闻战线》2018年第8期。

的高静更容易，但这并不公平。……她（赵颖慧）输了，但也有权利得到安慰。”[①]

尤其是日常复杂的社会生活不是只有黑或白、是与非的两极，我们的观点或态度也不能只在纯粹的两极游走，俗话讲“清官难断家务事”，这个世界是有中间地带的，没有人可以永远正确，可能也没有人永远错误。宽容是一种待人待物的态度，是一种智慧和勇气，既审视了别人，也审视了自己，我们不能从道德上一味谴责，将别人说得一无是处，也不能将人物“神化”。

网络评论的弊端也是显而易见的，人们在没有拨开事实的重重迷雾之前就匆匆发表观点，往往会产生相对偏激和极端的意见，有时甚至伤及无辜、颠倒黑白，反而破坏了社会和谐，这对形成明确舆论气候不具有建设性。

（三）注重评论效果

新闻舆论工作最终要看效果，要把追求实效作为舆论工作的出发点和落脚点。社会热点事件层出不穷，几乎每天都有事件上热搜，社会舆论纷纷。舆论引导工作有没有效果，就要看人民群众信任不信任，认同不认同。要达到舆论引导民众的效果，首先要认真倾听民众呼声，积极回应民众关切；其次要“会说”，要能说到民众的心里去。达到舆论引导群众的效果需注意以下两点。

1.与民众保持情感共鸣

新闻评论要获得好的社会反响，就要在事关党和国家、人民的议题上下功夫，不能是个人的“自拉自唱”，而是要解决事关其中的认知问题，做好舆论引导。并且要与民众保持情感共鸣，抓住民众的关注点，不搞简单的居高临下式的说教，才能为大众指点迷津。

2017年《新华日报》一评论针对“家庭医生签约率‘跃进’但民众没有得到相应服务”的问题进行了关注，认为国务院医改办、国家卫生计生委等提出的指导意见是为了老百姓有实实在在的获得感，但是一些地方盲目追求政绩的“数字突破”引发民众反感。评论中这样写道：

> 失真失准、缺少认同的“数字突破”，是“造”出来的，也是“逼”出来的。造，因为数字就是成绩，就是亮点。“人有多大胆地有多大产”，注了水的数字更加光鲜，更加引人关注。逼，因为数字就是指标，就是考核。一些部门习惯于“年初简单压指标、年末向下要数字”，在乎的是数字的“大与小”，而不是“真与假”。[②]

---

① 李锋、熊克成：《圣火，从水中升起——评白岩松之奥运解说》，《声屏世界》2000年第11期。

② 翟慎良：《民生实事莫沉迷于“数字识破”》，《新华日报》2017年2月24日。

这篇文章是根据媒体前一天关于“家庭医生系列问题还原真相”的报道进行的后续评论，敏锐地抓住了百姓关注热点，对“家庭医生签约率跃进”背后的“数字政绩”的本质进行分析，观点深刻且条理清晰，发表后在基层引起强烈反响。

2.注意找到平衡点，克服片面性

互联网时代，公民个人的意见表达意愿增强，他们可以不再以“单位人”的身份出现，而是以个体身份在大众媒体或社交媒体上表明自己的态度和观点，许多网络意见不需要严密论证就可以发表出来，甚至有的时候发布速度几乎与热点事件的发生同步。

网络评论，尤其是自媒体评论在一些热点问题上可能会出现偏激、片面、极端的观点，动辄就要求网民“选边站”，这些声浪相较其他评论更具有煽动性，破坏力也更大。“后真相”时代的“真相凋零”给和谐的社会关系和国家治理带来挑战。

如何找到平衡点，克服片面性？一方面要提高网民素养，着力构建面向不同地域、不同年龄段、不同职业人群的网络素养教育体系，不断扩展网络素养教育覆盖面[①]，同时要警惕算法推荐在加剧认知偏见方面的影响；另一方面，从操作层面上引入“网言网语”，在媒体评论中选取一些有代表性的意见引入到主流媒体的评论当中，从而起到较好的平衡作用。

比如下面这个案例：

> 2019年6月，“山东女快递员因为一个芒果遭投诉后下跪，民警开具霸气书面证明”一事引发全网关注。“客户恶意投诉”“悲情劳动者”“黑心快递公司”等报道和评论一时铺天盖地。然而6月12日，《齐鲁晚报》的追踪报道令舆情开始转向：投诉者称快递员发假快递，女快递员承认自己从未被罚款、扣薪开除，撒谎是“为给客户施加压力，博得同情”，开证明的民警也一时陷入尴尬当中。

一线快递员本来就是备受社会关注的群体，他们每天在城市中奔波，为人们提供便利。在舆论场中，快递员群体有时遭遇投诉，比如一些快递员不遵守交通规则等；有时又能获得满满的关怀，人们会感慨他们工作不易；有时被无情吐槽，有时又被点赞无数。

---

① 参见白杨波：《“提升网民网络素养　共建清朗网络空间”分论坛：提高网络素养　共迎清朗未来》，2018年2月2日，http://www.cac.gov.cn/2018-02/02/c_1122359979.htm? from=singlemessage。

所以，一旦出现舆情，人们的意见可能极易出现不全面的情况，鉴于群体的敏感性，这就要求主流媒体和自媒体都要以“文”化人，适当放慢评论的节奏，待各方信息完善后发表，这样更有助于形成健康的网络环境。

第四节　贯彻全党办报、群众办报的方针

一、全党办报、群众办报

列宁曾经说过：“一个国家的力量在于群众的觉悟。只有当群众知道一切，能判断一切，并自觉地从事一切的时候，国家才有力量。”①

在新闻工作中坚持群众性，是中国共产党人在长期的新闻宣传工作实践中总结出来的真理，应当被广大新闻工作者奉为圭臬。

毛泽东在《对晋绥日报编辑人员的谈话》中提出了“全党办报、群众办报”的方针，他说：“我们的报纸也要靠大家来办，靠全体人民群众来办，靠全党来办，而不能只靠少数人关起门来办。”②

刘少奇在《对华北记者团的谈话》中指出，媒体“如果能比较真实、全面、深刻地把群众的情绪、要求、意见反映出来，那不知会起多大的作用。你们要和群众生活在一起，了解他们真正的情绪和要求，看他们反对什么，拥护什么，要求什么，把这些东西反映出来。不相关的人看看也许就算了，相关的人就会好好注意，就得到了你们的帮助。我们要了解群众，向群众学习”③。

习近平强调，新闻舆论工作者要增强“政治家办报”意识，牢记社会责任，不断解决好“为了谁、依靠谁、我是谁”这个根本问题。“文者，贯道之器也”，用在新闻评论中，“道”就是“为党为人民”，就要求新闻评论重视“党性和人民性”的统一。保障公民的知情权和表达权，是保障他们参与社会治理的首要前提。

比如，1940 年 3 月在延安创刊的《边区群众报》，报道内容贴近边区群众生产生活，刊登抗战的情况，刊登群众日常生活的柴米油盐、务农等实用性信息，报道形式生动，受到边区人民喜爱，并在社会动员和推动社会问题解

① 《列宁选集》第 3 卷，人民出版社 2012 年版，第 347 页。
② 《毛泽东选集》第 4 卷，人民出版社 1991 年版，第 1319 页。
③ 《刘少奇选集》上卷，人民出版社 1981 年版，第 399 页。

决中发挥了重要作用。1946年，中共中央西北局书记习仲勋评价道："这个报纸是陕甘宁边区群众公认的好报纸……不但容易读容易懂，并且说出了边区群众要说的话，讲出了边区群众要知道的事情。"①

再比如《人民日报》的新闻评论，"任仲平"是"《人民日报》重要评论"的谐音缩写，《人民日报》在1993年第一次以这个名字刊发评论，它是一群人的智慧结晶，承担的是一张党报的社会责任。

"任仲平"有"七八条枪""七上八下""七嘴八舌"的创作机制："七八条枪"指的是组织架构，其成员来自全报社，有社领导，有部主任，有资深记者、编辑等；"七上八下"形容他们的工作标准，一篇稿件的形成要经历若干反复的过程，不断修改直至所有人都觉得"还行"才可；"七嘴八舌"指其工作的民主风气，大家无论职务高低都可以发表不同意见，很多稿件在"任仲平"撰写之前会召开专家座谈会，将多种角度的看法和意见熔于一炉。②

二、新闻评论要持续进行形式创新

据陈力丹教授考证，马克思、恩格斯在《新莱茵报》工作时对新闻评论、通讯、消息只有大致的区分，常常将它们互相结合，融为一体。他们在撰写新闻时，从报道的具体对象出发，用最恰当的形式来表现和评论事实。③

前几年，美国一家新闻实验室经研究发现，越来越多的受众难以区分新闻报道和新闻评论。这表明，受众希望在报道中看到媒体的观点和深入见解。评论与新闻报道的融合，也为党报评论的呈现方式提供了可能性。④

要形成高质量的新闻评论不是一件容易的事，评论意味着接受批评和承担风险，媒体机构在审核传统媒体评论之外，恐无再多精力和意愿去承担网络评论的审查责任。而互联网评论，尤其是自媒体评论则不同，公民社会的崛起在一定程度上补足了权威媒体在"唯快"方面的短板。

2016年，央视中文国际频道推出的电视新闻评论节目《中国舆论场》就采用了创新形式，将传统电视与互联网、手机深度结合，打通多个渠道。同

---

① 《习仲勋文选》，中央文献出版社1995年版，第22页。

② 参见彭心韫：《记者节，揭秘"任仲平"：他这样跟年轻人"网聊"》，2019年11月8日，http://media.people.com.cn/n1/2019/1108/c14677-31445398.html。

③ 参见陈力丹：《不拘一格的新闻写作——读马克思、恩格斯在〈新莱茵报〉上发表的作品》，《新闻大学》1982年第4期。

④ 参见张学文、冯军福：《探析新时代党报评论的困境与突围——以〈河南日报〉的评论实践为例》，《新闻爱好者》2020年第12期。

时，注意在节目中与网友亲密互动，通过大数据优势，将观众的在线问答互动传递到节目现场，让现场的评论人员也可以参考，使晦涩难懂的新闻评论“接地气”，有效提升了节目的收视率。

人民日报社评论部也不断创新，在微博上设立“你好，明天”“微评”等栏目，在微信公众号“人民日报评论”上设立“睡前聊一会儿”等栏目，还有大气磅礴、一字千钧的“任仲平”及“人民时评”……《人民日报》在评论方面做了许多尝试。《湖南日报》扩大评论阵地，形成了社论、“湘声”“晨风”文章、“宁心”文章、编辑部文章、评论员文章、三湘时评、观点专版等在内的全方位评论矩阵。

在互联网时代，记者对是非曲直的表达应该尝试与民众建立“协商式对话”范式，改变老套路、老方法，尝试多渠道、多媒介相结合的方式进行舆论引导。

三、发掘短视频新闻评论潜力

短视频作为新型的言论载体，凭借“短平快”的优势成为新闻评论的“轻骑兵”。① 微博、微信、抖音等平台都在积极发展短视频业务。

短视频制作门槛较低，寻常百姓都可以用短视频记录日常生活和表达利益诉求，这些记录与表达建立起了多中心的舆论场生态，它们一方面给主流媒体舆论带来巨大压力，另一方面也为主流媒体提供了更多的线索和选题。

网络媒体环境下，社会话语权呈现“去中心”化趋势，也称为“多中心”化。当然，主流媒体也积极参与到这一过程中去，并成为其中非常具有权威的中心之一。

央视新闻客户端、“我们视频”、“梨视频”都是比较有代表性的短视频平台。短视频可以快速表达观点，如《新闻联播》推出的“主播说联播”将评论时长控制在 80 秒到 100 秒之间，通过康辉、海霞等观众熟悉的主持人，在直播间通过口头评说强化论点，主要针对价值判断明朗的时政新闻，基本可以做到在新闻报道之后及时配发。

但是短视频的弊端也非常明显，比如发布时长受限，无法用一个视频充分说明一个事件，视频质量参差不齐、平台监督不足、过度追求猎奇和流量

① 参见金梦玉、丁韬文：《“短视频＋新闻评论”的创作路径、发展瓶颈与未来探索》，《中国编辑》2021 年第 6 期。

等。青少年是以视觉为主的一代,短视频对其价值观的树立有重要影响,可以探索“短视频+”模式补齐短板。

四、聚合观点,核查事实,促进多方的观点互动

传播学经典理论认为,人们倾向于选择和接受与自己观点相似的人的意见,而忽略与自己相反的意见。网络的算法推荐、圈层化交流往往会使相似的意见聚集,要打破这种情感的倾向,就要设法打破聚集,促进意见双方沟通与讨论。

在传统媒体时代,新闻评论播发就完成了使命,后续的互动是非常少的,但在社交媒体时代,评论发布仅是互动的开始,媒体和评论员只有及时关注受众的跟帖并给予及时回应,在多种意见的博弈中,一种主流的意见才会深入人心。评论景观不再是评论员的“单口”表达,而是要评论者身处舆论现场,主持一场意见的演出。①

澳大利亚学者布伦斯认为,新技术导致传统新闻实践产生了一个重要的变化,这个变化就是新闻实践从“把关”转向了“看门”。他认为把关是“去掉不重要的内容”,是做减法。党报进行网络新闻评论的风险较大,所以评论的“规定动作”较多,一些传统媒体不允许本报评论员以媒体名义发表评论,只允许其作为个人进行相关评论,相当于这是通过把关做“减法”,这是传统思维。而“看门”是“强调更重要的内容”,是做加法,指的是职业记者和普通公众一起深度参与公共舆论生态。② 新闻策展③就是这样的理念,主要是记者或者媒体通过策划选题,对多种新闻来源的信息、观点进行发布、选择、排序,然后进行即时互动。

第五节　新闻评论工作者的政治素养

习近平总书记强调:“新闻工作者要在思想上政治上行动上同党中央保持高度一致,自觉增强政治意识、大局意识、核心意识、看齐意识,坚决维护

① 参见张涛甫:《时评为时而著　教育因势而变——互联网时代评论写作的变与不变》,《新闻记者》2019年第10期。

② 《什么是新闻策展?它有什么好处?》,2018年11月15,https://www.sohu.com/a/275755938_653748。

③ 参见孙婷:《“反转新闻”与“观点超越事实”问题的解决策略分析——基于“新闻策展”理念》,《新闻爱好者》2021年第6期。

党中央权威，与党同心同德。”[①]

政治素养主要是指在政治立场、政治品质和政治水平等政治素质方面的修养，具体表现在政治素养、理论素养、法律素养三个方面。以下主要从这三个方面展开论述。

一、政治素养

1.提高政治站位

新闻评论工作者要有坚定的政治方向和鲜明的政治立场，具有较强的政治鉴别力和政治敏锐性，能够透过现象看本质。世界上每天都涌现出大量的舆情热点事件和舆情热点人物，对评论什么，不评论什么，重点评论什么，从什么角度进行评论，选择什么时机评论，首先要从政治站位上考虑，特别是对重大事件的判断，要自觉与党中央保持一致。

比如，2013～2014 年的非法“占中”事件，表面是追求所谓的“民主”，实质是美国煽动并资助支持青年进行暴力活动，目的是妄图通过搞乱香港进而搞乱中国。《中国青年报》发表评论说：“一个小小的香港，要将之搞乱，价值何在？当然是醉翁之意不在酒，何况美国拥有在香港巨大的经济利益。但是，如果把战略目标定位为通过香港冲击内地，动摇内地制度的根本，这对美方势力来说，是遏制不住的诱惑。为之不得不要尝试，不得不要达到目标，不得不要不惜付出一切代价。”[②]

2019 年，习近平总书记在江西考察时指出：“领导干部要胸怀两个大局，一个是中华民族伟大复兴的战略全局，一个是世界百年未有之大变局，这是我们谋划工作的基本出发点。”[③]“大局”是一个广义的概念，党的发展、国家的前途命运、国家主权和安全、国家的国际地位和形象、群众的切身利益、社会民生福祉等经济社会发展事务都属于大局的范畴。[④]

2.树立大局观念

大局意识强调的是从整体、全局出发对事态进行综合考量和谋划，要求做到认清大局、看透大局、服务大局、贡献大局。

---

① 《习近平新闻思想讲义（2018 年版）》，人民出版社、学习出版社 2018 年版，第 189 页。

② 《香港占中为何不能撼动中国?》，2014 年 10 月 10 日，http://news.youth.cn/gn/201410/t20141010_5817499.htm。

③ 《习近平总书记江西考察并主持召开座谈会微镜头》，《人民日报》2019 年 5 月 23 日。

④ 参见人民论坛课题组：《什么是大局，如何维护大局——当前公众的大局观念与大局意识调查报告》，2016 年 10 月 26 日，http://www.rmlt.com.cn/2016/1022/442912.shtml? from=timeline。

2019年8月29日，新华社发表述评，评论香港乱象中香港教育所发挥的作用，文中引用了香港城市大学法律学院前副院长顾敏康的文章：如果说香港的教育“病了”，那么首先就是教育者出了问题，其次是教材出了问题。新华社的述评中点名批评了香港“教协”，认为其领导机构长期被反对派势力把持，并在校园内宣扬“港独”。

> 然而香港高中通识科推行10年，市面上的所谓“教科书”被多次揭发存在偏颇或错误内容。其课程内容、评核方式及存废等问题一直备受争议。
>
> 一些学校的通识教育各类教材常见如下内容：攻击“一国两制”；美化非法“占中”；激化香港与内地矛盾；负面解读内地存在的问题，或者直接丑化；介绍内地时引用过时的数据；引用典型的西方视角下关于中国话题的负面结论。
>
> 2013年，“教协”出版《香港政治制度改革——以“占领中环”为议题》，注明是“公民及通识科教材”，并请到非法“占中”发起人戴耀廷作顾问。
>
> 持有这种激进立场的教师去教通识课，去给学生们讲述香港的示威游行，会是怎样一种情形呢？[①]

2021年8月10日，长期从事反中乱港的“香港教育专业人员协会”（简称“教协”）宣布解散，该组织长期以教师组织名义煽动暴力、宣扬“港独”。新华社在8月11日及时发表社论：

> 劣迹斑斑、千夫所指的“教协”宣布解散，香港教育总算可以放下沉重包袱，迎来重回正轨的历史契机。
>
> 香港苦“教协”荼毒久矣！“教协”自称教育专业团体，但长期以来却政治挂帅，不仅将政治渗入校园，传播“有毒”思想，骑劫整个教育界，更明目张胆地参与了一系列反中乱港政治活动，为乱港恶行摇旗呐喊、推波助澜，给香港教育以及整个社会带来莫大破坏。一场“修例风波”给香港社会各界上了深刻一课，数以千计学生参与暴乱，不少教师涉嫌违法被捕，香港教育的声誉受到空前败坏。堪称“毒师”大本营的“教

① 刘欢：《香港乱象背后的教育“病因”》，2019年8月29日，https://baijiahao.baidu.com/s?id=1643166389384785694&wfr=spider&for=pc。

协”煽暴纵暴、误人子弟，是香港教育深受动乱打击的罪魁祸首。[①]

新华社从国家长远发展的战略出发，从“一国两制”的大局出发，深度剖析整肃学校教育的必要性和紧迫性，强调纠偏扶正特区教育部门的重要性。直接篡改历史的所谓“教育”是对历史的背叛，是对香港教育的不负责任，新华社的评论及时占领“舆论高地”，有助于还香港教育一片朗朗晴空，对切实培养香港下一代的爱港爱国情怀有着重要意义。

3.强化公共责任意识

梁启超在《呵旁观者文》一文中说道：“知责任者，大丈夫之始也；行责任者，大丈夫之终也。”意思就是认识到责任，是成为大丈夫的前提条件；承担责任，才能成为大丈夫。我国社会主义新闻工作的出发点和立足点都是为了人民的根本利益，新闻评论要充当社会矛盾和问题的“雷达站”、社会压力的“减压阀”，做好社会舆论监督并积极参与到社会治理当中。

强化公共责任，要求新闻评论员要有独立精神。2019 年 12 月，武汉市部分医院陆续发现了多例不明原因肺炎病例，该病后来被命名为“新型冠状病毒肺炎”。当时正值春节返乡，人员流动频繁，但此病毒传染性强、致死率高，而医护人员对其知之甚少，应对经验不足，一时间人心惶惶。面对突如其来的疫情，我国充分发挥制度优势，科学防治，众志成城抗击疫情。

《人民日报》充分发挥了党媒的责任担当意识，相继刊发了以下系列评论，起到了稳定民心和社会秩序、稳定社会经济的效果：

《坚定信心　坚决打赢疫情防控阻击战》

《把疫情防控作为当前最重要的工作来抓》

《把人民群众生命安全和身体健康放在第一位》

《牢牢压实属地责任》

《武汉胜则湖北胜　湖北胜则全国胜》

《以科学精神做好疫情防控工作》

《城乡一体，抓实抓细疫情防控》

《制度优势提振防疫信心》

……

① 新华社记者：《“教协”解散咎由自取　香港教育迎来重回正轨历史契机》，2021 年 8 月 11 日，http://www.xinhuanet.com/politics/2021-08/11/c_1127751195.htm。

二、理论素养

“政治上的坚定，首先取决于理论上的清醒。”[①]“感觉到了的东西，我们不能深刻理解它，只有理解了的东西才能更深刻地感觉它，感觉只解决现象问题，理论才解决本质问题。”[②]

新闻评论人才要有理论素养，主要是指新闻评论工作者要了解和掌握马克思主义理论体系，并自觉运用马克思主义的立场、价值观和方法论进行新闻评论工作。马克思主义理论是一个系统的科学理论体系，新闻评论工作者要在工作中努力学习和掌握马克思主义基本原理，进而全面领会和灵活运用中国特色社会主义理论体系，并以此为指导进行社会主义新闻评论工作。

1.运用马克思主义的立场、观点、方法分析问题

马克思在《〈黑格尔法哲学批判〉导言》中说：“理论只要说服人，就能掌握群众；而理论只要彻底，就能说服人。所谓彻底，就是抓住事物的根本。”[③]马克思主义理论体系的科学性主要表现在善于运用历史唯物主义和辩证唯物主义来观察社会，提出问题，分析问题，进而提出解决问题之法。我们作为新闻评论工作者，要多读马克思主义理论原著，提高自身运用历史唯物主义和辩证唯物主义方法论的本领，开动脑筋写出好评论。

改革开放初期，《北京日报》发表了一篇在当时很有影响力的评论《从根本上认识社会主义制度的优越性》，评论说：

> 为什么当几名解放军战士英勇跳进龙潭湖去抢救一名落水学生的时候，旁观的几个后进青年用来进行嘲讽的语言是这些战士“想入党啦！”“立功的时机到了”？又为什么决不会有人去说那些小偷流氓是“想入党”或“立功”呢？可见，就连这些相当落后的人也不能不承认，在我们这个社会里，只有为人民做好事的人才能入党、立功。[④]

评论者运用辩证唯物主义的方法，从看似对立的言论中找到统一规律，透过“嘲讽语言”的现象，分析背后正确社会价值观的本质。[⑤]

---

① 丁法章：《当代新闻评论教程》，复旦大学出版社 2012 年版，第 92 页。

② 《毛泽东选集》第 1 卷，人民出版社 1991 年版，第 286 页。

③ 《马克思恩格斯选集》第 1 卷，人民出版社 2012 年版，第 9～10 页。

④ 《北京日报》评论员：《从根本上认识社会主义制度的优越性》，《北京日报》1980 年 3 月 23 日。

⑤ 参见丁法章：《当代新闻评论教程》，复旦大学出版社 2012 年版，第 94 页。

2.坚持理论与实践相结合

学习理论,就是要不断学习马克思主义理论的精髓,习得科学的世界观和方法论。我们的党在不断推进马克思主义中国化的过程中,不断推进理论创新、进行理论创造。坚持理论与实践相结合,就要坚持实事求是,用科学的理论和方法调查反映现实问题。

比如,习近平总书记强调,高举改革开放伟大旗帜,“营商环境只有更好,没有最好”①。营造国际一流的营商环境,是中国坚定推进新一轮改革开放、实现高质量发展的重要基础和关键一环。山东省广播电视台的记者发现,“2018 年中国互联网企业 100 强”中无一家山东企业上榜,一些创办于山东的互联网企业却“孔雀东南飞”,在浙江等先进省份迅速发展壮大。记者从“凤歧茶社”(一个创办于山东的互联网公司)入手录制节目,对潍坊市、嘉兴市、乌镇等地的政府服务职能进行了对比,采访扎实,细节生动,讲述一波三折,对比差异明显,结论让人信服。

节目播出后,新华网、人民网等数十家媒体转载或评论,自媒体阅读量突破“10 万+”。山东上下掀起了一场关于营商环境的大讨论、大反思,并引发全国广泛关注。新闻评论归根到底还要看能否说到政府、公众的心里去,能否让公众满意,能否合理回应社会和人民关切,化解矛盾。记者从理论出发,运用深度调查采访的方式研究山东营商环境不好、服务功能不到位的现实问题,是理论联系实际的重要表现。

三、法律素养

法律素养是个体了解法律的程度和运用法律的能力。《中共中央关于全面推进依法治国若干重大问题的决定》指出:“法律是治国之重器,良法是善治之前提。建设中国特色社会主义法治体系,必须坚持立法先行,发挥立法的引领和推动作用,抓住提高立法质量这个关键。”

“新闻评论权”是一个法律概念,从宪法规定的“言论自由权”和“批评建议权”衍生而来,主要是指法定范围内的个人或媒体就人们普遍关心的社会问题发表批评和议论的权利。同样,人们在使用新闻评论权的过程中,也必须在法律允许的范围内进行。

提高法律素养,要强调在现有的法律框架之下应该“是怎么样”。随着

① 《推动开放合作　实现共同发展——与会人士热议习近平主席在首届中国国际进口博览会开幕式上主旨演讲的金句》,《人民日报》2018 年 11 月 6 日。

人们法律意识的增强，评论者们要随时关注生活中的违法问题。2019 年 4 月《工人日报》发表《别把超时加班美化为“拼搏和敬业”》的新闻评论，犀利地指出“996”工作制违反了劳动法，企业需要承担起维护劳动者权益的法律责任，任何噱头都不能改变其“违法”的本质属性。提高法律素养，还要思考法律“要怎么样”。2019 年 7 月 7 日，光明网针对《制作粪水泼向路人》的短视频进行了评论，认为虽然汉阳民警已经将作案的两人全部抓获并刑拘，但“泼粪类”视频能堂而皇之地出现在手机各类短视频 App 上并获得流量，就应该无限期下架该软件，并厘定平台的法律责任。短视频监管是一个难点，光明网的新闻评论员敏锐地发现监管法律真空，并呼吁法律进行相应完善。

提高法律素养，要关注公理、正义这类问题。人民群众是“良法善治”的参与者、评判者和监督者。所谓“良法”，是指法律形式合理性与实质合理性的统一，其基本要义在于强调法律必须体现理性、表达公意、维护公益和保障人权。“善治”是指“法律实施”之“善”。[①] 这也要求在法律类新闻或热点事件的舆论引导中，要以公共利益为最大公约数，在评论工作中体现辩证法思想。

思考题

1.请从马克思、恩格斯、列宁所写的新闻评论中选择一篇通读，写写你的读后感，尤其分析他们在新闻评论中是如何坚持党性原则的。

2.从毛泽东的新闻评论中选择一篇通读，分析他是如何使用新闻评论进行“战斗”的。

3.坚持社会主义新闻评论党性原则，我们应该怎么做？

4.新闻评论工作者应该具备什么样的素质？

① 参与戴建华：《法治应当是良法与善治的结合》，《学习时报》2019 年 9 月 18 日。

第三章　新闻评论的主体

【学习要点】

新闻评论的写作有其媒体要求的特定社会环境，在新兴媒介环境下，其主体正在发生显著的变化，由传统的专业创作主体与收受主体发展成为专业创作主体、泛化创作主体、参与创作主体、收受主体、互动主体等多元主体。在具体的学习实践中，用生态位的视角了解新闻评论主体变化的主要原因，并了解新闻评论的优势主体在产业实践中的积极作用，这是本章要学习的重点。

第一节　新闻评论的主体界定

从认识论的角度看，要认清新闻评论这一特殊的新闻题材，首先要了解新闻评论的“主体是谁”“客体怎样”以及“载体及生存环境”等诸多问题。对新闻评论而言，其主体并不是一成不变的，从新闻评论主体的演进来看，始终透露着媒体的传播立场和角色扮演的信息。从报刊发行的第一天开始，言论就成为报刊的基本社会面相，早期的报刊言论是报刊最核心的竞争资源，因此在晚清、民国时期，甚至出现了“有言论才有报刊”这样的说法。在历史长河中能够引起广泛关注的往往是那些注重言论，由专人写作言论的报刊。国际无产阶级革命导师马克思、恩格斯、列宁等重视报纸言论，以言论为革命斗争武器；晚清时期梁启超等政治家以报刊言论推动维新变法；中国共产党创始人和党的主要领导人毛泽东、陈独秀、瞿秋白等始终把党报评论放在十分重要的地位。改革开放以来,传统的报刊、广播电视等媒体沿袭了以新闻评论引导主流舆论,强化评论的影响力和引导力。[①]

从当下媒体组织管理的视角来看,新闻评论并不是由单一主体建构而成的,而是由上位主体、本位主体和下位潜在主体共同建构。上位主体主要指存在于媒体背后的政治或经济势力。事实上,新闻评论与意识形态存在着"连体异构"关系,新闻评论所遵从的党性原则均出自政党的意识形态建构。[②] 本位主体是新闻评论者本身在具体的议程设置、言论表达等行为活动中担任新闻评论创作的主要责任人,作为职业工作者,其思想图式受到党政等意识形态即上位主体的影响,是媒体立场与言论的具体话语执行人。下位潜在主体指的是与新闻媒体发生关系的社会公众,他们既可能是处在新闻事实源头并积极参与评论的评论者,也可能是直接受到新闻评论影响与评论开展积极互动的收受主体和互动主体。下位潜在主体的身份虽然比较模糊,但其影响却实实在在能够将新闻评论转化为舆论,也能以其互动为起点,形成新的网络舆情。在具体新闻评论实践中,新闻评论的三个主体从来不是静态和孤立的,他们之间相互响应,形成"三位一体"的新闻评论传播态势,共同推动新闻舆论的形成与发展。

在对新闻评论主体的界定研究中,有人狭隘地将记者与主持人归类为新闻评论主体,其潜在意蕴是把传播对象看作了客体,这显然与认识论的主张相违背。还有人在界定新闻评论主体时,认为新闻评论主体主要扮演报道者、表达者、解读者与追问者的角色。[③] 在对具体的概念进行解析时,报道者是指为新闻事实报道与点评的记者,表达者是指对新闻解读与表达的主持人,解读者是指在场进行阐述和解读的出镜记者,追问者是指推动新闻事实内在关系的记者或主持人。应该说这种认知仍然没有脱离新闻媒体一元论主体的观念和主张。事实上,即使是传统媒体形态也存在着上位管理主体、本位生产主体和下位潜在主体同时存在的情况,以本位生产主体替代其他主体,忽视了媒介传播系统中的多元关系作用,犯了以偏概全的错误。

---

① 参见丁法章:《当代新闻评论教程》,复旦大学出版社 2012 年版,第 68 页。

② 参见张成良:《新闻舆论:概念源流与内涵解读》,《中国社会科学报》2017 年 3 月 16 日。

③ 参见郑妮:《论电视新闻评论主体的多元化呈现——以央视新闻评论为例》,《西部广播电视》2017 年第 14 期。

新闻评论的客体是引起关注的新闻事实。不论是已经发表的新闻报道文本还是新闻现场的事实，都是新闻评论生产实践的主要对象来源。新闻评论的载体则是用以传播话语的不同媒介形态，包括近年来异军突起的网络平台等。新媒体环境下，多元载体与新闻评论同样面临着泛化的趋势和考验。

本章延续新闻评论多元主体的主张，充分考虑网络新媒体环境的影响，从新闻生产和传播的角度，弱化上位管理主体，将本位生产主体划分为核心新闻评论主体和参与新闻评论主体，同时增加对潜在新闻评论主体的论述说明。

新闻评论第一次主体泛化源于大众传播的兴起与媒介形态的不断进化，产业化形态的媒体催生了第一批职业新闻评论者——新闻评论员。以我国的都市报和晚报新闻评论员为例，他们以特定的栏目、版面为“工作车间”，以撰写引导舆论、群众喜闻乐见的评论为目的，完成了一批批有广泛影响力的新闻评论作品，成为大家熟知的新闻评论者。

新闻评论的第二次主体泛化源于广播电视媒介形态的推广和普及，新闻评论的形态发生了显著变化，次生态的新闻评论逐渐为原生态的新闻评论形态所替代。在我国，以《焦点访谈》为代表的一批电视述评类新闻栏目的兴起，将新闻评论从次生态的幕后推到了新闻采访的第一线，由此催生出参与新闻评论主体，这些受访者以第一见证人的身份参与新闻评论。以中央电视台《焦点访谈》1997 年播出的《罚要依法》为例，节目最后依次采访了村民和司机，他们的同期声如下：

> 村民 A：我感觉到这样做其实很不好，这个影响也不好。不管怎样，国家三令五申，一直强调不要这样搞，他们却继续搞这个事。他们一个是不规范，老百姓反映，我也有切身体会，他们这不是很规范的。
>
> 司机 E：中央领导同志让我们富起来，这些人根本不心疼我们司机，不符合中央的精神。

村民与司机作为旁观者和当事者，被邀请参与评论，对公路违章收费一事加以评价，成为新闻记者之外的参与评论者。这种栏目主持人主导话题、新闻记者引导、受访者参与评论的新闻评论探索影响深远，成为 20 世纪 90 年代中国电视新闻评论的一面旗帜。

新闻评论的第三次主体泛化源于新媒体的兴起，伴随着媒介技术带来的传播革命,人在新闻评论中的交流性和参与感增强,构成了更为广泛的参与式观点传播的泛在化景观,其背后折射的是中国社会转型中的利益表达格局的构建,由此催生了"网络评论"等新的评论形态。① 与此同时,新媒体具有的即时性、非线性和交互性特征使得新闻评论开放其话语空间,泛化的网络留言、弹幕等形态丰富了网络评论的生态体系。

新闻评论的主体如何界定,不仅有利于我们对于新闻评论的认知,还有利于在具体的新闻评论实践中指导实践,完成新闻评论的生产与传播。从媒体的舆论引导影响力来看,新闻评论主体作为传统媒体的头脑,是媒体中的核心与骨干;从新闻事件的舆论生成和导向来看,新闻评论主体作为重要的舆情意见领袖,引导社会舆论的生成和走向;从建设一支优秀的新闻记者队伍来看,新闻评论主体能够发挥可持续发展的队伍引领作用。关于新闻评论主体的界定,我们根据新闻评论主体的影响力从核心新闻评论主体、参与新闻评论主体和潜在新闻评论主体三个方面加以分析和探讨。

一、核心新闻评论主体

核心新闻评论主体作为职业的新闻评论员、新闻机构的从业者,有着社会职业分工合法化赋权的专业素养和高度组织纪律性约束意识,在具体的工作过程中,尽管具有社会人和媒体的双重身份,但因为受到新闻媒体制度、管理、职业规约等影响,其在新闻评论的调查采访与写作中必然会寻求工作效能的最大公约数.在新闻评论的文风选择上,新闻评论员总是要在媒体内在倾向基础上寻求个体的写作风格,即构建具有个人风格和独立品格的职业素养。个人风格是新闻评论员由于生活背景和经历、生活方式、工作方式的不同而形成的不同工作特征,它表现为新闻评论者独特的语言风格、文字特征和写作技巧等。

核心新闻评论主体实质上在特定社会环境中起到意见领袖的作用,成为媒体独特的人文品牌,如中央电视台的节目主持人白岩松,他口语化的时事评论风格,信手拈来的从容与淡定,都给观众留下了深刻的印象;再如《中国青年报》新闻评论员曹林,他对热点问题见解独到,剖析入木三分,可读性很强。在互联网新兴媒体环境中,传统媒体的新闻评论员落户于新媒体平台,在传统媒体专业身份的加持下,新的传播渠道进一步提升了其意见领袖的地位。

---

① 参见操慧等编著:《新闻评论教程:原理、方法与应用》,四川大学出版社 2019 年版,第 87 页。

除了媒体环境中的职业新闻评论员，近年来新兴媒体也崛起了一大批核心新闻评论主体，他们依靠互联网平台的开放空间特征，通过持续经营和维护，逐渐成为有一定拥趸粉丝的互联网“大 V”。与职业化的核心新闻评论员相比，他们属于不受媒体制度、职业操守等方面制约的自由评论者，他们的言行举止虽然代表的是一家之言，但社会影响却广泛存在。近年来一些所谓的网络“大 V”发表不当言论的事件屡见不鲜。

2019 年 12 月 2 日，“眼癌女童”亲人起诉网络“大 V”陈某名誉权纠纷一案在上海市闵行区人民法院一审公开宣判。判令被告陈某在其实名认证的新浪微博中向原告杨某书面赔礼道歉，赔偿原告精神损害抚慰金 5000 元、律师费 5000 元。事情起因是女童王某被确诊患有双侧眼球内母细胞瘤，患者家属立刻通过微信、水滴筹等互联网平台寻求帮助。账号开通后，得到社会各界的支持，爱心捐款也随之而来。与此同时，陈某的微博账号开始以“骗捐”“虐待”“实名报警”等言论在网上传播，并迅速引起社会各方的广泛关注。受害者不得不将陈某告上法庭，最终法院调查陈某在未经调查核实的情况下发表不当言论而被判败诉。

网络新闻评论者一旦取得“大 V”资格，其社会影响已经发生变化，只有不断加强社会责任感与舆论主体意识，才能更好地传播社会主流价值，更好地为引导社会舆论服务。

二、参与新闻评论主体

参与新闻评论主体是参与新闻评论活动时，在新闻评论中扮演了表达者、批评者角色的主体。与其他理论文章不同，新闻评论从诞生之日起，就强调多元开放性和舆论引导力，因此新闻评论的主体从来不是狭义的媒体从业者本身。从实践活动本质上看，参与新闻评论主体亦作为新闻评论生产主体而存在，虽然其在议程设置、立场设定和主题设计等方面处于从属地位，但其言论往往能够起到画龙点睛的作用。特别是在广播电视类新闻评论节目中，参与新闻评论主体作为重要的论证者参与话题讨论，在专业性、真实性和客观性上起到的作用不可替换。

从新闻评论内容定位的角度来看，参与新闻评论主体主要包括三种类型：一是专家类参与评论者，二是事件关系中的参与评论者，三是网络留言参与评论者。

专家类参与评论者在电视新闻评论中较为常见。如原中央电视台新闻频道节目《央视论坛》通过访谈方式建构一个谈话场。主持人与邀请来的专家就特定话题展开讨论。在具体的评论风格上，"评论员们可以是随和的，但必须有趣；可以是严肃的，但要充满智慧；可以是儒雅的，但要力透纸背。他们个性可以不同，他们的表达必须富有智慧和语言魅力"①。专家类参与评论者作为某一专业领域的专家，可以通过叙事与评论把话题推向深入。

事件关系中的参与评论者往往是新闻事件的亲历者，他们不但见证了新闻事件的发生发展，而且根据个人的立场和态度进行评价，这一类型的参与评论主体常见于电视新闻评论节目。如在吉林卫视播出的由笔者撰写的电视新闻评论《"重点保护"保护谁?》(2003 年获得中国新闻奖三等奖，吉林广播电视新闻奖一等奖)中将出租车司机和宾馆老板作为参与评论者，就"政府招商事件"进行采访，他们的评论表达了社情民意。

网络留言参与评论者是新媒体环境下的参与新闻评论者。在碎片化的言论建构中，起到形成舆论与引导舆论的客观作用。网络留言参与评论已经成为新媒体评论中一道亮丽风景，影响着舆情走向。在目前的网络舆情测评指标中，点击关注、转载与留言评论成为重要的参考指标，特别是留言评论，是最显著的舆情测评指标。一些留言评论甚至成为新的议程设置的起点，重新引导舆论发展方向。如 2012 年引起民间广泛关注的新闻事件——陕西"微笑表哥"事件。该事件始于一场意外车祸中新华社发布的图片新闻报道，照片中杨某作为厅级领导在车祸现场不合时宜的微笑引发网民的不满，随后与杨某个人生活消费相关的"手表"成为评论的热点。网民们把杨某参加各种活动的照片翻找出来，形成了新闻评论的新话题，那些本来已经模糊的信息得以清晰起来。②

三、潜在新闻评论主体

潜在新闻评论主体主要是指日常生活中积极获取新闻评论并可随时转化为参与新闻评论主体的受众，这些受众也可以被称为"积极受众"。新闻评论成为舆论的过程比较复杂，在单向度传播时代，除了新闻评论内容本身外，积极受众的二次传播甚至三次传播等人际传播对新闻评论的传播效果起到重要的推动作用。从新闻评论的内容生产来看，潜在新闻评论主体并未参与其中，但在新闻评论传播过程中，潜在新闻评论主体不但积极收受评

---

① 梁建增、孙杰主编：《央视论坛：透过现象说本质》(2)，高等教育出版社 2003 年版，第 3 页。

② 参见张成良：《融媒体传播论》，科学出版社 2019 年版，第 147 页。

论内容，还以自身为二次信源，通过人际传播的方式开展接力式传播。

值得一提的是，关于新闻次级传播在中国有着悠久的历史传统。不论是历史上茶楼酒肆里的说书艺人，还是走街串巷的货郎，他们都曾承担着不同地域新闻传播与扩散的职能，其中最重要的就是新闻事件之外的言语评说。这些活跃于民间的潜在新闻评论主体，以逐级递推的方式传播新闻事实与评论，在丰富民间叙事素材的同时，也累积起高度的文化认同。

网络新媒体时代，随着移动传播平台的兴起，传播的即时性、非线性和交互性使得新闻评论开始向着场域化的方向发展。人人皆可评论，人人皆是评论主体的环境使得潜在新闻评论主体进一步泛化，一句话评论，甚至表情符号评论的大量出现，让任何用户均可成为潜在新闻评论主体。一篇新闻评论的留言评论形成的集群蔚为壮观。如新华社 2021 年 7 月 16 日发表的《台美军事勾连拉高台海危险系数》[①]一文，在《今日头条》App 转发后，文后留言 3.3 万条，其中不乏言语犀利者。我们摘录了一些有见地的留言评论附在下面：

> 新华社的文章！勿谓言之不预也！
> 祖国统一是全国 14 亿人民的事！
> 认真准备，有备无患

从新闻评论传播的整体性来看，留言作为评论的反馈和延伸部分，同样不能忽视。上述留言虽然简短，但立场鲜明，一语中的，对评论本身形成有力的支持。

第二节　融媒体环境中新闻评论主体的素养

随着融媒体技术的发展，用户参与新闻报道与评论的意识越来越强，他们利用现有平台，通过手机等移动技术参与融媒体报道与评论。曾经作为集权威性、实效性于一体的传播信息主渠道的新闻评论，在悄然“祛魅”的同时也在不断进行调适，在保持宣传话语属性的同时，又在不断增加社会服务意识，在坚持正确导向的基础上，结合新媒体新、短、快、活的传播特性，占领

---

① 刘欢：《台美军事勾连拉高台海危险系数》，2021 年 7 月 16 日，https://baijiahao.baidu.com/s?id=1705409800179142421&wfr=spider&for=pc。

新闻传播的主阵地。[①]

值得一提的是，关于融媒体报道的话题也风生水起，成为重大活动主题报道宣传、实践的重要报道手段。由各中央媒体带动的融媒体报道如：两会的融媒体报道、港珠澳大桥的融媒体报道等，这些见证国家重要发展的新闻大事件，不断出现在我们的新闻报道信息中。运用融媒体技术进行新闻评论，以强化新闻评论的传播效果，这一做法正逐渐得到越来越多的关注。具体说来，有关融媒体环境中新闻评论主体关系的研究主要体现在如下几个方面：

第一，融媒体作为技术背景的研究。融媒体作为技术背景的研究是指研究中强调融媒体技术对于新闻评论的技术支撑作用，研究者的关注点是新闻评论本身而非融媒体环境中的新闻评论。这样的研究强调时代的大背景，即融媒体所在的时代的新闻评论，运用了何种技术手段对评论进行全媒体传播，这是融媒体背景下的新闻评论研究的主要方向。

第二，融媒体报道的相关案例研究。融媒体报道的案例主要集中在重大活动的报道，如两会报道或重要的主题策划报道，其中新闻评论作为主题策划报道中的立场和舆论导向话语加以呈现。如国内 70 家电台献礼中华人民共和国成立 70 周年融媒体节目《我家住在解放路》，突破时空限制的报道形式和内容成为中华人民共和国成立 70 周年新闻报道活动中的一个亮点，在现场展示的同时，通过特定话语评论 70 年来人们实实在在的感受与情感表达。对这些融媒体报道中评论的解读成为相关案例研究的一个主要方向。

第三，融媒体新闻评论的传播渠道研究。融媒体新闻评论如何呈现这一问题，尽管目前还未有定论，但目前形成的普遍共识是“三微一端”的报道体系或格局，即微博、微信公众号、微视频和客户端。在具体的融媒体运营研究中，着重关注“三微一端”建构的新媒体矩阵的影响，如 2018 年《人民日报》庆祝改革开放 40 周年大会融媒体报道采用“三微一端”传播渠道的研究。[②]

总体来看，关于融媒体新闻评论的研究主要集中在业界视野中的对策与效果研究，目前关于融媒体新闻评论研究的概念与内涵、主体关系、传播

---

① 参见朱丞轩：《融媒体时代背景下新闻评论类节目的创新分析》，《新闻传播》2021 年第 8 期。

② 参见叶济舟、燕婕：《融媒体报道中“三微一端”的模式构建》，《青年记者》2019 年第 11 期。

路径等方面的研究还远远不够，因此在融媒体新闻评论实践研究中，厘清上述相关问题，对于未来融媒体新闻报道的范式建构，融媒体新闻评论实践中的具体措施均具有重要意义。融媒体新闻评论主体关系如何，是本节要研究的重点内容。

一、融媒体新闻评论中主体的思维素养

思维是人类以感知而又超越感知的精神活动，是大脑对客观事物本质和事物之间内在关系的规律作出抽象概括的能动性反应。[①] 思维主要分为感性的具象思维、抽象的逻辑思维和理性的具象思维等。

思维素养是人类具有的思维能力，它通过人类长期的学习和科学实践培养建构而成，是高位阶的人类改造自然、改造世界的能力。

在融媒体新闻评论实践中，从对新闻选题的价值判断，到依据选题进行文本写作再到传播效果的评估是一系列操作，都是新闻评论主体的基本要求，也是思维素养作用与影响的主要过程。融媒体环境中新闻评论主体存在着对于主体素养的认知和表现的倾向：报道主体的扩展与泛化。由此产生的对于主体素养的认知和表现也存在着显著的差异性。

下面我们来谈谈报道主体的扩展与泛化对思维素养的影响。随着融媒体技术对于新闻评论新主体的赋能作用，非专业化的社会力量开始加入融媒体新闻评论活动中，成为融媒体报道的重要力量。新扩展的融媒体新闻评论主体主要包括：非媒体背景的专业化新闻生产力量，业余的或专业化的"自媒体"，利用自媒体平台进行传播的各种机构、组织和企业，技术性的信息采集、整合工具或平台。报道主体扩展与泛化给新闻生态带来重要影响，对专业媒体的影响首当其冲：它补充了专业媒体的"报道触角"，增加了新闻事件的议题设置，改变了专业媒体单向度的传播范式。与长期在传统媒体中形成思维素养的评论主体不同，融媒体评论主体的"全民性"互动机制在提高表现力的同时，弱化了作为职业评论者的问题思维意识、创新思维意识和逻辑思维意识，由此带来评论主体思维素养差距的扩大，使得民间狂欢与专业引导之间的角力不断增加。那么未来的融媒体新闻评论主体问题思维意识、创新思维意识和逻辑思维意识将如何表现呢？

第一，主体的问题思维意识。问题意识的核心是新闻评论主体对于事

---

① 参见操慧等编著：《新闻评论教程：原理、方法与应用》，四川大学出版社 2019 年版，第 93 页。

实与价值的准确判断。事实判断依据新闻发生的原因、如何发展、能产生怎样的结果、会造成什么影响等来判断，是对于新闻事件本身的认知和过程判断。事实是动态发展的，新闻评论主体的判断往往源于经验主义的认知来源，因此，事实判断依赖于主体的个体经验与认知基础，如经验丰富的新闻评论员对于新闻事实的判断会更加全面、完整和充分，相反，缺乏经验的新闻评论员因为抓不到问题的主要矛盾，从而产生错误的事实判断。智能时代随着大数据新闻、智能新闻、算法新闻的不断推陈出新，融媒体新闻评论也面临着从人到智能机器的转化。众所周知，目前的新闻评论写作是以人作为主体。从新闻评论的写作编辑，到后期的传播发送，人在这一过程中起到主导性作用。融媒体环境下，大数据、云计算、物联网，这些具有智慧特征的技术正悄然改变着未来的传播格局，有关新闻评论主体对于事实的判断也开始向着智能数据判断的方向转变。有观点认为算法亦可生产新闻评论，因此认为算法本身可以被视为新闻评论活动主体中的生产主体。不管怎样，算法被赋予的工具性、手段性的存在，决定了其只能体现出算法实际创设主体的意志和创作逻辑，无法与人类的新闻评论活动相提并论，因此也无法体现其作为主体的存在。① 因此，融媒体环境中算法的新闻评论主体从本质上看仍然是人类本身，其对于事实判断也遵从于人的经验，只不过是将人的经验大数据化，并根据人的经验方法提炼出数据，再根据主体人的判断获得新闻事实的判断。价值判断是按照一定的标准衡量事实的价值，或者针对事实提出特定的价值观，它是在事实判断基础上，对于事实本身与活动之间的关系评估作出判断。事实判断是价值判断的前提与基础。② 如果说事实判断可以通过智能数据提供得以完成，那么价值判断则更需要作为主体的人的主观判断力。

第二，创新性思维意识。思维的形成与发展是一个动态积累的过程，因为受到惯性思维影响，在认知世界的过程中，人的行为与态度很容易形成相对固化的思维定式，即前在的思维模式抑制后在的事实与价值判断，由此形成缺乏创新思维的僵化思维范式。融媒体环境中新闻评论主体的创新性思维不仅体现在构成新闻评论要素的立意、角度、观点、表述等方面的创新，还包括如何运用融媒体平台建构适应传播的具有交互性、多元符号性和开放性等方面的创新思维意识。从传媒产业的视角来看，受众需求与市场竞争

① 参见杨保军：《简论智能新闻的主体性》，《现代传播》2018 年第 11 期。

② 参见马少华、刘洪珍：《新闻评论案例教程》，中国人民大学出版社 2008 年版，第 72 页。

的加剧要求传统评论从题材、内容到表现形式进行大胆创新。[①] 从融媒体技术发展和新闻评论的实践来看，技术赋权使得新闻评论主体多元化，也带来全新的挑战。在文字基础上视频、音频、图片、动漫等多元符号的运用，滚动式、互动式评论的推广，共同提升了评论形式的丰富性。[②]

第三，逻辑性思维意识。逻辑一词源于古希腊语中的“逻各斯”(logos)，强调理性和规律。逻辑性思维包括思维规律和客观性规律，是新闻评论主体充分运用判断、推理、抽象和概括以完成新闻评论选题到文本写作过程中要求的思维能力。融媒体环境中的新闻评论除了传统新闻评论所需要的归纳推理、演绎推理和类比推理外，这些逻辑是内容生产的根本需求，有关传播路径中的逻辑生成，则需要考虑技术逻辑、整合传播逻辑和动态交互逻辑的运用。技术逻辑是融媒体技术在新闻评论传播中的主导性作用，其中视频、图片等多元符号的融合使用需要技术的支撑，考量在技术环境下如何更好地创建新闻评论文本，使之更有利于传播推送，并能产生良好的网络互动，这是融媒体环境中技术逻辑的内在要求。整合传播逻辑是将碎片化的融媒体形态通过入口链接等方式整合为一个系统环境，使之能够更充分完整地表达新闻评论的话语体系。融媒体新闻评论的影响更重要的体现是将微博、微信、短视频等形态整合起来，形成联动矩阵的传播方式。动态交互逻辑是融媒体环境中新闻评论具有动态的建构属性，评论核心本体与不断增加的留言、弹幕等共同构成了新闻评论的内容体系，留言既是评论的延伸，也是对新闻评论的议程设定的协商与再设定，其在新闻评论生成中的意义不言而喻。

二、融媒体新闻评论主体的通识素养和专业素养

通识代表着人在认识世界过程中能以联系的、贯通的方式广泛涉猎知识、增长见识，从而获得和构建具有普遍意义的知识和价值观。[③] 通识素养是人所拥有的可以贯通不同学科领域和行业体系的知识和能力。新闻工作者面对的是社会纷繁复杂的行业领域，因此应具有一定的跨越不同学科知识体系学习的能力，只有这样才能在其所面对的工作中做到“想得通”“说得清”“写得好”“传得远”。同样，新闻评论主体对于素养的掌握也只能说是其

① 参见曾建雄：《转型期新闻评论功能的拓展与内容形式创新》，《国际新闻界》2012 年第 12 期。

② 参见赵永多、周杨、李佳：《新媒体环境下新闻评论的创新策略》，《今传媒》2017 年第 12 期。

③ 参见操慧等编著：《新闻评论教程：原理、方法与应用》，四川大学出版社 2019 年版，第 98 页。

基本素养和要求，他们要通过个体的专业实践来表达出对于社会实践规律的认知的理解。在具体的通识素养中，政治素养、人文素养、法律素养、融媒体素养、知识素养等是通识素养的主要表现形态。政治素养强调新闻评论主体在政治立场、政治品质和政治水平等方面表现出来的素质和修养，政治性决定评论主体舆论引导的责任意识和社会担当。对于新闻评论主体而言，政治素养是社会责任感、历史使命感和职业荣誉感的综合体现。[①] 人文素养是在社会活动中体现人的价值修养，坚持真善美的理性观念，强调价值引领和精神追求。新闻评论关涉价值判断、社会关怀和舆论引导，只有新闻评论主体的价值观正确，才能够更好地发挥"意见领袖"的作用，引导舆论，弘扬社会正能量。法律素养是指新闻评论主体应该学法、守法和用法，在法律的逻辑框架下更好地维护社会的公平正义，让法律这一社会红线更好地发挥作用。融媒体素养是指新闻评论主体对于融媒体技术的掌握和广泛运用，只有熟悉融媒体形态，熟练地运用融媒体表达方式，才能更好地挖掘融媒体潜在的传播力，让新闻评论发挥更大的社会价值引导作用。知识素养是实践主体在认识世界、改造世界过程中掌握和运用知识的能力。新闻评论设计不同的行业领域，其专业知识往往五花八门，新闻评论者如何利用融媒体资源更快更好地掌握相关知识，并能运用所知悉的知识形成评论性表达，进而转化为评论敏感和评论思维，指导新闻评论的写作和话语表达。

应该说，通识性知识不是静态的知识体系，而是随着新闻评论主体在日常的新闻工作中不断学习和掌握的动态知识，在互联网搜索引擎的支持下，通识性知识的掌握更加容易。除了核心新闻评论主体，参与新闻评论主体与潜在新闻评论主体也具备了不断获取通识性知识的背景环境和技术支撑，特别是不同行业领域主体之间的沟通交流，也能够借由不同主体的相互沟通，更好地完成通识性知识的自组织教育。

新闻评论主体的专业素养作为核心素养，是评论主体保持核心竞争力的关键素养。不论新闻评论主体多元化和泛化到何种程度，新闻评论主体的专业素养仍是最具竞争力的职业素养，而专业素养的养成也需要一个漫长的学习、积累过程。新华社前社长胡乔木认为："培养一个评论员至少需要十年。"人民日报社评论部副主任林治波认为："新闻评论员应该做到德、才、学、识兼备。"这充分表明新闻评论专业素养的重要性。在具体的表达要

---

① 参见李彬：《政治素质 文化底蕴 实践意识——清华大学新闻教育与人才培养点滴谈》，《新闻与写作》2008 年第 11 期。

素中，包括认知力、解读力、批判力、创作力和参与力五个要素。认知力是新闻评论主体对于新闻事件的反应能力，包括新闻事件的认知、初步判断和相关新闻背景的整合等，这是新闻评论选题的需要，也是从舆论引导高度上对于创作主体的根本要求。解读力是能够充分利用融媒体资源，透过新闻事件寻求新闻背后的价值所在，包括新闻事件的价值考察、关系解析、趋势判断等，是在认知力基础上的对新闻事件的深度剖析。批判力是指对信息背后隐含的劝服、操纵意图等甄别和价值判断等能力[①]，批判往往是针对潜在新闻文本的价值回应，是根据新闻事件建立起来的批判价值立场和反思性判断的评价过程。创作力是新闻评论主体能够充分地利用语言、文字等符号完成一般性意见的公共表达的能力，在语言使用上，用雅俗共赏的语言精练表达评论要旨，使语言精宕、简洁有力；在专业叙事上，运用融媒体技术的叙事手段使叙事更加多元，视频、图片、动漫等生动有趣的表达方式可提高评论内容的可读性。新闻评论主体应该具有参与社会公共事务的意识，积极引导新媒体舆论，使得融媒体新闻评论的边界更加开放，议程设置能够协商共建，话语倾向多元表达。

除上述专业素养以外，职业道德和职业自律也应该作为新闻评论主体的重要素养。新闻评论者为谁发声、如何发声和怎样发声，这不仅是新闻人的职业操守，更是新闻评论人的行为准则。不同于新闻报道的事实依据，新闻评论的立场站位依据更具主观性，因此对于舆论引导而言更具影响力。

融媒体环境的变化对新闻评论主体素养带来的深刻影响还表现在时空关系一体化建构上。不同于既往媒体，融媒体新闻评论的时空关系倾向于一体化建构。尽管不同媒介形态的舆论场建构各有不同，但终极目标都是建构同一种时空情境，而且这一时空情境具有同体异构性，目的是使评论本身更加立体多元，易于使人进入情境，从而形成沉浸式的身心感受。这表明融媒体新闻评论时空关系具有高度的融合性，不同媒介形态的时空关系契合度越高，时空一体化建构越完整，融媒体新闻评论就越有影响力。对新闻评论主体而言，他既是时空一体化建构的推动者，也是在场评论的议程设置者，因此他需要具备的素养还包括时空组织能力，包括与不同主体之间的连线、与网络留言的互动交流等的能力。

第三媒介时代，新闻评论主体不仅呈现出多元化态势，而且具有一定的

---

① 参见张成良：《新媒体素养论：理念、范畴、途径》，人民出版社 2015 年版，第 158 页。

随机性特征。也就是说，任何民众都具有成为新闻评论主体的可能性。在这样的语境下，我们使用“与众”（prosumers）这个概念，将新闻评论潜在主体都称为“与众”，“与众”实质上就是第三媒介时代最重要的信息传受主体，甚至叠合了融合态媒介的其他所有主体。① 那么融媒体环境中的新闻评论主体的素养也就存在着泛化的可能，但不论如何，强调媒介素养与新媒体素养是对于新闻评论主体要求的最低门槛和底线，至于专业素养的养成和要求，则是对于新闻评论职业性主体要求的更深层次的体现。

思考题

1.请列举出你所知道的新闻评论主体有哪些，谈谈你对这些主体的认识。

2.请谈谈融媒体环境中新闻评论主体之间的关系如何。

3.2021 年新型冠状病毒肺炎肆虐期间，某沿海城市出现感染病例，当地媒体通过网络等平台发布了确诊病例情况的文章，李某在文章后的留言板中造谣，夸张疫情确诊人数和影响，为此当地公安机关依法对其进行了行政拘留和罚款。李某不甘心，他认为自己没有独立发表不当言论，只是在他人的文章后留言，被转载也不是他的授意。请谈谈你对此事的看法。

---

① 参见张成良：《融媒体传播论》，科学出版社 2019 年版，第 166 页；张成良：《新媒体素养论：理念、范畴、途径》，人民出版社 2015 年版，第 46 页。有关“与众”一词，源于作者对新媒体环境中受众的概念指称。以往有关概念包括“主动受众”“创众”“自助消费者”。考虑到跟观众、受众以及大众的关联，新媒体受众与传统受众的本质区别在于其是主动传播，而非被动收受，主动受众的实质仍然未能确定其主动参与不同形式创作的特点；“创众”则强调了新媒体受众创作者的特殊身份，实际上新媒体受众既包括一般的新媒体浏览者，也包括参与内容生产和传播的创作者，因此仅以“创众”来界定新媒体受众也未能穷尽新媒体受众的特征。我们考虑到新媒体受众参与传播以及主导传播的特点，因此使用“与众”这一词语来定义新媒体受众。

第四章　新闻评论中的事实

【学习要点】

我们处于一个新闻评论快速发展的时期，在一篇新闻评论中最重要的基础就是事实，新闻评论中的事实是动态发展的事实。了解新闻评论中不同事实的作用、地位、对论据的要求，有利于更深入地把握新闻评论的思路与结构。在具体的学习实践中，理解新闻评论中对新闻事实的运用以及处理方法，能够灵活运用新闻事实完成新闻评论的撰写，是本章学习的重点。

第一节　新闻评论中新闻事实的不同作用

新闻评论主要包括了观点与事实两个因素，其中，新闻事实是新闻评论的基础。目前，新闻事实可以从两个维度上进行界定：一是作为客观存在的事实，二是作为文本中陈述的事实。新闻事实是新闻评论的前提基础，是使新闻评论具有新闻属性的靶标，也是新闻评论具有现实意义的立足点和出发点。在新闻评论中，新闻事实是第一性的，新闻观点基于新闻事实而存在，没有新闻事实，新闻观点也就不复存在。

鲜明、丰满的新闻事实在新闻评论中起着不同的作用，具体可以归纳为本书第一章第一节中提到的四个“作为”：作为由头的逻辑起点；作为判断的评论对象；作为论据的事实支撑；作为背景的论证铺垫。肖隆平指出：“新闻事实（事例）在新闻评论中发挥着越来越多的作用，除了作为‘由头’出现之外，其在一篇新闻评论中还经常发挥着这样一些‘功用’，比如作为‘论据’，作为'背景',以及作为'软化剂',让一篇新闻评论的'硬度'降下来。"[①]新闻事实在新闻评论中的作用越来越不可忽视,不同作用的新闻事实在评论中取得的效果也不尽相同,多样化的作用与效果构成了新闻评论的鲜明立意与清晰论述。

一、作为由头的逻辑起点

所谓"由头"就是将新闻事实放在新闻评论的开头,从而开宗明义,引出后文的论述。作为新闻评论由头的新闻事实必然具有广泛的社会关注性甚至争议性。在实际的新闻写作中,新闻事实作为新闻由头起到引出话题的作用,在此基础上,也使得新闻事实本身更加清晰,同时也可对未来事件发展指明大概的方向。作为由头的新闻事实是新闻评论的逻辑起点,奠定了整篇文章的基调,为后文提出观点、进行论证建立起共识基础。

下文就是一篇以新闻事实为由头开始的新闻评论。

微笑,并保持微笑(节选)[②]

不久前,一位朋友发来一条手机短信,用4个英语单词对"SARS"进行了全新的解释:Smile And Retain Smile。并注明它的意思:"微笑,并保持微笑。"无独有偶,5月8日《南方周末》上的一则公益广告,其主题内容正是这4个英语单词和这一行简单的汉字。

在非典肆虐的紧要关头,这种不乏幽默的"另类释词",不仅表现了一种智慧,也传达出老百姓在抗击非典过程中的生活态度和精神状态。

非典是一场突如其来的灾难,微笑是一种司空见惯的表情。非典不是微笑的唯一理由,却使微笑更具魅力。

医生的微笑是一种坚定。

著名摄影家解海龙曾为希望工程"捕捉"了一双充满渴望的大眼睛,在非典时期,他又"捕捉"了一双饱含微笑的大眼睛。《北京青年报》5月10日发表了解海龙拍摄的北京佑安医院传染科主任孟庆华在抗非典前线的特写照片。孟庆华戴着大口罩,戴着护士帽,能看到的只有一双大眼睛。但眼睛中所流露出的微笑,是那么的不经意,又是那么的深情;是那么的从容,又是那么的坚毅。

---

① 肖隆平:《新闻评论中新闻事实的功用与核实》,《中国记者》2019年第6期。

② 尚德琪:《微笑,并保持微笑》,《甘肃日报》2003年5月22日。

解放军302医院9位护士姐妹经过一个多月的艰苦鏖战，于5月初走下了抗非典第一线。24岁的段艳蕊在回顾这一段经历时说："虽然隔着口罩，病人看不清我的脸，可我相信，从我的眼神中，病人能感受到微笑。"

这篇新闻评论是荣获第十四届中国新闻奖一等奖的评论作品。2003年春，非典肆虐，《微笑，并保持微笑》文风轻松活泼，将"微笑"作为一种坚定、从容的符号，驱散人们心头的阴霾，给人们的"内心世界"带来"一片宁静的天空"。《微笑，并保持微笑》的由头是朋友发来的一条手机短信以及《南方周末》上的一则公益广告，由新闻事实作为由头能够迅速引起人们的注意，将人们拉入特定的情境中。这篇新闻评论由头选取比较生活化的事实案例，用"微笑"将题目与后文衔接起来，让人们一眼看到文章的主题，为后文论述医生、患者、大众的微笑奠定了积极向上的情感基础，在文章一开头就能感受到浓烈、昂扬的情绪。

二、作为判断的评论对象

作为判断的评论对象指的是新闻事实提供的是能够提供事实判断的实体依据。在新闻评论中有这样一类新闻事实，它与论点关联度极高，或者说论点就是基于这个新闻事实展开的，论述的各个部分都与其有着紧密的联系。作为判断的评论对象往往与由头同处于新闻评论的开篇位置，但是两者并不能混为一谈。作为由头的新闻事实只是起到一个引起话题的作用，它本身并不需要思考判断，并且在后文的论述中很少被提到。而作为判断对象的新闻事实则需要思考判断，对其进行分析是论述的立足点，它串联起各个部分，扎根于新闻评论之中。

通常来说，作为判断对象的新闻事实就是新闻评论本身，如果没有它，整篇新闻评论也就荡然无存。马少华认为："以新闻事实作由头的评论，往往是从这个新闻事实出发(实际上最终离开了这个新闻事实)展开思考，得出一个一般性的结论。而以新闻事实作对象的新闻评论，则把思想始终集中在新闻事实本身，即使引述其他新闻事实也是为了说明这个新闻事实，最终得出一个关于这个新闻事实的判断。"[①]由头是为了"说理"，对象则是为了"论述"。

下面一篇新闻评论就是以新闻事实为判断对象的例子。

① 马少华：《新闻评论教程》，高等教育出版社2012年版，第55页。

拿什么抵挡“死猪漂江”(节选)[①]

对于像黄浦江漂浮死猪这样的公共环境事件而言,及时公开相关信息,传递事实真相,不推诿、躲闪,十分重要。在此基础上,除了面对百姓的现实利益诉求,还要认真关切他们所经受的心理损伤。

3 月 19 日下午,上海宣布又从黄浦江里捞出 369 头漂浮死猪。至此,在过去十几天里,沿着这条上海“母亲河”漂浮而来的猪尸,创下了上万头的新纪录。

上海市有关部门一如既往地发布了城市自来水水质正常的公告,让市民放心饮用。《人民日报》同日刊发的长篇报道里,上海水务局负责人保证说自己绝对敢喝采用黄浦江上游水源地原水加工的自来水;也有专家将这上万头漂浮死猪比喻成“游泳池里的几只死苍蝇”,恶心归恶心,但对原水水质没有多大影响。

然而,猪尸漂浮进上海,市民持续多日的恶心反应,以及从此后对水源地污染与自来水质量的惴惴不安与深切担忧,恐怕绝不是某一个人、某一个部门的一句“放心”“没有问题”,就可以轻易消除的。

在《拿什么抵挡“死猪漂江”》中,将黄浦江漂浮死猪置于新闻评论的开头,这样一个重大公共环境事件是作为判断对象出现的,它是一个有待于被人们认识的事实本身,并非业已确定的论据。整篇文章根据这一新闻事实进行论述,老百姓不敢喝的原因是什么、谁对老百姓负责、“死猪漂江”事件如何解决成为文章的重点,通过事件发生后各方的反应分析“死猪漂江”带来的影响,进而指明政府应当对此事件承担责任,积极回应公众关切,不要辜负百姓的信任。在这篇新闻评论中,“死猪漂江”是事实,对“死猪漂江”的判断分析是重点。将不可辩驳的事实作为判断的评论对象,增强了论证的客观力量。

新闻事实作为判断的评论对象在电视新闻评论中也十分常见。2017 年 12 月 31 日,黑龙江电视台播报了一则新闻评论《减产为何却增收?》,此评论获得第二十八届中国新闻奖一等奖。评论一开始便指出了黑龙江减产却增收的事实:“国家统计局本月发布了 2017 年全国粮食产量公告,黑龙江省结束了连续 13 年粮食增产的纪录,减产近 4 亿 5000 万公斤。而与此同时,来自省农业部门的数据显示:今年,黑龙江农村居民人均可支配收入增速有望

---

① 姜泓冰:《拿什么抵挡“死猪漂江”》,《京华时报》2013 年 3 月 20 日。

突破8%，是近三年来增幅最快的一年。"整篇新闻评论围绕"减产增收"这一新闻事实展开，这一事实是作为判断对象出现的，指出"这一增一减是黑龙江农业供给侧结构性改革的成果"。本篇新闻评论对"一增一减"进行了深入探讨，重点分析了为什么要做"加法""减法"、如何做"加法""减法"以及"加法""减法"取得的成效是什么。全文逻辑紧密，分析鞭辟入里，为中国农业供给侧结构性改革作出示范。

三、作为论据的事实支撑

新闻事实可以作为论据出现在新闻评论中，此处的论据指的是新闻评论中论点的支撑材料。范荣康在《新闻评论学》一书提道："多数新闻评论，不过是拿新闻作'由头'，从新闻生发开去议论带有普遍性的问题，这类问题仅仅有一个新闻由头并不足以证明，仍然需要用论据，特别是事实论据加以证明。"[①]新闻事实作为论据，一方面可以强有力地证明评论的论点，以不可辩驳的事实强化论证，靠事实去说服读者；另一方面，作为论据的新闻事实能够提供新闻事件的其他视角，帮助人们更好地理解新闻事件。我国早期的新闻评论只是简单地讲一堆道理，过于重理论轻事实易使新闻评论没有温度，空口白话的"说理"不能让人们信服并且容易招致人们的反感。添加新闻事实为论据可以"软化"评论属性，使新闻评论具有更强的可读性。作为论据的新闻事实可以从两方面论证论点。

（一）正面论证论点

新闻事实可以从正面论证论点，所谓"正面论证"就是通过正面的事实案例直接论证论点的正确性。例如，在《微笑，并保持微笑》中："《北京青年报》5月10日发表了解海龙拍摄的北京佑安医院传染科主任孟庆华在抗非典前线的特写照片。孟庆华戴着大口罩，戴着护士帽，能看到的只有一双大眼睛。但眼睛中所流露出的微笑，是那么的不经意，又是那么的深情；是那么的从容，又是那么的坚毅。"在后文中也提到了解放军302医院段艳蕊护士的微笑以及《北京日报》4月30日刊发的一组以微笑为主题的图片。这些事实案例的使用让人们深切体会到在非典肆虐之时，还有很多人用微笑来面对生活，从正面论证了微笑作为一种希望、一种积极向上的精神面貌而存在，在与非典的抗争中，我们一定会是胜利者。正面论证直截了当，强调评

① 范荣康：《新闻评论学》，人民日报出版社1988年版，第229页。

论论证的客观属性,使论点清晰明确、有理有据。

(二)反面论证论点

新闻事实可以从反面论证论点,所谓“反面论证”就是通过反面事实案例来论证论点,从论点的对立面入手,通过说明它的错误来证明论点的正确。例如,在《新京报》2019 年 2 月 3 日发表的社论《保留绿皮车,让铁路出行兼顾效率公平》中讲:“然而,几乎每一次列车运行图调整都会减少绿皮车,甚至出现了一些‘绿皮车终将退出历史舞台’的言论。比如京沪之间,尽管每天开行数十趟高铁列车,但还是有不少人选择 Z282、T110 这两趟‘绿皮车’(现在的绿皮车多数已升级换代为速度更快的‘T 字头车’和‘Z 字头车’,而不全是原先的慢车)。比如 2 月 4 日、5 日,这两趟‘绿皮车’就一张余票都没有,但不少高铁列车还有余票。”绿皮车没有余票而高铁列车有余票这一事实作为论据出现,意在说明“绿皮车终将退出历史舞台”的言论是错误的,从而证明保留绿皮车的论点是正确的。反面论证视角独特,推翻再立论的方法强化了论证的说服力,使论点更加深入人心。

四、作为背景的论证铺垫

新闻事实在新闻评论中的作用越来越重要。除了作为由头、论据、判断对象之外,新闻事实还能作为新闻评论的背景而存在。以新闻事实作为背景的论证铺垫,一方面能够让读者更深入地了解社会形势,从整体上把握事件存在、产生、发展的环境或条件,便于读者更好地理解新闻评论的案例与观点,为后文进行论证做好铺垫;另一方面也能拓宽视野,令新闻通俗易懂,为新闻评论注入知识性、趣味性内涵,使读者更愿看、更爱看、看得懂,为进一步证明论点奠定基础。

中央电视台《焦点访谈》栏目在 2018 年 11 月 14 日播出了电视新闻评论《雇人住院为哪般》(获第二十九届中国新闻奖二等奖)。在新闻评论的开头陈述了这样一个事实:“加入城乡医保的居民都知道,现在看病住院,个人只需要承担自费的部分,剩下的大头儿,按不同比例由医保报销,而且是由医院和医保机构结算,个人不用管。这种社会医疗保险是我国的一项重要的民生工程,国家每年都投入大量的财政资金进行支持,仅 2017 年全国财政医疗卫生支出预算就超 1.4 万亿元。”这个新闻事实是我国医疗保障的大背景,它向读者直观地展示出当前我国医疗保障的现状以及国家对医疗卫生的大量投入,正是在这种背景下出现了“医院雇没病的人住院骗保”的问题,导致国家医保资金的大量流失。用新闻事实作为背景，在让读者明白前因后果的同时，加深对观点的理解。

在《新京报》客户端2019年2月25日发表的文章《“食品安全”纳入干部考核，权责匹配才称得上“最严”》中，将“2013年中央‘一号文件’首次提出‘健全基层食品安全工作体系’”“2017年‘一号文件’提出要‘健全农产品质量和食品安全监管体制’”和“2018年11月市场监管总局提出要建立食品安全领域的巨额赔偿制度”这三个新闻事实作为背景，让读者清晰地认识到近年来我国政府在食品安全领域所做的工作，为后文论证“领导干部对食品安全问题仍然重视不够，监管失之于宽、失之于软”的问题做好铺垫，进一步说明“需要探索出更加有约束力的责任分配制度”这一论点。

事实在新闻评论里的力量是巨大的，新闻评论者要灵活运用新闻事实，注意积累、使用事实素材，增强评论的说服力与感染力，将新闻事实容纳到新闻评论中，使得“用事实说话”的评论文风成为一种写作常态。

第二节　新闻评论中的事实论据

所谓新闻评论中的论据，指的是评论中用来支撑论点的材料。论据根据其性质一般可分为两大类：一类是事实论据，主要指能够证明论点的人、事、现象、统计数据等事实材料，也包括历史事实；另一类是理论论据，主要包括被人们所公认的科学公理、常理、名人名言、格言、谚语等。[①] 近年来，事实论据广泛应用于新闻评论当中，“用事实说话”逐渐成为新闻评论的趋势。事实论据与理论论据相比有着不可替代的优势，首先，事实论据的论证更加有力，用具有广泛代表性的典型事例来论证论点，使得论点的说服力更强。其次，事实论据的论证更加深刻，通过具体事例一点多面地证明论点，使人们对论点的理解更加深刻。最后，事实论据的论证更具可读性，一般而言，事例比较生动形象，能够清楚地解释论点，使新闻评论具有较强的亲和力与可读性。本节以真实新闻评论案例为基础，从来源与要求两个方面对新闻评论中的事实论据进行分析。下文部分案例以二维码形式体现，扫描案例旁的二维码即可阅读原文。

---

① 参见姜淮超主编：《新闻评论教程》，中国政法大学出版社2003年版，第106页。

一、事实论据的来源

(一)直接来源

事实论据的直接来源指的是新闻评论者的亲身经历或者通过实地调查掌握的第一手事实资料,代表着新闻评论者的直接经验。新闻评论者在接触或了解到一个事件之后,会对事件进行调查,经过自己的分析思考后才就此事件发声。新闻工作“四力”[①]中的“脚力”强调的就是新闻工作者社会调查的基本功。在新媒体时代,新闻工作者更要俯下身、沉下心、察实情,亲身走进基层,尽可能地贴近、了解新闻事实,正所谓“没有调查就没有发言权”。新闻评论者在新闻评论中加入自己了解、观察到的事实材料作为论据,能够起到更好的论证、说服效果,使新闻评论更具可信性。

案例 1:《有多少学校的音乐美术课程量能达 9%?》[②]

文章首先提到了按照国家要求,大部分省份实现了“中小学音乐美术课程量达总课时 9%”的目标,但是该文作者紧接着指出达到这个目标很容易,然而在“达标”的背后却有一些不为人知的故事。作者在文章的第四、五段叙述了其在担任乡村教师期间的经历:“笔者是一个对美术一窍不通的语文老师,也连续兼任了一个班的美术课两年。这两年中,除了遇到上级来检查时,教学生画一幅简笔画外,平时一般是用来上语文或自习课的。同年级另外三个班的美术课是数学老师兼任的,音乐课则由班主任兼任,他们也同样是用来上文化课的。笔者曾向校长和教导主任提出异议,他俩异口同声地说:十多年都是这么过来的,你不兼任,还不是另找一个人兼任,反正大家还不是用来上文化课的,这早已是约定俗成的了,何况一门课每周多一节课,这对提高教学成绩有好处,你又何乐而不为呢?其实,几年前的体育也是如此的,只是近几年,体育成绩进入中考升学成绩了,状况才大有改观。”该文作者用自己的亲身经历论证了乡村地区音乐美术课形同虚设的观点,从而指出音乐美术课程量达 9%的目标只是一个形式,在实际操作中很难实现。

① “四力”即脚力、眼力、脑力和笔力。参见《什么是“四力”,新闻工作者如何增强“四力”?》,2020 年 4 月 8 日,http://www.zgjx.cn/2020-04/08/c_138957106.htm。

② 林日新:《有多少学校的音乐美术课程量能达 9%?》,2021 年 5 月 6 日,https://xw.qq.com/cmsid/20210506A0ARC800?f=newdc。

以自身经历论证观点，能够切实增强论点的可信性，容易引起读者的共鸣，使文本更加生动，让读者更有代入感。

案例 2:《资本筑高的艺术壁垒让寒门艺人望而却步》[①]

文章以《以团之名》综艺前成员黄智博的跟踪专访为由头，指出黄智博因没有房产、没有资金，难以在娱乐圈发展下去，于是参与了非法交易。该文章作者借此发出追问：寒门弟子就无缘成为艺术家吗？在文章中，作者对艺术生的学费状况进行了调查："笔者采访了两名本科在读的音乐特长生，她们表示，早在高三请课外培训老师时，学费已经高达一千元一小时；某些对考取名校有'帮助'的'名师'，对提供'内部资讯'更是明码标价——数以万计。每一次看似公平的才艺竞争，都'公平'地标好了价码。"该文作者通过对相关人物的采访，说明了艺术生确实花费高昂，这使得很多对艺术感兴趣的人也打消了学艺术的念头，论证了资本是寒门艺人的艺术壁垒这一论点。根据自己的调查得出结论，比只论述现象或随意找一些泛泛的材料要更有说服力，贴合实际情况的论据更易论证论点。

（二）间接来源

事实论据的间接来源指的是新闻评论者搜集到的公开、可靠的事实材料。新闻评论者并非事实的发布者，而是事实的运用、传播者，代表着一种间接经验，例如媒体报道材料、政府公布的统计报告、历史事实、法律条文、企业年报、普遍的经验事实、常识等。一般而言，新闻评论者的精力有限，不可能对每个新闻事实都进行深入的调查取证，尤其是在时效性为王的新媒体时代，亲身调查有着很大的难度，所以采用间接的新闻事实材料成为评论者进行论证的重要手段。诸如法律条文、政府报告等事实材料的权威性、可靠性毋庸置疑，如何恰当地运用这些论据成为评论者需要思考的重点。

别把超时加班美化为"拼搏和敬业"(节选)[②]

所谓"996"工作制，即每天从早 9 点工作到晚 9 点，每周工作 6 天。以此

① 郭鹤祺：《资本筑高的艺术壁垒让寒门艺人望而却步》，2020 年 11 月 15 日，https://mp.weixin.qq.com/s/etNaLGr3HHH39bpZ8cFC-A。

② 郑莉：《别把超时加班美化为"拼搏和敬业"》，《工人日报》2019 年 4 月 11 日。该文获第三十届中国新闻奖二等奖。

测算,每周工作时间达到了72小时。而这一制度是违法的。1995年施行的《中华人民共和国劳动法》规定了劳动者每日工作时间不超过8小时、平均每周工作时间不超过44小时的工时制度,并强调"劳动者享有休息休假的权利"。法律也考虑到不同企业的实际情况,规定用人单位由于生产经营需要,经与工会和劳动者协商后可以延长工作时间,一般每日不得超过1小时;因特殊原因需要延长工作时间的,在保障劳动者身体健康的条件下延长工作时间每日不得超过3小时,但是每月不得超过36小时。与此同时,用人单位安排加班的,应当按照国家有关规定向劳动者支付加班费。

随着我国劳动法律制度的不断完善,保护劳动者权益的制度体系和社会氛围已经形成,侵犯劳动者休息权的行为不再明目张胆,但是有的超时加班却披上了"温情的面纱"——企业用加班文化将员工捆绑在岗位上,要求员工付出更多工作时间和劳动力,以此期许提高企业的KPI(关键绩效指标);员工忍耐着适应加班文化,以此换取稳定的收入和职业的发展。

如此加班给劳动者带来的是幸福吗?日前,整个微博都在安慰一个因为逆行被交警拦住、情绪失控大哭的小伙子。小伙子的一句话戳到了许多人的泪点:"我加班到十一二点,所有人都在催我,我真的好烦啊。我只是想哭一下……"

因为一件小事瞬间崩溃,程序员在网上自发声讨"996"工作制,这反映了重压之下的劳动者已不堪重负。全国总工会开展的第八次全国职工队伍状况调查显示,迫使职工超时加班现象较为普遍,每周工作超过48小时的职工占21.6%,仅有44%的职工表示加班加点按劳动法规定足额拿到了加班费或安排了相当时间倒休。

精确的统计数据以及法律知识作为论据的情况越来越普遍,这有利于增强评论的论证力度。本篇新闻评论的论点是反对"996加班文化",呼吁合理工作,维护劳动者权益。在论证过程中,该文作者选取了三个间接的事实论据:一个是法律条文——《中华人民共和国劳动法》,一个是调查报告——《全国总工会开展的第八次全国职工队伍状况调查》,一个是《1818黄金眼》栏目在微博平台上发布的视频——《小伙骑车逆行被拦后爆发》。法律条文说明了"996"工作制的违法,调查报告说明了目前大多数人都处于"996"工作制的压迫之下,针对小伙子情绪失控一事的视频则从个人角度宣泄对"996"工作制的不满,这三个事实论据从法律、现状、个人三个层面论证了"996加班文化"的不合理,为论点提供了强有力的事实支撑。

二、事实论据的要求

(一)真实可靠

新闻的第一性是真实性,真实是事实论据最基本的要求,是新闻评论实现社会价值的基础。论据不真实可靠,文章漏洞百出,似是而非,论点就站不住脚,只有真实、具体、确凿、可靠的论据,才能证明论点的可信和正确。[①]评论者在选取论据的时候,一定要确保论据的真实可靠,用无可争议的论据论证可能有争议的论点是新闻评论的核心。在上文案例《别把超时加班美化为"拼搏和敬业"》中,该文作者就选取了三个真实可靠的事实作为论据,法律与官方调查报告发布的信息是确定无疑的,小伙子说的话也能找到视频佐证,以此来论证"996"工作制的不合理是令人信服的。事实论据的准确、全面、可靠、引之有据,保证了新闻评论的真实性。在新媒体时代,保障论据的真实性成为新闻评论的一大挑战。一方面,互联网提供的信息数量庞大,能够获取到大量的、多样化的信息,但是它们的质量良莠不齐,权威信息与虚假信息互相掺杂,评论者未经辨别引用的事实很可能是错误的。另一方面,"抢新闻"成为目前的一大趋势,但是事实的发展需要时间,时效性与真实性存在冲突,采用尚未盖棺定论或存在争议性的事实不仅不能充分地证明论点,还会使论点陷入非理性的窠臼。因此,新闻评论必须采用真实可靠的事实论据,使论点站得住、立得稳。

(二)相关

这里的"相关"指的是事实论据与论点和判断对象之间应具备相关性。论据是为了证明论点,它与论点之间有着必然的逻辑关系,与论点和判断对象的相关性越强,论据的说服力度就越强。古希腊思想家亚里士多德说:"人们不会依据任何事实进行推论,而要依据与每一主题有关的附属事实。"[②]一篇好的新闻评论,并非运用风马牛不相及的材料强解论点,也并非堆砌材料使文章显得充实,而是厘清论据与论点之间的内在关系,使论据与论点浑然一体。

比如,刘政《从平凡英雄中感受非凡力量》一文。文中作者采用了一些具体事实:"因为艰苦奋斗,航天人谢军献身航天事业三十余载,始终秉持

---

① 参见王景波:《新闻评论论据选用技巧初探》,《新闻传播》2011年第10期。

② [古希腊]亚里士多德:《修辞术·亚历山大修辞学·论诗》,颜一、崔延强译,中国人民大学出版社2003年版,第135页。

'每做一件事情一定要做好'的信念，带领团队刻苦钻研、努力攻关，向着更高目标奋斗，最终擦亮北斗'国家名片'；因为艰苦奋斗，村支书毛相林不信天、不认命，敢于向困难和命运抗争，带领村民在绝壁中开凿天路，在山坡上种下希望，用辛勤劳动实现脱贫致富；因为艰苦奋斗，国测一大队将'吃苦'传家宝传承六十多年，向着艰苦挑战、突破困境前行，七次深入'生命禁区'，用双脚丈量祖国大地……他们感动中国、感动你我的'密码'，就在于他们身上拥有不向困境低头、敢与艰难斗争的奋斗力量。"[①]这些事实与论点联系紧密，具体、全面、充分地论证了"任何伟大的成就，都源于平凡的奋斗"的观点，使本篇文章更加有力度、有厚度。

（三）接近

所谓"接近"指的是评论者与论据之间距离的"接近"。距离越近则可信性越强，距离越远则越容易出错。评论者以自己的亲身经历与实地调查作为论据是最接近、最可信的，直接经验要比间接经验有更强的冲击力，也更易让人信服，但是在运用直接经验的时候，也要注意就事论事，不要主观地给事实添油加醋。在引用二次传播的事实作为论据的时候，评论者要尽可能地接近事实来源，对除权威信息之外的信息要追本溯源地核实，凡是不实信息一律不予采用。

在《"射墨"大师火了，书法乱象何时休？》一文中，作者选取与自己更为熟悉的大学书法协会的会长进行了采访。"笔者曾经采访过一位大学里书法协会的会长，他的书法除了坚持不懈的努力，他更感谢自己低调的指导老师，从来不会灌输'我是老师，我很厉害'的思想，此外他从不参加非官方书协举办的比赛，因为大多比赛都为'报名皆有奖'，评委并不专业。对于爱好书法的人来说，越钻研书法越能了解到目前书法的生存状况，它已经从被'江湖书法'的乱象占据。"[②]首先，该文作者与大学里书法协会的会长距离接近，能够取得一手资料。其次，书法协会的会长与判断对象距离接近，对书法乱象问题有发言权。以书法协会会长的实例作为论据，就是更为"接近"的论据。

（四）新鲜

新鲜指的是事实论据的新颖程度。这里的"新"与时效性的"新"有一定

---

① 刘政：《从平凡英雄中感受非凡力量》，2021 年 2 月 20 日，http://www.workercn.cn/34199/202102/20/210220153529395.shtml。

② 秦小青：《"射墨"大师火了，书法乱象何时休？》，2018 年 7 月 9 日，http://views.ce.cn/view/ent/201807/09/t20180709_29669787.shtml。

区别，更多的是角度、观点、思想的新。过多地将使用频度过高、读者十分熟悉的事实材料作为论据，难免会让新闻评论流于平庸，失去新鲜感。王志贤在《事实论据在时事评论写作中的运用》中讲："时评写作也可用历史典故、旧闻作为事例，材料的新是相对而言的，其衡量的标准应当是没有为其他评论所引用，也就是事例所蕴含的思想未被他人所挖掘过。"[①]在《中国故事，更精彩的书写还在后面》中，作者提到了这样一个事实："观察和理解中国，民族精神始终是一个重要维度，这正是中国故事的根与魂。1941 年，海明威来到中国，看到 10 万农民唱着号子建造机场的壮观场景不禁感叹，中国人民有勤劳勇敢、不怕艰难牺牲的精神，必将取得最后胜利。"[②]海明威在人们的印象中是一位作家，很少有人知道他曾来过中国，更少有人知道他对中国人民有这样一番评价，因此，对于读者来说，海明威的论据是新鲜的。并且，此论据论述恰当、文字精练，视角也比较独特。运用新鲜的论据能够提高读者的阅读兴趣，便于读者了解一些新情况、新观点，为证明论点服务，使新闻评论熠熠生辉。

（五）典型

事实论据有很多，在论证的时候要选择那些具有代表性的事实，只有典型的事实论据才能使论证更有力度。在《警惕"专家观点"成为"利益俘虏"》一文中，作者为了说明"'专家观点'失去公信力的背后是学术良知与操守的缺席，是利益或利益集团对专家学者的侵蚀"这一观点，运用了一个典型的事实论据："前不久，国内一家专搞环境研究的权威机构，经过一番研究竟然能得出一个'科学结论'：中国城市环境污染不是由汽车造成的，而是由自行车造成的。当这个凡有点常识的人都不敢相信的'科研成果'公之于世时，立即遭到了各方的质疑。很快，有报道'揭开了盖子'——原来，这个环境研究课题是由一家汽车公司赞助的！"[③]该文作者选取的论据十分典型，直接指出某些专家为了一己之私利罔顾科学精神，揭示专家"不靠谱"言论的背后是资本的支持，有力地论证了"'专家观点'成为'利益俘虏'"的观点。

---

① 王志贤：《事实论据在时事评论写作中的运用》，《东南传播》2009 年第 8 期。

② 詹勇、王甘武、李学梅：《中国故事，更精彩的书写还在后面》，2016 年 12 月 7 日，http://media.people.com.cn/n1/2016/1207/c408727-28932428.html。该文获第二十六届中国新闻奖一等奖。

③ 李杨：《警惕"专家观点"成为"利益俘虏"》，《新华日报》2005 年 7 月 3 日。该文获第十六届中国新闻奖一等奖。

第三节 事实与判断

一、事实判断

所谓"事实判断，就是由作为前提的事实推断作为结论的事实"[①]刘茂华、焦俊波在《新闻评论：原理、方法与案例》中说。新闻评论中的事实判断就是对新闻事实的认识和把握，它描述的是新闻事实的实然状态，例如"地球是圆的"，"天空是蓝色的"，"这朵花是红的"。事实判断以事实为导向，尽可能地摒弃情感、态度等主观因素的影响，保持中立的地位。一般而言，与客观事实相符合的事实判断是"真"的，它具有稳定性、普遍性、简明性的特征。事实判断基于已有的事实，根据逻辑推理，推导出另一个事实的存在，即由已知事实推断出未知事实。

案例：《多方发力，为未成年人撑起清朗网络蓝天》[②]

案例的第二段陈述了一个事实，并对事实进行了判断："开展未成年人网络环境整治对生于互联网浪潮的'数字原住民'而言势在必行且刻不容缓。据《2020年全国未成年人互联网使用情况研究报告》显示，2020年，我国未成年网民达到1.83亿人，互联网普及率为94.9%，触网低龄化趋势明显，82.9%的未成年人拥有自己的上网设备，且使用短视频等休闲娱乐比例高。这一连串的数字背后是值得深思的问题——网络上可能存在的色情、暴力、过度娱乐等有害信息会对普遍拥有智能设备、全面触网的未成年人产生潜移默化的不良影响。只有营造清朗洁净的网络空间，才能让祖国的花朵向阳成长，而实现这一愿景，需要发挥多主体多领域联动优势，凝聚强大合力，撑起清朗网络蓝天。"在本篇新闻评论中，作者引述了《2020年全国未成年人互联网使用情况研究报告》的事实，对这一事实进行判断，认为网络上的有害信息可能会对未成年人产生不良影响，进而提出"发挥多主体多领

① 刘茂华、焦俊波：《新闻评论：原理、方法与案例》，上海交通大学出版社2017年版，第106页。

② 陈凤霞：《多方发力，为未成年人撑起清朗网络蓝天》，2021年8月19日，http://www.rmlt.com.cn/2021/0819/622380.shtml。

域联动优势营造清朗洁净网络空间"的观点。

二、价值判断

所谓"价值判断",就是对事实与人之间价值关系与价值属性的判断,它是一种主观的、相对性的、开放性的、不唯一性的判断。学术界对价值判断有两种分类方法:一种是根据价值学科的分支学科把价值判断分为道德判断、功利判断和审美判断。另一种是根据价值判断是否带有明确的规范和命令性质,把价值判断分为评价判断和规范判断。所谓"评价判断"就是主体关于一定客体有无价值,有什么价值,有多大价值的判断。而"规范判断"就是对人的行为给予某种规定、约束或命令的价值判断,其显著标志是含有"应该""不应该""允许""不允许""禁止"等规范词。[1] 在新闻评论中,价值判断是认识性的、指向性的,它添加了人的主观性因素,以主体为取向,以价值为原则。事实判断是价值判断的基础,它们之间是相互联系、相互渗透的。

案例:《农民工"短工化"只因技能极度缺失》[2]

这篇新闻评论判断的事实是农民工"短工化"现象:"2 月 10 日个论《如何看待农民工的"短工化"》称农民工'短工化'的原因主要为新生代农民工的'视野和预期都迥异于他们的前辈'、以及'人口红利'的消失,笔者对此有不同看法。"经过一系列的分析,该文作者得出结论:"由此可见,农民工之所以'短工化',除了与农民工的择业观念改变和'人口红利'消失导致劳动力市场向买方转变有一定关联外,核心是技能的极度缺失。也正因此,'短工化'对农民工和企业均无益处,'短工化'也非什么'自信'之举,而是农民工的无奈之举。谁想不停地漂泊呢?"该文作者认为农民工"短工化"的原因是核心技能的缺失,基于这个事实判断,所以作者对农民工"短工化"的价值判断是消极的、忧虑的,认为"短工化"对各方均无益处,是农民工的无奈之举。

三、因果判断

所谓"因果判断",就是对事实内在的因果联系进行判断。因果联系是

① 参见李金锴:《简述事实判断与价值判断的区别与联系》,《华北水利水电学院学报》(社会科学版)2013 年第 3 期。

② 孙维国:《农民工"短工化"只因技能极度缺失》,《南方都市报》2012 年 2 月 11 日。

普遍存在的，由一个事实导致另一个事实，我们就说前者为因，后者为果。一方面，因果联系有时间上的关系，由因而果，因在前，果在后；另一方面，因果之间存在必然的逻辑关系，此因必成此果。

案例 1:《哪来那么多“表叔”“表哥”》(节选)[①]

该文作者首先陈述了“表叔”“表哥”过多的事实：“今年全国两会期间，《经济日报》一记者撰文说，在采访政协委员时学到了两个新词：扶贫‘表叔’、扶贫‘表哥’；教育部部长陈宝生在‘努力让每个孩子都能享有公平而有质量的教育’记者会上，表示从五个方面为教育减负，其中之一是学校要拒绝‘表叔’‘表哥’。上海代表团在讨论时，也有人提出，现在的大学里，‘表叔’‘表哥’太多。”作者对此事实的原因进行追溯分析：“哪里来那么多‘表叔’‘表哥’？自然是因为要填写的表格太多。汇报工作，参加考评，申报项目，有必要填写表格，问题是，表格过多过滥，啥事情都要填表，一填就让人抬不起头来，甚至填表比做实际工作还重要、还费时间，不弄出一大群‘表叔’‘表哥’才怪呢。”正是因为要填的表过多、过滥才导致“表叔”“表哥”越来越多，所以，通过“自上而下”“自下而上”两种方式对表格进行控制就能减少“表叔”“表哥”。

案例 2:《重塑文艺评论的“剃刀”精神》[②]

该文作者首先陈述了目前“文艺批评的锋芒正日益钝化、锐气正逐步缩减”的事实，指出：“尽管近几年文艺界关于抵制媚俗之风、重塑公信力的座谈会一茬茬地开，自省之风尤胜往年，但文艺评论陷入骨质疏松和功能萎缩的老毛病依然存在。文艺评论正沦为没有思想的活动和没有靶子的瞄准，不仅批评的内容言之无物，批评的主体也是群龙无首，而指名道姓的批评在当前文艺评论的实践中更是难以生存。”作者深入探析原因，认为问题出在

① 易其洋:《哪来那么多“表叔”“表哥”》,《宁波日报》2018 年 3 月 30 日。该文获第二十九届中国新闻奖三等奖。

② 赵凤兰:《重塑文艺评论的“剃刀”精神》,《中国文化报》2015 年 4 月 21 日。该文获第二十六届中国新闻奖三等奖。

“评论界‘官本位’风气盛行”“文艺评论滑向无效言说和思维空转”“文艺评论缺失质疑和针砭功能”三个方面。作者具体分析原因，从事实根源出发提出解决措施：“因此，要疗救文艺评论的沉疴，需要文艺界摆脱物质利益羁绊，摆脱人情关系的束缚，改变当前以‘官本位’为中心的学术体制。”追本溯源让事实原因清晰地呈现在读者面前，基于此提出的措施更符合实际，也更具可行性。

四、趋势判断

所谓“趋势判断”，就是对事实的发展趋势、未来结果作出判断。趋势判断要求评论者对事实有一个深入的了解和把握，平时要有足够的知识积累，要用长远的、前瞻性的眼光看待事物。

案例：《“最牛钉子户”事件应尽快和解》①

作者陈述了“杨武、吴苹夫妇与开发商僵持三年拒不拆迁，采访记者的聚集蹲守、市民前来围观、正遭遇拆迁纠纷的‘钉子户’赶来助威，现场气氛似有持续升温之势”的事实，并针对这一事实的发展趋势作出了自己的判断。该文作者认为，若是杨武、吴苹夫妇与开发商、房管部门、司法机关继续僵持，事态会一发不可收拾：“一方面，男户主杨武只身一人在水电断绝、岌岌可危的‘孤岛’上住了几天，饮食起居都只能便宜从事，‘因为担心重庆春天会有暴雨，怕淹了十几米深的工地或老屋塌下来，睡得也不好’。虽然他是22年前的重庆散打冠军，但这样的日子能支撑多久呢？在高度的精神压力之下，在难挨的焦虑中，如果再过几天，他的身体和情绪还能承受吗？另一方面，工地周围每天都聚集着数百名市民和围观者，大量既往事实表明，在这种特定的环境中，一旦有个风吹草动，局面就有失控的危险。据报道，3月24日下午，‘孤岛’下面曾发生一个意外——‘吴苹像往常一样来到工地，竹排扎成的大门锁住了。她在外面叫门，没人开，几分钟过去了，吴苹站在门外静候。这时，身后的人群毫无预兆地骚动起来，拥挤着冲上前撞倒了大门，数百人像开闸的洪水般冲进工地。傍晚时分，工地出现大批保安队

① 《“最牛钉子户”事件应尽快和解》，2007年3月26日，http://news.sohu.com/20070326/n248963718.shtml。

员’。谁能说上述情景只是一个‘意外’呢？谁又能保证，如果再来一次‘数百人像开闸的洪水般冲进工地’，现场不会迅速失控，甚至酿成一起群体性事件呢？”当时正值《物权法》在全国两会上讨论通过，国内一片“保护私产”“维权”“支持钉子户”的声音，该文作者本着冷静、客观、理智的态度写了这篇新闻评论，通过对新闻事实的精准把握，作出“若继续僵持，则户主不会支撑很久且局面有失控风险”的趋势判断，进而提出“僵持双方都应当保持最大的克制，以最大的诚意和善意，回到协商、和解和依法办事的轨道上来”的观点。

五、内涵判断

所谓“内涵判断”，就是对事实的深刻内涵作出判断。在新闻评论中，对事实的内涵判断可以揭示事实本质。有时候事实呈现出来的东西只是表面，我们需要从表面去挖掘它的内涵，看到其中蕴含的、深层的、内在的东西，这些东西就是事实的本质。

案例 1：《盲目“按惯例”也是懒政》[①]

在文章开头，作者陈述了按惯例办事带来的一些不便：“大数据时代产生了各种让群众‘跑断腿’的‘奇葩证明’”，“改革方案被搁置、合理诉求被拒绝”，“心急如焚的企业主一次又一次被告知‘我们再研究研究’”。由此可知，按惯例办事给人们带来了很大“伤害”，作者深入挖掘了事实的内涵，指出：“‘以不变应万变’，说到根子上是懒政怠政的一种表现。有的人，远离书桌、不爱学习，对上面的精神吃得不透，对下面的情况摸得不准，对外面的事物看得不清，本领恐慌、能力不足；有的人，小心谨慎、不敢担当，洗碗怕打碗、扫地怕扬尘，故步自封、思想僵化；有的人，甘当撞钟和尚、不思进取，‘嘴行千里，腚在原地’，省心省事、乐得轻松；有的人，从众心理强，别人咋干我咋干，脱离实际、照搬照抄。”作者挖掘按惯例办事的内涵，揭示出其实质是懒政，并提出了解决懒政的方法。

① 刘立纲：《盲目“按惯例”也是懒政》，《辽宁日报》2017 年 8 月 8 日。该文获第二十八届中国新闻奖三等奖。

案例 2:《警惕形式主义披隐身衣卷土重来》[①]

在本篇新闻评论中，作者对两个事实进行了陈述，一个是“前段时间，《人民日报》刊登一篇题为《送温暖无需兴师动众》的文章，里面提到‘40 多人下乡送温暖，三天活动两天在路上’，如此送温暖受到不少群众吐槽，一些网友留言称‘这不是说我们单位吗?’”另一个是“一次基层采访见闻让我印象深刻。某贫困镇为在上级领导调研时展现乡镇良好风貌，派专人打扫道路，因没有获知领导确切调研时间，当地连续 20 多天组织群众在街头巷尾清扫垃圾，按每人每天 70 元的日薪结算，近 20 人的清扫队伍需要一笔不小支出。上级检查一走，环境整治立马停止”。该文作者对其内涵进行了剖析，认为这些事实本质就是披着“隐身衣”的形式主义:“送温暖、环境整治为何如此功利？当记者多年，我发现周边的同行对这样的现象早已见怪不怪了。如果追问当事人，很可能被怼上一句‘送温暖有错吗？这是关爱困难群体。’‘展示良好村容村貌有错吗?’这样的回应貌似很有道理，用高大上的理由为这些形式主义的做法披上隐身衣，使其看起来无可辩驳。这样的想法、做法在不少基层干部中大有市场。”该文作者揭示事实本质，从而提出“警惕形式主义披隐身衣卷土重来”的论点。证实了基于事实的内涵判断提出的论点更深刻、更有力度。

第四节　新闻评论中对新闻事实的处理方法

新闻评论是新闻体裁中最重要的一类，在新闻信息泛滥的当下，代表着媒体对新闻事件的判断、观点和立场的新闻评论占据着举足轻重的地位。事实是新闻评论的立足点，不同的事实处理方法体现着新闻评论框架、结构的不同，写好一篇新闻评论，需要对事实的处理方法进行仔细斟酌。

一、新闻评论中事实的特点

马少华在《新闻评论教程》中说:“在新闻评论中，除了作者的观点之外，

① 何晨阳:《警惕形式主义披隐身衣卷土重来》，2017 年 3 月 21 日，http://www.xinhuanet.com//comments/2017-03/21/c_1120663063.htm。该文获第二十八届中国新闻奖二等奖。

还会有一些叙事性因素。比如,对作者所要评论的新闻事实的陈述,以及作者为支持自己的观点所引用的其他来源的事实材料。"[①]事实构成了新闻评论的基础,新闻评论作为一种特殊的新闻体裁,其事实与其他新闻体裁中的事实相比有着自己的独特之处。

(一)事实是为了表述观点

新闻报道中的事实只是想让读者了解的事实,事实本身不掺杂报道者的个人情感与主观判断。新闻评论中的事实要求体现观点,它们是为了评论者表述观点服务的。新闻报道中选择的事实需要具备真实性、重要性、显著性、时新性、接近性、趣味性等新闻价值。新闻评论中选择的事实主要是为了让评论者更好地表述观点,也许这一事实的新闻价值并不高,但是它能让评论者有话可说。

在《生猪价格不断攀升——保供稳价慢不得,转型升级等不起》[②]一文中,作者陈述了这样几个事实:"今年6月份以来,不少家庭主妇发现猪肉贵了,还贵了不少。此前二十多块钱1公斤的猪肉,现在卖到了三十多块。涨价的直接原因是生猪产能的下降。据农业农村部监测数据,全国生猪存栏已连续7个月下降,7月份同比降幅更是达到32.2%,降幅之大近十年未有。产能连降,肉价攀升,家庭主妇皱了眉,更惊动了党中央、国务院。前不久,李克强总理在哈尔滨考察时专门到菜场问价,特别关注猪肉涨价情况。8月底,国务院先是开了常务会,又专门开了电视电话会,主题紧紧围绕稳定生猪生产、保障市场供应。"这些事实不是为了讲述事件,而是为了表明该文作者"控制猪肉价格,保障市场供应"的观点。并且,在本篇新闻评论中作者陈述了多个事实,而在新闻报道中一般只陈述一个事实。新闻评论的目的就是为了表达观点,为读者提供意见信息,事实只是为表达观点服务的。

(二)概括的、有选择的事实

在新闻报道中,注重新闻"六要素"(地点、时间、原因、人物、事件、结果)和对事实的描述是否全面、详细、完整。而在新闻评论中,事实往往是概括的、粗略的、节选的事实。由于事实是为观点服务的,所以新闻评论会选择有利于呈现观点的事实或与观点有关的事实,摒弃那些与观点"八竿子打不着"的事实。报道者必须客观地选择、运用事实,而评论者则相对灵活,可以

---

① 马少华:《新闻评论教程》,高等教育出版社2012年版,第48页。

② 《生猪价格不断攀升——保供稳价慢不得,转型升级等不起》,《农民日报》2019年9月2日。该文获第三十届中国新闻奖三等奖。

主观地选择、运用事实。

在《中国妇女报》2020 年 7 月 27 日刊发的评论《张桂梅为什么感动中国》一文中，作者首先通过概括的笔法描述了张桂梅面对的贫困山区工作的新闻事实："在茫茫滇西深度贫困山区，半生坎坷半生奉献的张桂梅，用瘦弱的身体扛起 1800 名大山女娃的人生希望。"接下来，作者对张桂梅这些年来的无私奉献进行高度的概括："11 万公里家访路，走进 1300 多名学生家，把累计超百万元的全部奖金和大部分工资捐出……与张桂梅有关的每一个数字，都在诉说着'膝下无儿女，桃李遍天下'的奉献精神，印刻下'教育改变女孩命运'的执着信念。"这些概括的数字，挑选的代表性案例"百万无全部奖金和大部分式资捐出"，从侧面描摹出平凡乡村教师的不平凡的事迹。评论阐述到位，笔端有情，时效性强，做到了短、实、新，传递出在教育扶贫中女性改变命运的执着信念。

从事实到评论，由事实得出结论，这样的人像塑造更加丰满立体，也使得读者更容易感受到人物形象的典型之处。

（三）事实不讲求时效性

新闻报道中的事实讲求时效性，一般都是新近发生的事实。新闻评论中的事实可以是新近发生的事实，也可以是以前的事实，甚至可以是历史史料。就时效性而言，新闻报道要强于新闻评论。在《把调查研究的"桌子"摆到群众中去》①一文中，作者谈到了几个之前的事实。例如："习近平总书记上世纪 80 年代在正定工作期间，骑自行车下乡跑遍了全县的每一个村庄，深入到群众当中拉家常、问寒暖""上世纪二三十年代，毛泽东同志亲自深入到广大农村，用心用情用功调查研究，写出了《湖南农民运动考察报告》《中国社会各阶级的分析》等经典调查报告，为探求中国革命的正确道路奠定了重要基础""1964 年，周恩来同志到邯郸调研纺织女工福利待遇问题，看到大家非常拘谨不肯讲困难，便同两年前见过面的劳动模范李秀芹拉起家常，从婚姻谈到'菜篮子'，再到她的工资……春风化雨般打消了大家的顾虑，听到了实话、掌握了实情"。这些事实虽然不是近期发生的事实，但是它们都是"通过深入调查听真话、察实情、发现问题，通过深入研究找症结、谋实招、解决问题"，指明了调查研究深入基层的重要性，论证了"把调查研究的'桌子'摆到群众中去"的论点。新闻评论中使用"陈事旧例"的情况比较普遍，它们

---

① 张博：《把调查研究的"桌子"摆到群众中去》，《河北日报》2019 年 7 月 4 日。该文获第三十届中国新闻奖三等奖。

虽无时效性，但有很强的说服力。

二、新闻评论中事实的处理方法

（一）文头叙事

文头叙事指的是将新闻事实放在开头，开宗明义地向读者介绍事件，以新闻事实引出观点。一般而言，将新闻事实放在开头的情况在新闻评论中是比较普遍的，通常读者习惯先了解事实，然后再看观点是什么。其实，读者在阅读完事实之后，在心里已经产生了自己的观点，带着自己的观点来阅读文章的观点更能引起思维的碰撞。在文头叙事中，可以直接陈述事实，也可以加上自己的倾向；可以是具体的陈述，也可以是概括性的陈述；可以把观点放在事实之前，也可以放在事实之后。评论者可以根据自己的需要进行组合，自由选择的空间较大。“一般来说，在评论的开头完全转抄报道原文的简单陈述并不可取。”①每篇新闻评论的侧重点不同，完全转抄报道原文并不通用，还容易给读者造成雷同的感觉，因此，评论者在文头叙事的时候要更加灵活。

案例 1：《穿透历史尘埃，重现古籍生机与活力》②

文章开头首先对新闻事实进行了陈述：“6 月 17 日，字节跳动与中国文物保护基金会联合发起了‘字节跳动古籍保护专项基金’，初期启动资金人民币 1000 万元，将定向资助中华珍贵古籍修复和专业人才培养、古籍活化与数字化等项目，对古籍这一文化根脉的传承与保护起到了很大的推动与标杆作用。”文章选取了“字节跳动保护古籍”这一单个事实作为开头，没有大篇幅地介绍项目具体是如何运作的，只是对其进行了简单的概括性陈述，以此为基础对“让古籍重现生机活力”进行论证。其实，在对事实的叙述当中，作者也表现出了自己的观点，认为“字节跳动古籍保护专项基金”对古籍的传承与保护起到了推动与标杆作用。新闻报道要求客观公正，尽量减少个人的主观判断，新闻评论则更加注重评论者的个人观点。在陈述事实的

① 马少华：《新闻评论教程》，高等教育出版社 2012 年版，第 81 页。

② 郭素娇：《穿透历史尘埃，重现古籍生机与活力》，2021 年 8 月 3 日，http://www.rmlt.com.cn/2021/0803/620635.shtml。

时候表达自己的态度可以直接地影响读者，起到一个引导性的作用，为后文论证论点奠定基础。

案例 2:《城市建设“慎落子”才能“少悔棋”》[①]

“轰隆一声巨响，高楼瞬间倒地，这样的新闻眼下已不胜枚举：武汉大学爆破拆除第一教学楼，该大楼曾荣获鲁班奖等建筑领域大奖；山西大同紧邻古城墙进行高楼爆破，场面惊险；四川成都在建第一高楼爆破拆除，距地铁口仅 5 米；西安 118 米高楼爆破，不少人在附近酒店开房围观……”是《城市建设“慎落子”才能“少悔棋”》一文的开头。在这一部分，作者为了说明当前城市建筑爆破的现状概括地陈述了几个事例，并未详细介绍。这几个事例之间有着密切联系，都属于“爆破拆楼”一类的事件，这是为了说明当前建筑爆破的普遍性，用这些事例让人们对城市建筑的拆除爆破有一个总体的把握。作者在开头只是陈述事实，并未提出观点，经过层层递进之后才在后文提出“城市建设‘慎落子’才能‘少悔棋’”的论点。

案例 3:《挖掘特色产业　助推乡村振兴》[②]

文章首段采取的是一种“总—分—总”的结构：“产业兴旺是解决农村一切问题的前提，要推动乡村产业振兴，构建乡村产业体系，实现产业兴旺。目前，我国一些乡村产业发展面临产业链短、同质化竞争严重等困境。各地情况特别是资源禀赋、区位特点等都不一样，充分挖掘发挥本地区独特资源和要素比较优势，发展带有地域特色的产业成为破题之要。”在这篇新闻评论中，作者在叙述事实之前进行了一些铺垫，没有直接罗列事实，而是先指出了产业兴旺与乡村振兴的内在关系，然后顺其自然地引出目前乡村产业发展面临的问题，最后点出“以特色产业助力乡村振兴”的论点。这种结构逻辑紧凑，一环扣一环，每一部分都与其他部分有着密切联系。开头提出本

---

① 左中甫：《城市建设“慎落子”才能“少悔棋”》，《南京日报》2019 年 9 月 19 日，该文获第二十七届中国新闻奖三等奖。

② 段舒涵：《挖掘特色产业　助推乡村振兴》，2021 年 5 月 13 日，http://www.rmlt.com.cn/2021/0513/613893.shtml。

文要讲的主要内容，在为后文奠定基调的同时也为读者提供了思考情境，中间陈述事实，指出现状并照应开头，结尾进行总结，在分析前文的基础上提出论点。"总—分—总"的结构在新闻评论中比较常见，叙述全面又不失重点，能够让读者很好地了解评论者意图。

（二）文中叙事

文中叙事是将新闻事实放在文中进行叙述。文中叙事一般有两种方式：一种是在开头直接提出自己的观点，然后叙述新闻事实，以免读者不能及时看到观点；另一种是叙述一些别的内容为新闻事实做铺垫，使文章平稳过渡不至于太过突兀。

案例1：《对"私营经济离场论"这类蛊惑人心的奇谈怪论应高度警惕——"两个毫不动摇"任何时候都不能偏废》①

文章的开头是这样写的："近日，源于自媒体的一篇文章，引起网上一片哗然。荒谬逻辑推导出的结论、自以为是的奇葩论调，在当前外部环境发生明显变化的大背景下，尤应引起高度警惕。"作者虽然指出了一篇文章引起争论，但是并没有对文章内容进行陈述，而是直接提出了"奇谈怪论应高度警惕"的论点。在第二段中，作者对新闻事实进行了陈述："这篇自称'资深金融人士'发布的网文称，'私营经济已经初步完成了协助公有经济实现跨越式发展的重大阶段性历史重任。下一步，私营经济不宜继续盲目扩大，一种全新形态、更加集中、更加团结、更加规模化的公私混合制经济，将可能在社会主义市场经济社会的新发展中，呈现越来越大的比重'，理由是'私营经济'即非公有制经济'是没有纪律的，是没有深谋远虑的，是不足以面对日趋严峻的国际竞争的'。其核心错误，是试图否定和动摇我国社会主义基本经济制度和社会主义市场经济体制，把当今世界和平合作、开放融通、变革创新时代潮流中各类企业谋求发展的美好愿望，与其自定义的所谓'国家意志'对立起来，并试图通过'更加集中'和'更加规模化'的'一大二公'的经济形态所取代。这无疑是逆改革开放潮流而动、企图开历史倒车的危险想法。"作者陈述了文首提到的那篇文章，详细介绍了文章的内容，并指出文章中存在的错误。作者叙述的新闻事实比较丰满、全面，放在论点之后既能清

① 吕立勤、任孟山：《对"私营经济离场论"这类蛊惑人心的奇谈怪论应高度警惕——"两个毫不动摇"任何时候都不能偏废》，《中国记者》2019年第12期，该文获第二十九届中国新闻奖一等奖。

楚地点名论点，又能完整地陈述事实，但如果放在第一段就会显得过于累赘，容易表述不清。

案例 2:《留白的艺术》[①]

山东半岛蓝色经济区是本文的评论对象，文章以传统绘画中的“留白”开头，解释了一番留白的含义，继而表明了“蓝色经济区需要留白”的观点。文章在第三段陈述了有关山东半岛蓝色经济区的新闻事实：“莱州拥有山东半岛北部最大的浅滩，面积达 5500 公顷，浅滩及附近海岸蕴藏的石英砂资源，具有可观的经济效益，可谓寸土寸金。但为了保护海洋生物资源和生态环境，莱州在去年申请设立了省级特别保护区，对一切向浅滩掘金的活动说‘不’。面对巨大利益毅然‘留白’，‘舍’与‘得’、‘进’与‘退’尽在方寸之间，‘画’之格调，高下立判。”看似留白与蓝色经济区没有丝毫关系，但实则是用国画的留白比喻对开发地的保护，文章开头提到留白是为了后文陈述蓝色经济区作铺垫。笔者先说留白，循序渐进，由留白推及到蓝色经济区的开发与保护，整篇文章意蕴深厚、生动形象、浑然一体。文章层层递进、论证充分，论点“山东半岛蓝色经济区建设要注重科学发展”直到最后才点明。这种安排让读者更容易理解，也更有兴趣，若是开头直接点出新闻事实，后文再用比喻难免过于刻意，论证效果也不够好。同时，文风活泼、笔调诙谐也为本篇文章增色添彩。

（三）文尾叙事

文尾叙事是将新闻事实放在最后进行陈述，它一般被运用于篇幅较短的评论中。下面是一篇针对新闻报道——《暑期过半，托管服务效果如何》的短评：

让暑期托管惠及更多家庭[②]

在教育部相继发布《关于进一步减轻义务教育阶段学生作业负担和校外培训负担的意见》《关于支持探索开展暑期托管服务的通知》后，这个暑假怎么度过，成为人们热议的焦点。

其实，暑期托管在有些地方已不是新鲜事。今年“双减”政策下，校外培

① 王学文:《留白的艺术》,《大众日报》2010 年 7 月 19 日。该文获第二十一届中国新闻奖二等奖。

② 陈旭:《让暑期托管惠及更多家庭》,《光明日报》2021 年 8 月 12 日。

训班不再是家长们的选择，那么，孩子们能送去哪里，这个问题就显得格外突出。

暑期教育需求加大，怎么应对？从上海、四川、浙江、海南逐渐成熟的托管服务中，我们看到，从教育部到各个学校，每一级部门都迅速行动起来，因地制宜采取了能最大程度满足需求的各种措施。

在采访中，记者了解到，虽然受新一拨疫情影响，各地部分暑期托管班按下"暂停键"，但绝大部分地区通过有关部门专业评估，在符合安全条件的情况下，都在想方设法持续着这一惠民政策。比如上海的"小学生爱心暑托班"还在正常开展第二期；成都16个城区，有7个区都正常开展暑期托管，等等。让暑期托管惠及更多家庭，是这个暑假，最温馨的话语。

在文章开头作者先提到了"双减"政策，引出这种背景下孩子们去哪儿的问题，再根据事实指明"暑期托管的因地制宜"，最后，在文章结尾陈述相关事实支持暑期托管，让暑期托管惠及更多家庭。

思考题

1.新闻评论中的事实有什么作用，请举例说明。

2.新闻评论中的事实论据有什么要求，试找一篇新闻评论对其中的事实论据进行分析。

3.试分析事实判断与价值判断的区别与联系，并找两篇相关案例进行分析。

4.你认为在新闻评论中，文头叙事、文中叙事、文尾叙事哪种更好，试就一篇新闻评论说说自己的想法。

下　篇

实践篇

第五章　新闻评论的选题策划

【学习要点】

“有的放矢”是对新闻评论选题策划的要求。本章重点围绕新闻评论的选题从哪里来、选题立意的思维方法和好的论题应具备的特征等方面展开，希望大家对选题策划有更全面的了解。好的论题要具备新闻价值、事实依据和前瞻眼光，提高选题立意水平需要评论作者不断学习，具备较高的专业素质。

国家出台大政方针后，社会民众关注的热点和焦点是新闻评论选题最好的来源。

2021 年年中，中共中央办公厅、国务院办公厅印发《关于进一步减轻义务教育阶段学生作业负担和校外培训负担的意见》，要求引导学生合理使用电子产品，控制使用时长，防止网络沉迷。新华社属下的《经济参考报》的记者发表了《网游对未成年人影响触目惊心　精神鸦片长成数千亿产业》的评论，痛批网络游戏毒害青少年，指出游戏危害触目惊心，人们常常用“精神鸦片”“电子毒品”指代网络游戏。

这个文件一石激起千层浪，不仅仅游戏产业，校外培训利益链条也严重影响到了正规的教育体系，除了大大加重家长负担，造成人为的教育贫富鸿沟，制约了我国社会公平的发展步伐，而且因为片面加大对子女养育的畸形化投入，这种被动消费导致年轻人不愿意生育，从而滞缓了对我国人口老龄化问题消解的过程。围绕这些话题，从媒体到民众，大家纷纷发声，表达自己对各种衍生问题和相关现象的评论。

第一节　选题从哪里来

新闻评论的选题从社会生产、生活中来，从国家和地区关系中来，从人类与自然相处的漫长历史发展中来，更是从人民群众的实践中来。一言以蔽之，新闻评论是媒体传播者和受众因为新闻事件而引发的不同看法和观点的评述和解读。

而这些选题通过什么渠道到达评论者手里，无外乎来自外部的指令性安排和发乎于中的主动创作。对传统媒体，从平面的纸媒到广播、电视，再到依托互联网的网站和新媒体平台，新闻评论作为几大新闻体裁之一，因其对舆论强有力的引导作用，常常会被官方“命题作文”，指派媒体安排版面、时段、渠道推出评论主题。

在信息蜂拥激荡的当今时代，纷纭繁复的世情百态、五光十色的人间万象，诸如对执法者如何把握执法尺度、对素以刻板印象示人的物质条件优越群体的道德评判等都可能如投石入水，在激发群众议论纷纷的同时，为媒体提供了源源不断的评论题材。

在饱受新媒体“广、快、准”的传播组合拳击打之下，传统媒体一方面要担负引导社会舆论、传播主流声音和正能量的社会责任，另一方面还要正面与对手接招，以自身传统优势做好舆论组织者，尤其是整合社会不同思想和观点的流向。这是传统媒体在与受众互动方面与新媒体相形见绌后，从新闻评论内容上寻求突破、扳回一城的制胜之术。

而新闻评论就在传统与新潮、竞争与融合、传播与接收之间的此消彼长、取长补短中得到了更加丰沃的生殖土壤和发展空间，从而也变换了新的存在方式，具备了崭新的表达和传播样态。

一方面，新闻评论的选题因为新旧之争而变得愈加丰富和多样。另一方面，在很多行业迭代转型过程中，经济基础对上层建筑中的意识形态具有决定性影响，随着经济社会多元化开放式发展，人们思想观念的更新加速，打破旧思维的束缚，适应新时代的发展潮流，这既使人倍感新奇、心情激越，同时由于价值观念、教育程度、年龄阶层和地域环境等的差异，带来五花八门、千差万别的思想碰撞，不但体现在对事件和现象、整体和个体的不同的理解层面，甚至表现为截然相反的激烈观念对抗。

正因为此，新闻评论的选题范围正在空前拓展，受众对于评论的渴求也在增强，受传者更是跃跃欲试、主动参与评论，要求发出一己之声的欲望因为新技术和新媒体的蓬勃兴盛而一发不可收。

总结新闻评论历史沿革，从日新月异的国内各类评论种类可以归纳出这样一些选题来源。

一、传统常规渠道

纸媒、广播电视等传统媒体新闻评论选题有如下几种：一是主管单位和媒体编委会根据当下和中远期宣传主题安排策划；二是一些机关企事业单位主动联系提供；三是媒体自身对外公开的爆料渠道；四是记者编导个人的线索网和线人资源。

在20世纪，因为社会对意识形态领域的认识有限，再加上通信工具的落后，人们获得信息的渠道相对狭窄。有限展现在普罗大众面前的大事件寥寥可数，可评可论的领域屈指可数。往往媒体评论的路径是由央媒引领，新华社、人民日报、中央广播电视总台是主要出口，地方媒体则以转发为主。

改革开放后，随着思想解放步伐的加速，媒体的数量如雨后春笋般一夜成林。如20世纪90年代的四级办电视，催生了全国数千家地市县区级电视台，它们如初生牛犊，纷纷试水开设各类栏目，其中就包含了电视评论类节目。20世纪90年代中期，央视《东方时空》《焦点访谈》等品牌新闻评论栏目的诞生，标志着中国新闻评论大时代的到来。从国家决策层到地方政府、各地人民群众对新闻评论的认识空前提高，央媒大胆直言、用事实说话，直指弊端痛处、锐评锋芒毕露，几档节目迅速火遍神州，在得到交口称赞的同时，央视新闻评论部的电话几乎被打爆，群众来信蜂拥而至。

热线电话和人民来信成为当时最重要的线索渠道。各级媒体的同类版面、栏目纷纷公开爆料热线和地址，之后随着通信技术的飞跃提升，短信、邮箱等成为线索来源的补充。

二、新型网络渠道

在新媒体时代，传统媒体和新媒体在原有线索渠道的基础上，依托打造融媒体，扩大到“两微一端”和整合网媒线索于一体的新型线索大网。

随着网络技术的民用化普及，从20世纪末的忽隐忽现到21世纪的突飞猛进，信息时代开始改变包括媒体行业的全社会，也从根源上摒弃传统、拥抱未来。

现在，各家媒体一般是以“两微一端”架构线索爆料入口，与传统的爆料平台融合；同时主动出击，从PC端和手机端网媒中搜集有价值、适合自身媒体属性的线索，归纳整理或者提炼引发新的报道预燃点，通过传统媒体集纳传统和新媒体于一身的集团作战优势，力求开发出新的爆款评论类作品。

传统热线爆料具有即时互动的特点，可以由媒体专门接线员或者记者编导直接与爆料者对话，前期就可以筛选分类，并且往往与新闻事件发生的第一时间同步。随着互联网技术推动下中小屏信息爆发式的增长，想要向媒体反映情况或者提供线索的信息提供者越来越多，很多媒体开发了网络爆料平台，对信息提供者的隐私保护更加周全；媒体记者和编导也能够主动出击，从海量的自媒体、朋友圈和各类中小屏网站和客户端中搜寻线索。

海量线索虽然丰富了媒体工作人员原材料匮乏的库存，消除了因为线索不足而无米下锅的窘境，但是也带来了线索资源重复率高、真假混杂导致的选择难度加大的尴尬。因为网络世界的匿名性和隐私性，所以发布的各类信息芜杂，甚至不少信息是东拼西凑或者道听途说，并不乏凭想象或者恶意编造的现象，这给媒体从业者带来重新筛选辨别的时间和精力成本提升的困扰，对他们的辨识和整合能力是个考验。

当然，这种重新整合的能力必须以较高的媒体敏感和对媒体受众契合点高锐度的把握为基本功，因此对新闻评论节目的策划意识必不可缺。

三、大数据渠道

大数据指需要新的处理模式才能生成具有更强的决策力、洞察力和流程优化能力的海量、高增长率和多样化的信息资产。而互联网成为大数据集中的集散地，对信息传递处理带来革命性的变化。

网络技术传送的字节传递着信息，而信息的重要构件之一就是大数据。大数据成为梳理和引发隐藏在信息和数字背后线索的重要信源工具，通过大数据统计和现有资料整合提炼的线索可能更有思辨性和价值性。

传统媒体也在学习像《今日头条》等依靠大数据分析精准投放媒体内容的供需互动型经验，更加有针对性地整合线索，排列喜好度、分清主次点，合理有序安排资源力量组织媒体采制、播出和分发评论类节目的内容。

在重大节庆的纪念周期里，各大媒体都会策划一系列新闻评论节目，用数字说话是其中一类。如在改革开放四十周年、中华人民共和国成立七十周年等年份，新华社、人民日报、央视、各大网站开设《数说中国》《70年数据见证新中国伟大飞跃》等版面和栏目，从一组组阿拉伯数字里解读背后隐含的经济社会巨变。央视在《数说中国》栏目开篇语中鲜明指出：70 年来，中国共产党带领全国各族人民团结一心、开拓进取，一个个人类发展奇迹凝聚成一组组令人震撼的数字。《数说中国》用数字变化呈现 70 年非凡历程，生动反映中华民族从“站起来”“富起来”“强起来”的伟大飞跃。

随着信息技术和传播路径的飞速发展，人们的交流手段会水绕山转，因缘际会出新的形态，获取评论选题的渠道也会随之变化。但是从生产生活中来、从自然社会中来的本质永远不会改变。

第二节　立意的思维方法

新闻评论的立意指评论的主题和论点，它至关重要，也是一篇报道的灵魂。立意可以用“高、透、深、明”四个字来概括。

一、新闻评论立意的基本要求

（一）站位须高远

无论单独成文的评论，抑或附于新闻或者专题之前后的按语、编后等，既然有感而发，那么就必须有高瞻远瞩的眼界，或利用振聋发聩的思想警醒受众，或借助独辟蹊径的观念来启发人。

像 1915 年新文化运动肇始，在形形色色的思潮汇聚与中华动荡困局之时，“南陈北李”通过对社会民情的体察、对各种国内外主义的碰撞比较，在《青年杂志》（后改名《新青年》）中发表了《文学革命论》《庶民的胜利》等迅即流传、启蒙民众的评论文章。那时只有出现这样担负正义使命和牺牲精神的理想主义者，才有可能把一个国家从绝望的泥潭里拉出来。而如李大钊、陈独秀，包括在长沙兴办《湘江评论》的青年毛泽东，他们择优汰劣，率先引入马克思主义，而他们点燃麻木民众的工具火种之一就是新闻评论。

从民主主义革命、社会主义革命到建设、改革开放再至新时代中国特色社会主义的建设，新闻评论在每个时期都有精彩的佳作名篇。从毛泽东的《实践论》《矛盾论》《新民主主义论》到开启改革开放大幕的《实践是检验真理的唯一标准》，再到突破藩篱、挣脱桎梏的《东方风来满眼春》，这些站于时代大潮欲来之前、登在先进思想山巅的评论文章不仅指明了其后一个时期整个国家的前进方向，而且从字里行间映现出未来发展的战略宏图。

立意高远并不是喊口号，而是抓住所要评论对象的实质，拨云见日、澄清误区、指明方向。有时还需变换思维的角度，对存在争议的问题和事物条分缕析，拓宽破解问题的渠道、揭示表述事物的多面性，依靠冷静、细致的论证过程达到启发受众的目的。

（二）论述求透彻

新闻评论讲求逻辑性，不论以理服人还是以情动人，都要层层递进。先要提出观点，随后破题，可以直抒胸臆，依靠论据直接用因果法、例证法等证明论点，升华主题；也可以先抑后扬、欲褒先贬，用反向思维取得出乎意料的评论效果。

无论采用何种方式，殊途同归，最终要让受众信服评论的论点。让我们看看 2018 年苏州广播电视台的新闻评论《沙钢胜诉“337 调查”案启示》。

沙钢胜诉“337 调查”案启示(节选)①

（口播）今年 3 月以来，中美贸易摩擦成为全球关注的焦点。而就在 3 月底，传来了中国钢铁企业胜诉美国“337 调查”案的消息。那么这起调查案背后究竟隐藏着中美之间怎样的博弈？中国钢铁企业赢在哪里？这次胜诉，又给中国制造未来发展带来怎样的启发呢？今天，我们就一起走进全程参与“337 调查”案的江苏沙钢集团去寻找答案。

…………

（解说）沙钢工作人员紧急联系律师才知道，所谓的“337 调查”，是依据美国《1930 年关税法》第 337 条而得名。该条款禁止一切不公平竞争行为，或向美国出口产品中的任何不公平贸易行为。此次“337 调查”由美国钢铁公司发起，对中国钢铁企业提出三项指控：密谋控制价格、盗用商业秘密、伪造商品原产地，共涉及 40 家中国钢铁生产和贸易企业，其中沙钢是最大的民营钢铁企业。一旦美方裁定企业有违规行为，对整个中国钢铁行业的出口都将带来严重后果。

（同期声）**苏惠伦**（“337 调查”案沙钢集团美国代理律师、奥斯顿国际法律事务所合伙人）：

（美国）他可以拿到一个普遍排除令，就是说中国全行业，哪怕是没有被列名的中国钢铁公司，所有只要来自中国的钢铁，都没有办法进到美国市

① 郑又淳、徐蕾、曹嵘、甄军：《沙钢胜诉“337 调查”案启示》，2018 年 5 月 13 日，http://www.csztv.com/doc/2018/05/13/274440.shtml。

场，它是一个行业全面的封杀行为。

（同期声）**贾艳**（江苏沙钢国际贸易公司总经理助理）：

不是未来十年、二十年、一百年，而是永久不能进入美国市场。

…………

（同期声）**郭力**（江苏沙钢冷轧厂热镀锌车间主任）：

我们这东西到他市场去，对他冲击是比较大的，我们的质量好、量大、价格便宜、服务还好。

字幕（同期声）**丰晓毅**（江苏沙钢钢铁贸易公司远洋地区业务主管）：

因为他们本地用工成本、原材料成本、各项税务成本加起来，价格没法跟中国竞争，所以提出反倾销、反补贴，实际上是保护国内的产业。

（解说）从"双反调查"，到更加严厉的"337 调查"，业内人士认为，中美贸易摩擦的加剧，背后显示出的是美国对中国制造日益强大的恐惧。

（同期声）**张海冰**（上海国际问题研究院世界经济研究所所长）：

中美之间，目前经济紧张，实际上也是一个中国发展到了现在这个阶段一个必然的表现。因为我们处于产业转型，从全球产业链的低端向高端转移，所以我们在某些技术领域的发展的确是飞速的。所以这些竞争力上升，其实也让以美国为代表的欧美西方国家很不舒服，他们觉得总归要设一些障碍。

（口播）这里有一个数据，在美国发起的全部"337 调查"案中，针对中国企业的调查占比，2015 年是 22.9%，2016 年是 33.3%，2017 年上升到 37.3%，绝大多数是在高科技制造领域。专家表示，"337 调查"表面上是保护公平竞争，但其实质却是对中国制造转型升级的压制。在这次"337 调查"被起诉的 40 家中国钢铁企业中，最终只有 6 家应诉，这又是为什么呢？沙钢又是如何最终胜诉的呢？

（解说）接到美国"337 调查"的第一时间，沙钢国际贸易公司就召开了一次紧急会议，对于应诉，公司内部也曾有过担忧。

（同期声）**苏惠伦**（"337 调查"案沙钢集团美国代理律师、奥斯顿国际法律事务所合伙人）：

双反的应诉，实际上对中国公司来讲，应诉的成本不是特别高，这个费用有时候差不多 20 万美金左右，但"337"一个案件的应诉成本有可能是上百万美金。

（解说）"337 调查"案除了高额的应诉费用，其调查方式也和中国传统的谁举报、谁举证不同,而是要企业自证清白。

(同期声)**贾艳**(江苏沙钢国际贸易公司总经理助理):

对方可以怀疑我们家里有不法的东西,你就得把家里的所有东西全部掏空了给他看,说我们家就这些东西,再不行你就进门搜吧,就这些东西,这对于我们其实是不太公平。

(解说)如果要应诉"337 调查",沙钢就必须向美国公布所有的贸易数据,以证明清白,这就意味着商业秘密有被偷窃的风险。事实上,就在美国提出"337 调查"之后,40 家中国钢铁生产和贸易企业中,大多数选择了放弃应诉。面对巨大压力,作为中国最大的民营钢铁企业,沙钢最终作出了自己的选择。

(同期声)**贾艳**(江苏沙钢国际贸易公司总经理助理):

我们在经营过程中,都是合法经营,守法守规的,我们要有这样的气势,我们要为我们的声誉来打这场保卫战。

(解说)沙钢工作人员给记者出示了一份美国方面传来的沙钢质保书。2 年前,就是凭借这份质保书,美国钢铁公司指控沙钢伪造商品原产地证明,通过其他国家转卖钢铁产品到美国,以规避高额的反倾销和反补贴税。然而,当沙钢收到这份质保书的时候,工作人员却掩饰不住喜悦,因为简单一查马上发现了问题。

(同期声)**孙飞**(江苏沙钢钢铁贸易公司总经理):

这个产品的炉批号确实是沙钢的,但是质保书上显示的出口时间、钢种、产品的执行标准,跟我们的原始数据是不相符的。

(同期声)**贾艳**(江苏沙钢国际贸易公司总经理助理):

对应的钢卷号实际上我们生产的牌号,钢牌号是 Q235B,并不是他自己所冒充的 A36。

(解说)原来,沙钢从 2006 年开始,就建立了一套非常成熟的产品追溯体系。在沙钢钢板总厂宽厚板车间,记者看到,钢板在生产出来之后,都会在表面上喷上一组信息。

(同期声)**余彬**(江苏沙钢钢板总厂宽厚板一车间副主任):

代表的什么呢?就是我们一块钢板的身份信息,包括我们沙钢的标记、牌号、执行标准、尺寸,包括我们的炉批号,所有的信息全部涵盖在里面了。

(解说)余彬介绍,目前他们炼钢已经实现了全程信息化操控。每一块钢板都有自己唯一的身份证,信息能随时追溯。

(同期声)**余彬**(江苏沙钢钢板总厂宽厚板一车间副主任):

我们这一块板,从炼钢开始,到轧钢、到出去,所有的环节,都可以追溯得很清楚,哪个班生产的,什么时候生产的,它的成分怎么样,性能怎么样,在我们这个系统里面会一目了然很清楚。

(解说)凭借完备的可追溯系统,美国钢铁公司提供的所谓证据不攻自破,这也成为沙钢胜诉的关键因素。而美国钢铁公司的另外两个指控,垄断价格和窃取商业机密,也因为证据不足,最终被美国国际贸易委员会驳回。

(同期声)**孙飞**(江苏沙钢钢铁贸易公司总经理):

本身沙钢作为这么大的公司,出口量非常大,我们在业务过程中,实际上是一直保持着规范自律的要求。针对各种贸易摩擦,首先我们是非常有底气的。

(同期声)**张海冰**(上海国际问题研究院世界经济研究所所长):

对于企业而言,融入全球化是必然的选择,但是在考虑走出国门,进入国际市场的那一步起,我觉得对于企业来讲,规范经营永远是最重要的。

(口播)打铁还需自身硬。以沙钢为代表的中国钢铁企业最终能胜诉,也告诉我们一个道理,当中国制造日益强大起来时,只有自身诚信经营、规范管理,才能在日益严峻的国际贸易摩擦中站稳脚跟。与此同时,随着中国制造越来越强大,贸易摩擦必将更加激烈,这更需要练好我们的“内功”。

(同期声)**李化龙**(江苏沙钢铁研究院副院长):

正好1毫米厚。

(解说)在江苏沙钢钢铁研究院,李化龙正在和同事研究一款超薄热轧钢板。一般钢板用传统热轧技术,最薄只能做到3毫米厚。要想做到既薄至1毫米又具有高强度的钢板,一直是个世界难题。沙钢钢铁研究院通过一年多的研发,终于突破了这项关键技术。

…………

(同期声)**张海冰**(上海国际问题研究院世界经济研究所所长):

要有你真正看家的东西,就是说你要掌握核心技术、有真正的创新点,贸易只是浮上水面的一部分的问题,根基在于我们整个的综合国力,他是一个全面性的问题。不仅是贸易,包括研发投入、你的教育以及你的整个国家发展战略里,是如何来看待创新的。

(口播)中美贸易摩擦,表面上是各种贸易壁垒,背后其实是国家之间实力的较量。某种意义上说,这种摩擦也是检验中国制造成色的试金石。在诚信经营、规范管理的基础上，只有不断推进自主创新，掌握关键核心技术，才有可能让中国企业在世界舞台上成为最终的胜利者。这应该就是沙钢胜诉“337”调查案带给我们的启示吧。

这部题为《沙钢胜诉“337调查”案启示》的作品从主题上一目了然，就是透过一个国际经济纠纷的调查始末，寻求其中中国企业应该思考的背后的问题。评论一开始就连提三问，开宗明义，让受众马上就进入评论者设定的情境之中。而且这个跨国贸易的纠纷是发展中国家制造行业面临发达国家的一个普遍现象，貌似中国企业处于弱势，但是又怎样柳暗花明、绝处逢生呢？这样清晰明了的开头实际是抛出新闻里的吸睛点，也设下了通过事实来说明作者论点的伏笔。

片子从对“337调查”的解释入手，原来以沙钢为例的中国钢铁行业经过多年技术升级、产品换代，国际竞争力大增，直接威胁到了美国同类企业的生存，所以他们联合起来从反倾销、反补贴的“双反”到欲置中企于死地、彻底封堵于其国门之外的“337调查”，这是中美贸易加剧的结果，这是论述的第一个层次，揭开评论主题的盖子。

打铁还需自身硬。当中国制造日益强大起来时，只有自身诚信经营、规范管理，才能在日益严峻的国际贸易摩擦中站稳脚跟。与此同时，随着中国制造越来越强大，贸易摩擦必将更加激烈，这更需要练好我们的“内功”。这是论述的第二个层次，这是就事论事，评论企业的制胜之路。

片子最后以沙钢自主研发的核心技术是企业最终成败的关键把主题论点进一步深化，指出只有不断推进自主创新，掌握关键核心技术，才有可能让中国企业在世界舞台上，成为最终的胜利者。这是评论的第三个层次，从单个企业上升到整个中国制造业应该怎么应对经济国际化和新格局的变化。

从这个片子里，反映了中国强势崛起的过程中必然要面对的各种复杂挑战，从沙钢到华为，躲不开就要迎难而上，应对挑战并非有勇无谋，更重要的是修炼自己，拥有自己的主导产业和核心技术，像中国近年来的北斗导航系统、航天技术的系列突破等等，如此才能真正不受制于人，才能傲然迈向中华民族伟大复兴之路的辉煌目标。

（三）思想要深邃

新闻评论从新入手，立足于深。作者着眼于新生事物或者复杂现象的系统化、逻辑性分析，从新颖角度作出独到解读，这里的“新”很大程度体现在思想的深度上。唯有“深”，才会让受众摆脱平淡无奇的印象，而受到思维的启发和情感的震撼，引发共鸣或跃跃欲试、以言践行的效果。

评论对象往往是困扰多数人的新闻事件或者社会现象，也可能背景复杂、过程曲折，表象扑朔迷离。人们对客观事实和存在只能从个人获取的有限信息进行理解，而且常常带有先入为主的刻板印象。不仅有人会瞎子摸象、各说各话，有人会一叶障目、不见泰山，而且有的甚至进入认识误区，这种误区既存在于新闻主体本身，也会因人为地混淆视听或者谣言流言而被设置。

新闻评论作者需要具备对评论对象的深刻认识和独到领悟。他能够有高屋建瓴的思想高度和深刻发散的思想维度，还需冷静判断各种不同的论据和观点，作出理智明晰的分析，得出让人信服的结论。

(四)论点宜明确

新闻评论和其他如消息、专题等的最大区别即其论点鲜明，不能遮遮掩掩，也不能忽隐忽现。

有的评论对象存在多元化维度，这时评论作者必须对主要矛盾的主要方面作出自己的准确判断，分清主次、理清首尾，不能主次颠倒、轻重不分，更不能混淆黑白，犯下立论的本质错误。

对评论的多维角度，可以分清层次，列出先后、主次，依靠严密的逻辑构建评论的框架。对既定事实和论点，一定要立场鲜明，切忌说囫囵话、来回摇摆，让受众摸不着头脑。

当然明确的论点并非不听取不同的声音，只是要在表达主流观点的同时，对不同论点的合理性和非理性作出恰当公允的剖析。类似于影视剧中的主角和配角，既不能主角唱独角戏、变一言堂，也不能配角喧宾夺主、反客为主。

二、新闻线索资源选取与整合

无论是传统媒体抑或新媒体，面对海量、繁杂，经常真假难辨的线索资源，如何主次分明、有效准确的整合，这对评论作者提出更新的要求。

(一)需要不断学习，贴近实际，具备更多的知识素养，尤其是生活常识

目前一些媒体的文章，因为发文者或者制作节目者缺少生活常识，又未进行深入调查研究，凭想象或者只听取一面之词导致报道失实或者偏颇。

有一个媒体的记者，曾经根据小区居民举报，发表了一则小区杨树被

“砍头”的报道，认为物业没有经得全体居民同意便将杨树“砍头”，破坏绿化，影响了环境。后来经过核实，原来杨树在修剪前，春天时飞絮飘进很多居民房内，引发一些老年居民的呼吸疾病，同时有的树木紧靠居民楼，大风猛刮很容易折断，对楼房安全造成威胁，物业适当修剪对大多数居民的人身安全和生活有好处。记者只听取当时最早的那部分居民的意见就作出报道，得出破坏环境的结论，显然不够客观准确。

媒体从业者一定要掌握相应的专业知识，在反复听取不同立场的当事人观点并且在权威部门的佐证下，充分摆出事实、整合各种立场，才能通过作品让受众作出正确客观的判断，否则就是管中窥豹了。

评论者在对专业性强的事件或者现象作出评论时，要设法掌握相应的专业知识。国外传播学人士认为：只有两类记者才能称其为记者——即战地记者和调查记者，尽管有些以偏概全，但是有一定道理。为什么呢？这两类记者最能体现记者的素质内涵和职业水准。记者这个行业的进入门槛并不能算高，因为能够通过时间很快掌握入门知识和技术要领，有时很多理工科学生和新闻传播学的专业学生一样也能做一名好记者，而就调查记者来说，具备一定的专业知识可能比新闻专业技巧更重要。从这个角度看，新闻记者要做通才，要极大地拓展自己的知识面，做杂家和博学家。

国内媒体对马航 370 飞机失联的报道，在互联网全球开放的大环境下，面对扑朔迷离的海量信息、利用匿名登录、互动交流等网络新路径，取得了传播迅捷的效果，极大地改变了以往信息传播的格局。[①]

从马航飞机失联事件报道过程中可以看出，最开始的传播通道正在逐渐被社交媒体占领，所以传统媒体不能满足于等待官方新闻发布，充当传声筒，而是要凭借集团作战优势，通过深入调查，在内容开发上多下功夫。调查类报道是体现内容作为媒体优势之所在的重要一点。

马来西亚航空 370 航班失联由于事件扑朔迷离，导致在早期报道中各种真假消息满天飞。如果能够迅速采访到参与航班搜救的人员，可以在很大程度上缓解公众由于信息饥渴带来的焦虑。但是由于我国媒体在马来西亚等地缺乏核心报道资源，因此很难获得一手消息，只能援引外媒报道或者等待马方召开新闻发布会，在探究真相方面显示出能力不足。

在马航 370 航班失联事件中，马方最新进展最早的发布平台是马航官

---

① 参见刘扬：《从马航失联报道看媒体清晰“分工”》，2014 年 3 月 24 日，https://zgcb.chinaxwcb.com/info/85112。

方“推特”,我国传统媒体同样使用官方微博发布获悉的最新消息。在这场新闻战中,新媒体不断证明自己正在成为不可忽视的力量,传统媒体与新媒体的合作,已成为一种趋势。

在马航失联事件报道过程中,传统媒体谨慎地报道核心事实,新媒体负责实时传递、海量转发。这一新情况突出展现了一个事实:社交媒体正在积极而自然地参与到突发事件报道中来,尽管乌龙不断,但展现出其勃勃生机。优秀传统媒体表现出了强大的调查能力,这与芜杂、海量的新媒体不同。

在此次事件中,传统媒体担任了主要权威内容提供者的角色,新媒体和社交媒体则成为这些重要内容的传播渠道。越到事件的中后期,传统媒体开始取代社交媒体用户,成为真正的新闻资讯生成者,开始了报道力量与新闻实力的比拼。

美国和英国的这方面的记者专业知识很全面,有的甚至是以前从事过此类职业的人员。他们从漂浮物的样子和位置等就能判断出这不是马航370飞机上的零件,开始的路线设定在越南海域、包括了印度到西亚各地,英国的媒体根据专业知识分析得出,马航370折返飞往南方;有一种信号发射装置可以周期性地发出信号,制造商可以接收到。这些都必须具备一定的专业知识,不能人云亦云。

笔者在电视媒体工作时,记者有一次接到热线,爆料某游泳馆20多个正在游泳的孩子出现中毒症状,数辆救护车赶往现场。几个媒体记者先后赶去,到了后事发现场有人说水不干净,有人认为可能有人故意投毒,还有的推测是集体食物中毒。现场群众七嘴八舌、莫衷一是,为了抢发新闻,个别媒体未经确证就仓促发出了稿件,造成了更大的恐慌。

后来,经过专家检测调查,发现是游泳馆清洁人员误把84消毒液和洁厕灵混在了一起,引起化学反应,释放出有毒的氯气。如果媒体从业人员有这方面的知识,不仅能够顺藤摸瓜找出中毒孩子的毒源,还能帮助救援人员对症下药、及早救治、减轻损失。

前些年国内一些地方出现产妇在医院不幸因为羊水栓塞死亡的案例,一些自媒体就开始渲染是医院救治不及时或者认为属于医疗事故,有的还虚构情节,使许多不明所以的网友跟风把矛头纷纷指向医院和医护人员,甚至一些传统媒体也跟进炒作,一时间本就紧张的医患矛盾因此升级。

后来经过科普,大家才知道羊水栓塞是孕产妇分娩中的一道鬼门关,也被称为“孕产死神”，最高时死亡率达 80%以上。在没有基本的医学常识的情况下，往往很多连门都没入的新媒体和自媒体发布者包括媒体人就开始根据自己极有限的学识、狭窄的知识结构体系开始说东道西、谈天说地，不仅贻笑大方，甚至会造成难以挽回的社会负面影响。

没有见识并不可耻，这个世界上没有人是通才。可耻的是在互联网时代，用几分钟就能了解的一些浅显常识都不去了解，就去哗众取宠，用震撼性、爆炸性的类新闻标题引发公共话题，制造更大的社会矛盾。

家属可以没有医学知识（当然事先有所了解的话最好），但受过高等教育的记者，在承担“社会公器”这一神圣身份的时候不应该没有。事先不知道很正常，在采访报道新闻事件前，完全可以快速学习一下或向专家请教。

尤其在医患矛盾突发的今天，媒体记者在报道这些案例时要格外谨慎，不要轻易直接断定这是医生和医院的责任，可以先用互联网快速了解一下相关领域的科学知识，最起码要先咨询一下专业医生和医学界学者，不要再闹出“羊水栓塞为何没有事先检查出来”的笑话。

这些工作因为时间来不及没做是一个媒体在技术上的缺失；故意不做，制造话题煽情，达到炒作目的，无端加剧社会不安，则是道德上的无良和无耻。

医患关系、贫富嫌隙等积患现象走到今天，虽然各方面都有很大关系，但一些媒体不负责任的报道也是其中推波助澜、无中生有的重要一环。还记得八毛钱治结肠闭锁、助产士缝肛门、医院“烤婴儿”等事件吗？还有宝马男、拜金女等造成了很长一段时间的影响，这些舆论制造的话题和号称的热点，如果媒体从业者稍有常识，再能深入调查事实和真相，谣言就能不攻自破，假新闻和伪话题就没有滋生蔓延的土壤。

愿逝者安息、伤者痊愈，愿无谓的纷争不再，愿我们每一个人作为社会中的一分子，都能有职业操守、道德良心。尤其作为铁肩担道义、妙手著文章的媒体从业者，更要养成不断学习、深思审问的习惯。

（二）媒体从业人员在评论时要有清晰的逻辑性和条理性

新闻评论要做到言之有物、言之有理，这是指评论要有充实的内容、深刻的道理，另外要把内容和道理论述明白，还要做到言之有序。有序就是评论的写法要有明晰的逻辑性和条理性。

评论的逻辑性和条理性可以从时空关系、因果承继上来寻找建立，在表述中既可以花开几朵、各表一枝，又能由表及里、层层递进，也有统分结合，几种手法综合使用的范例。从下面的案例我们能看到新闻评论讲求逻辑和条理的重要性。

现代社会尽管通信发达,但是也使很多问题更加具有了多向性和多元化的倾向,经常让人看不清实质。这样的问题不会整整齐齐呈现在受众眼前,而内中的结构就需要评论作者进行梳理、分析,去芜存菁、化繁为简,把清晰准确的脉络重现在报道之中。

重庆万州和贵州贵阳在2018年和2020年发生的两起公交车事故在对社会公共安全提出挑战的同时,也引发公众舆论理性化的思考和对事件线索资源理性整合的反思:事故发生后,万州区公安局交巡警支队公布情况:2018年10月28日10时08分,冉某驾驶渝F27085号大型普通客车(车内人数待查)由江南新区往北滨路行驶,当车行驶至万州长江二桥桥上时,与邝某驾驶的由城区往江南新区行驶的渝FNC776号红色小型轿车(车内只有驾驶人)相撞,造成渝F27085号大型普通客车失控冲破护栏坠入长江、渝FNC776小型轿车辆受损、小车驾驶人受伤的交通事故,初步核实失联人员15人(含公交车驾驶员1人)。

在这个事件的追踪报道上,应该围绕受众提出的一系列问题展开策划:首先,事故的罪魁祸首是谁?

最开始的网络舆论聚焦红色轿车司机,很多人猜测那位女司机是肇事者,她的错误驾驶导致车祸,造成悲剧,甚至有人人肉搜索女驾驶员,对其进行辱骂和人身攻击。

随后搜集到的车辆行驶记录仪的视频还原了现场,也解答了受众疑问。事故发生时的监控视频显示,事发时这辆红色轿车在自己的车道内正常行驶,一辆公交车从对面驶来,车头上方的电子显示屏持续闪烁。在视频第9秒时,公交车突然急转越过中间黄色实线。第10秒时,红色轿车的刹车灯亮起,随后轿车头部与公交车发生碰撞。原来,轿车司机完全是受害者,监控视频还了女司机清白。

11月2日上午,重庆万州公交车坠江事故原因公布,出乎绝大多数人的意料:车内黑匣子监控视频显示,事发时乘客与司机发生了激烈争执,随后互殴最终导致车辆失控。

据此,重庆市官方通报了对此次公交车坠江事故的责任认定,认为乘客刘某和驾驶员冉某的行为严重危害公共安全,已触犯《刑法》第一百一十五条之规定,涉嫌犯罪。

接着，有很多人提出疑问：司机在被乘客袭击后进行反击的行为能属于正当防卫吗？专家给出了否定的答案。中国政法大学的教授认为，这方面的判例之前有过，司机被乘客殴打后与对方互殴，导致车辆发生事故、造成他人伤亡，结果对司机以危险方法危害公共安全罪定罪。专家强调，双方的行为性质都是以危险方法危害公共安全。因为一方面公交车上有众多的乘客，另一方面车辆在公路上行驶也涉及其他汽车交通安全，所以发生这样的情况是非常危险的。

另外，网友质疑：对女乘客和司机的行为，谁的责任更大呢？专家认为，司机的责任更大。因为司机应该受过安全教育，具备应有的职业素养，遇到这样的情况应该合理应对，以安全为主。

最后，因为乘客和司机都已遇难，刑事程序不会启动，所以民事赔偿责任由谁承担？中国政法大学教授分析，虽然司机和乘客争执互殴是造成事故的原因，但是应由公交公司承担赔偿责任。从法律上讲，乘客上了公交车，购买了车票，就和公交公司建立了合同关系，在这个合同关系当中，就包括了公交公司要保证乘客在乘车过程中的安全。专家进一步分析说，因为司机在事件发生时没有冷静处理，没有断然采取保护措施保护乘客的安全，而是意气用事，造成了不可挽回的人间悲剧，所以公交公司自然要承担对无辜乘客的赔偿责任。

重庆万州公交车事故从开始的猜测到谣言满世界传播，无论传统媒体和自媒体、新媒体更多的是对支离破碎信息的想象性解构；随后视频证据互相印证，执法部门公开越来越准确丰满的证据线索，随着公交车浮出水面的是真相，沉下去的是逝去的生命，还有社会对理性舆论的深深思索。而权威部门和法律界人士对责任分担和赔偿问题的分析，进一步厘清人们对此类事件的法律解读。在纷纭世象和人言的背后，全媒体时代受众应该如何理性发声、媒体应该如何还原真相和引导舆论，不仅成为公众课题，也为社会文明提供了一个警醒器和一贴催化剂。

不让谣言和猜测满天飞，围绕这一系列的问题展开媒体的追踪报道策划，就会使整个线索和逻辑清晰而有条理。由表及里、层层剖析，不仅说明了整个事件的过程，而且从法理、道德等方面进行了深入分析。这一单体事件，对传统媒体和新媒体的报道和评论参与者也是一次深刻的教育：对事件和社会现象的把握不能先入为主，凭主观臆断武断得出没有经过事实考证的结论。这也对评论策划工作提出了要求，策划人必须带着疑问设计多种可能的采编预案，听取多种不同的声音，才能保证不让随后的报道走入歧路而失之偏颇。

贵州安顺的公交车落水事件发生后，公众和媒体的反应相对理性很多，尽管也有一些猜测，通过一些公众号和微博文章，我看到的分析最多的还是关于行车路线的分析，应该说不无道理，和最后事实真相几乎没有出入。但是大量评论是逝者安息、建议等待公安部门权威结论的声音。

两年发生了两起死亡人数合计数十人的公交车事故后，且不论社会对公共安全的讨论，我们可以看到社会自然人和媒体在全媒体语境下走向成熟的心态。

当前社会在融媒体时代更加公开透明，信息更加快速多元，媒体面对的线索资源从过去的社会主动提供，到媒体主动出击搜集转变。当然搜集的渠道更加密集，既有政府部门、社会群体，又有自然人的传播，另外媒体的相互引用和深度、关联性报道使线索资源更加丰富，也更加芜杂和重复。进入大数据年代，媒体人要学会重新整合信息，对大数据和线索在科学分析的原则下，精心提炼、推测各种可能，再进行信息再构、二次解读。

在此事件的一系列评论中，无论民间互动式发言，还是官方点评，都依据了时间和空间的脉络。空间在司机、无辜乘客、其他车辆这样的几方关系中存在，而时间则根据事故发生、疑点分析、黑匣子被找到、事实澄清、权威后续解读这样的条理展开。步步为营地从事故真相透析、责任划分、法规界定到预防方案出台，这样的评论具备了清晰明确的线索和顺序。

（三）评论者要研究所针对受众的心理

人们存在世界观、价值观和人生观的差异，即使在一个环境相同、生活经历类似的群体中，个体的认知水平、教育素养等也千差万别。评论媒体或者评论者不能完全从个人角度去提出问题、摆明观点，更应该多角度体察所要面对的受众的所思所想。

毛泽东在兴办《湘江评论》之前，曾深入潇湘大地的山山水水，走进贫苦大众、煤工贩卒之间，调查他们的生活现状，思考中国未来的出路，从而寻找到中国革命的方向。李大钊在写出《布尔什维主义的胜利》等雄文巨章之前，也曾遍访北京各处工厂，和工人们打成一片，成了好朋友。他不仅深刻领会了他们的疾苦，也从中看到了工人阶级蕴藏的革命领导者的能量。

一篇好的新闻评论之所以能引发受众的共鸣，激发起核聚变般的巨大精神动力，首先一定是触碰到了受众的思想谐振区、情感认同点。尤其在社会开放度高的当下，人们对一件新闻事件或者一个新闻现象的看法会存在理解程度上的不同。评论的作用就是要整合各种思想，通过立论、论证过程使其在碰撞中拨云见日、寻求共识。

研究受众心理还在于论证过程要兼收并蓄，不能对反方观点一棒子打死，而应该用辩证思维，从持不同观点的受众的立场和站位考虑，实事求是分析各自的出发点和利益诉求。这样的评论才能取得最大公约数，争取到大多数受众的赞同和支持，获得新闻评论的最佳效果。

第三节　好的论题应具备的特征

如果没有一个好的论题，那么一部评论作品就仿佛无源之水、无本之木。即使勉强成篇，对受众而言，也味同嚼蜡、食之无味。

面对纷纭世事、大千世界，论题就潜藏在社会万象之中，需要的就是评论作者敏锐的洞察力，能于初露端倪的蛛丝马迹中寻找到可以成为精品佳作的璞玉。这种慧眼识珠的本领需要成年累月的积累，也需要专业化训练。归结下来，要注意如下几条：

一、论题必须有充分的新闻价值，要有指导价值

新闻价值是新闻报道对社会群体产生的物质和精神层面的影响作用。新闻价值决定一条新闻评论节目的含金量和生命力，而作为一名担负挖掘新闻点和采制新闻类电视节目的记者或编导，判断和分析新闻价值的能力无疑是衡量他（她）是否具备记者基本素质和本领的一项最为重要的标杆。

价值的另一层含义是对受众有价值。评论不能无病呻吟，要有感而发，目标应该明确，要澄清思维混乱的局面，矫正人们思想认识上的误区，呼唤起受众对社会现象或者问题的正确理解，统一观点，达到以共同观念引领群体同向行动的目的。

新闻评论的价值就是它存在必要性的体现，也是它的力量之源。在传统媒体和新媒体走向融合发展的当代信息社会中，芜杂的信息浪潮并没有带来思想交织激辩而端本正源的效果，反而因为大数据一味投其所好地推送相对单向的内容，对受众偏食般纵容，结果加剧了偏执型社会心理的恶化。而这时新闻评论的作用变得愈加重要，泥沙俱下之下人们更期待清流奔涌，文理俱佳的评论对引导社会舆论、汇聚群体意见、达成大众共识的作

用不可估量。

二、论题应该有事实依据，要言之有据

论题要有事实依据，哪怕是时事性评论，也应该确立事实引导为依据的新闻评论文风。2018年年底，新华社推出一篇评论员文章《向着更加壮阔的航程——致敬改革开放40周年》，这种政论性强的新闻评论更加需要新闻事实的论据支撑。评论开篇便提到习近平主席邀请外国领导人登上时速达350公里的复兴号高铁模拟驾驶台，为与这一事实相呼应，文章立刻回忆了40年前在日本访问的邓小平乘坐新干线的感受。评论通过描写两代国家领导人时隔40年在不同时空环境中对于“快”的感觉，突出了改革开放40年来中国发生的天翻地覆的变化。这篇报道也被评为中国新闻奖评论类一等奖，下面我们读一读节选文章，分析一下这条评论的整体结构和论证逻辑。

向着更加壮阔的航程——致敬改革开放40周年(节选)[①]

一切的意义，只有离得足够远，才能看得真切；正如同所有的绚烂，只有走得足够近，才能感受震撼。

站在2018年的岁尾回望40年的来路，仿佛历史赋予了我们一把神奇的长镜——1978年12月18日。北京。

具有伟大转折意义的党的十一届三中全会，拉开了中国改革开放的时代大幕。

新的曙光，跃出了东方的地平线。

皑皑冰原积雪，融化成一脉清流，从此开始了万里长江波澜壮阔的征程……

(一)

“太快了！”

2018年11月，上海，首届中国国际进口博览会上，习近平主席邀请外国领导人登上复兴号高铁的模拟驾驶台。当时速达到了350公里，俄罗斯总理梅德韦杰夫不由得连声赞叹。

40年前，也曾有类似的一幕——“就感觉到快，有催人跑的意思……”1978年10月，正在日本访问的邓小平，这样生动地形容乘坐新干线的感受。

---

① 新华社评论员：《向着更加壮阔的航程——致敬改革开放40周年》，2018年12月17日，https://baijiahao.baidu.com/s? id=1620083363151007328&wfr=spider&for=pc。

同样一个“快”字，不同的时空，不同的意味。

在中国共产党的带领下，中国人民历经“站起来”的上下求索、“富起来”的左右突围，开启“强起来”的时代新篇，虽充满艰难曲折，更令人刮目相看。

“快”，也许是对过去40年发展变化最直观的概括——1978年，中国人均国民总收入只有200美元。无数家庭，最大的烦恼，是能不能解决温饱；整个国家，最大的忧虑，是会不会被“开除球籍”。

40年后，中国已是全球第二大经济体、第一大工业国、第一大货物贸易国、第一大外汇储备国，农村贫困人口减少了7.4亿，居民人均可支配收入增长超过22倍，由低收入国家跨入中等偏上收入国家行列。

从近代以来沦落“下降通道”，到经济社会发展实现“惊人一跃”；

从与发达国家触目惊心的“巨大差距”，到让西方任何一派学者都无法否认的“发展奇迹”；

从隐藏在每个人心头的“生存焦虑”，到浮现在无数人脸上的“幸福指数”……

通过历史深处的一个个闪光记忆，也许更能体味这部时代变奏曲的力量和深度——

难以忘怀惊雷般的“发展才是硬道理”；

难以忘怀让人热血沸腾的“团结起来，振兴中华”；

难以忘怀豪气干云的“冲出亚洲，走向世界”；

难以忘怀激荡寰宇的“同一个世界，同一个梦想”……

恩格斯曾经说，社会主义社会是“经常变化和改革的社会”。

大河奔流开新路，层峦竦峙争高峰。

40年的深刻变革，重塑了中国人民的面貌，重塑了中华民族的面貌，重塑了社会主义中国的面貌，重塑了中国共产党的面貌，让科学社会主义在二十一世纪的中国焕发出强大生机活力，让发展中国家走向现代化有了更多的路径选择。

正如习近平总书记指出的：“改革开放是决定当代中国命运的关键抉择，是党和人民事业大踏步赶上时代的重要法宝。”

（二）

“我站起来了，站在广阔的地平线上，再没有人，没有任何手段，能把我重新推下去……”

1980年，一位年轻的诗人，写下这样的诗句。

这一年，四川广汉向阳镇，在全国率先摘下“人民公社”的牌子。

“大锅饭”的桎梏一打破，农业生产立刻有了惊人变化。当时只有10岁的钟敏至今记忆犹新：一年后，她生来第一次吃上了油炸馍馍。

38年后的今天，向阳镇不远处的三水镇友谊村，一场打破制度“藩篱”的改革正在进行——

全村集体资产量化为股份，村民变身为“股民”。盘活集体资源后，昔日的烂河滩摇身一变，成为四邻八乡的“最美渔村”。

一部中国改革开放史，就是一部党带领人民不懈创造求索的思想解放史。

挣脱“两个凡是”的束缚，廓清“姓资姓社”的迷雾，摆正“计划与市场”的关系，打破“先污染后治理”的发展怪圈……

多少次举旗定向，多少次拨云见日，中国共产党引领改革开放航船，始终沿着正确方向行稳致远。

多少次观念裂变，多少次探索突破，改革开放刷新着中国人的思想理念，镌刻下敢闯敢试、敢为天下先的前进轨迹。

最根本的解放，是思想的解放。

最核心的解放，是人的解放。

小岗村“大包干”带头人严宏昌，难以忘记分田到户后那热腾腾的一幕——

“村民一窝蜂冲向牛棚抢粪做肥料，把墙都挤破了！”

第一位“农民工全国人大代表”胡小燕，难以忘记24岁时挤上的那列“命运”号绿皮火车——

从每天累弯了腰为吃饱肚子发愁，到只身“闯”广东、成为一名“打工妹”，再到走进国家的最高议政殿堂：“改革开放改变了我的命运！”

毛泽东曾经说过，中国的命运一经操在人民自己的手里，中国就将如太阳升起在东方那样，以自己的辉煌的光焰普照大地。

改革开放，正是让中国的命运，牢牢掌握在了人民自己的手中。

40年间，一处处边陲小镇、荒滩渔村，崛起为高楼林立、人流如织的繁华都市；一个个普通人凭着双手打拼，创造了“几乎不可能”的创业传奇……一串串“超乎想象”的奇迹横空出世、辉耀星空，全民族的想象力和创造潜能得到极大激发。

每一滴水珠，都蕴藏着奔腾的力量；每一个梦想，都融汇于创造的时代。

40年间,亿万人民从精神上由被动转为主动。在社会飞速发展中积淀的定力和勇气,在市场经济大潮洗礼下练就的眼界与胆识,在对外开放的博大视野里养成的胸怀与气度……自信,越来越成为当今中国人共有的精神气质。

滔滔江水,滋润广袤的华夏大地,万物生长,生机勃发。

每个人都在这场伟大革命中"发现"了自己。中国的今天,就是这样,由中国人自己干出来的!

…………

评论在依据不同时代重大新闻事件的基础上,打通历史与现实、国际与国内、理论与实践,深入思考改革开放40年历程的成功经验和历史启示,准确把握新时代改革开放的实践脉搏。文章在列举新闻事实的基础上,还将回顾与感悟相结合,将事实与百姓感受结合起来,把"过来人"和年轻人的心声贯通起来,将40年的时空凝练成一种共情的回忆场域,使评论更加生动。

作为历史的新闻事实应高度嵌合于新闻事件的时空,为此,创作团队在半年多时间里,先后赶赴珠三角、长三角、东北、西北、西南、京津冀等地区进行采访调研,深入上百个采访点,先后采访和访谈近百人。这些新闻第一现场成为评论立论的依据,成为创作者们纵横时空、挥洒文采的重要基础。评论结构好、文风实,行文流畅,读了令人振奋。

三、论题要具备前瞻眼光,有超前意识

预设类事件和现象是指在社会现实中已经发生和存在一段时间,产生了相应的影响、收到了一定的社会效果的事件组合和有代表性的典型现象。这些时间和现象很可能对社会走向有着风向标似的预测性、对政策方针制定具有指南针般的指导性。

预设类事件、现象的预测和指导价值,隐藏着很高的新闻价值,通过对这些事件的整合、现象的梳理,在挖掘新闻评论价值的同时,往往可以增加新闻价值的含金量。

笔者曾经在2000年前后对农村社会保障体系和农村中介组织进行深入调研和拍摄采访,采制了几部电视理论片和新闻评论片。其中之一名为《农村社会保障——九亿农民的企盼》。当时国内的农村社会救助、合作医疗等并没有建立制度体系,而我们恰恰选择了这个亟需社会和政府采取制度性保障网络保障农村人口医疗、养老和贫困救助的大问题作为切入角度,这部大型电视理论片对国内农村社会保障制度的建立做出了实实在在的参考贡献。

这一大型电视理论片拍摄于1999年，针对我国农村土地改革十多年来所产生的新情况、新问题，大胆聚焦农村社会保障这一敏感而又亟待关注解决的重大课题，历时近一年，几易其稿，反复打磨。采访足迹遍布烟台十几个县市区，还多次赴北京，到国家民政部、中国人民大学、中国社科院等国家部委和高校院所，采访对象从民政部部长、专家学者，到政府部门相关领导和各类贫困群体。海量采访积累了翔实、准确的原始素材，既有前瞻性、富有远见的理论剖析，又有紧贴社会现实、富有创建性的操作层面的实例，因此鲜明地提出：在这个世界上最大的农业群体步入市场经济的进程中，迫切需要构筑一道社会保障的“新长城”。

理论片从烟台作为农村社会保障试点地市着手，通过最低生活保障、社会互助、社会养老保险等三方面的制度探索，以小映大、以点带面，有理有据、深入浅出，既完整揭示了九亿农民要缩小城乡差别、共同富裕的社会保障网络建设的构想，又生动展现了中国农村社会保障的发展前景，极具现实价值和未来意义。时间已过二十多年，如今我国已经迈入全面小康社会。这一重大话题今天回顾起来，作为进入全面小康的攻坚克难环节，农村社会保障网络起到了制度性的决胜作用。

着眼宏观与大局、现实与未来，是该片成为重大题材的显著特点。片子注意充分调动电视的各种表现手法，采访细致、拍摄到位、写作朴实、逻辑严密，既有理论思辨性，又很有电视可视性。在多家电视台分别播出，并获得山东省第五届精神文明建设“精品工程”奖、山东新闻奖一等奖和山东广播电视奖一等奖。

通过这样的电视片，创作者敏感地把握住重大且具有新闻价值的题材，然后选择恰当的报道角度，接下来的采访、拍摄、写作就是流程化作业，水到渠成。

媒体从业者要培养和锻炼习近平总书记提出的“脚力、眼力、脑力、笔力”，从社会实践中感悟具有社会价值的认识。有提前策划的脑力，有深入基层调查研究的脚力，有发现具有社会前瞻性和重大前沿性代表了历史发展趋势的重大选题的眼力，有从无数素材和原料中提炼精华的笔力。

当今社会新媒体和自媒体引导大量的资本支持，身份背景趋向于灵活，再加之整个社会舆论开放度和新闻自由度的提高，对新闻事件和背景挖掘的限制也越来越少，信息交流和共享更加便利。在新闻事件的传播扩散、深入挖掘过程中，新闻附加值也会扩大。

新闻评论选题策划就首先要考虑所选择题材的价值大小和增值空间，从事件本身和外围背景、内在根本，提炼、整合、分析、归纳出更多、更重要的论点和论据，从而提升新闻评论的附加值。

四、评论者要有济世助人的公心

在不同的社会形态下，评论者会代表不同的利益阶层。作为意识形态领域的新闻行业，更是引导和影响大众舆论的重要工具。在新时代中国特色社会主义建设进程中，党和国家的事业是一致的，党和人民的利益是统一的。

如果评论者被利益集团绑架，无论其手法多么高超、语言多么华丽，他终究时刻要为利益服务。这种掺杂了私心的评论也许会一时蒙蔽人心、混淆视听，但终究会露出马脚。

评论者在发表一篇作品时，首先要有促进社会进步、抨击不良现象的纯正动机；其次在评论中要秉承与人为善、治病救人的善良初心；再是引用的论据务必真实，不能生编硬造。

动机即指作者的出发点和落脚点。评论的目的是惩恶扬善、激浊扬清，面对需要弘扬的社会正能量，不管这种能量多么微小、所处的人群多么弱势，都要倾力褒奖。近年来，很多媒体开设了《凡人善举》的栏目，对危难之际挺身而出、见义勇为的平凡人物不平凡的行为进行报道，有的作品在后面加上编者按或者编后语，总结提炼这类行为背后的精神魅力和思想光环，这样的评论就会发挥爱心传递的放大作用，塑造整个社会的清风正气。

2011 年，山东南山集团的青年员工刁娜舍己一条腿、救人一条命的故事通过媒体流传到了大江南北，刁娜作为一名路过者，冒着生命危险挡住车流，为保护车祸受害者免受二次伤害，自己被车撞伤。与当时社会上遇到需要救援者避之唯恐不及的怪象，形成鲜明对比，境界迥然不同，高下立见。

在当时大众关于老人倒地扶不扶的热烈讨论的大环境中，刁娜事件恰逢其时地提供了一个非常具有比对性的正面典型。很多媒体都刊发、播出了有关评论，这样的评论在当时大环境中的价值和意义非同小可。

新闻评论很多是针对社会丑恶现象或者不公正问题的揭露和鞭挞，因为站在社会公义的立场上，所以不仅为人民群众所欢迎，也为政府部门提供镜鉴。例如有的部门需要证明你妈是你妈或者逼着子女背着奄奄一息的老人到柜台办手续等等，对这些窗口单位和执法部门办事程序烦琐、门难进脸难看的懒政怠政甚至失职渎职等行为，好的评论能够迅速扩散和产生连锁反应，发挥批评一个、警醒一片的作用。

思考题

1.从历史沿革和科技发展的轨迹，分析一下新闻评论的选题来源有哪些？

2.新闻评论立意高低的标准是什么？

3.举例说明，好的评论选题有哪些特征？

4.根据最近发生的社会新闻事件，拟定一个新闻评论选题并简单阐述你的思路。

第六章　新闻评论的论证

【学习要点】

了解新闻评论的论证的含义与作用。对新闻评论中的立论、驳论的论证方法要熟练掌握，尤其要熟知论证的具体方法，并在说理说事的过程中知道如何使用事实。另外，学习新闻评论，一定要有逻辑思维，学会使用逻辑思维进行推理，熟悉逻辑推理的几种方法和同一律、矛盾律、排中律三律，并在论证过程中加以使用。在具体的学习实践中，在选题和立意确定的前提下，能够独立完成新闻评论的逻辑论证，是本章学习的重点。

新闻评论主要是提出观点，然后论证观点。上一章我们已经讲过选题和立意，选题和立意是提出观点，确定一篇评论的主题和中心思想，接下来就要论证，论证就是将道理讲清、讲明的过程，这个过程要运用逻辑思维来论证自己的观点正确或驳斥对方的观点错误，通过对论点、论据、论证方法三要素的具体论述，达到自己观点被广泛接受的目的。本章在选用案例的过程中，既会注重经典案例的传承，也会注意案例的新颖性。

第一节　论证的含义与作用

论证就是摆事实、讲道理，说理是评论的重要特点。立意是提出某个看法或主张，而论证是证实这个看法或主张，通过合理使用事实论据，论证观点的正确性和可靠性，所以立意能否立住脚还要看论证是否科学、得当。

为了增强论证的说服力，首先要注意文章中整体思想的一致性，所有的论据和论证方法都是为了最终论证一个观点;其次,要注意部分与部分之间的逻辑衔接,比如,论据主要分为两种,一种是事实论据,一种是理论论据,哪个部分在前,哪个部分在后,怎样安排先后顺序,用几个事实或理论才能做到环环相扣,步步深入,这都是评论者要精心思考的问题。

1980 年 5 月 17 日,《人民日报》刊登了《扬长避短才能多快好省》的评论文章,全文论点清晰,论证缜密,每部分的事实论据恰当,能很好地服务于部分所承担的论点,全文层层深入,选取的事实非常典型:

先从整体上论证我国在人口和资源配置中的长处与短处:

> 比如:我国幅员广大,人口众多,劳动力资源和自然资源丰富,这是我们的长处,而生产技术落后,资金有限,则是我们的短处。

接着,从全国进一步细致到各个地区的资源优势:

> 对青海、新疆、内蒙古来说,搞粮食生产固然比不上平原地区和鱼米之乡,这是他们的短处;然而这些地区有广阔的草原和许多矿产资源,发展畜牧业和某些矿业生产,则具有其他一些地区所不及的有利条件。

论证了全国和地方的资源优势和劣势之后,笔锋一转,接着讨论如何才能做到扬长避短?答案是:

> 关键在于经济部门的领导人员有一条正确的思想路线……长时间来,由于林彪、“四人帮”极“左”路线横行,形而上学猖獗,加之我们自己不尊重客观经济规律,搞了不少不切实际的“一刀切”和主观主义的瞎指挥。

如果当地的领导干部意识到了这个问题,解放思想了,那如何做到呢?现实中哪些因素会是做到这个层面的拦路虎呢?文章接着论证:

> 这里还存在着经济政策、经济体制方面的一些问题。比如:有些地方明明知道自己地区不适合搞煤搞铁,仍然不得已而为之。因为如果他们自己不搞,从别处又得不到,他们就没有煤烧,没有铁用。

在发现了这么多问题,并深入分析了问题产生的原因以后,文章接着给出了建议,要做到扬长避短必须要走这条路:

> 为了使各地扬长避短,发挥自己的优势,还需要打破地区和部门的

界限，走经济上联合之路，互通有无，密切协作。要加强一个地区内企业之间，地方与地方之间，以及中央企业和地方企业之间的经济联系，组织各种形式的经济联合体。

文章在最后还解答了人们的一个疑惑，毕竟各种产品的附加值不同，各地区结合自己实际，扬长避短，会不会扩大地区间经济上的差别？文章给出了肯定的回答：

由于各地的经济条件不同，出现差别是必然的。我们要承认这种差别。这种差别是在经济发展中的快与慢的差别，总比那种“穷拉平”要好……差别就是不平衡，允许一个时期的不平衡，正是为了将来缩小这种不平衡。

全文论证一气呵成，先由面到点，再由点到面，从整体到部分，再从部分回到整体，论证了我国从计划经济时代到市场经济时代的经济政策调整，同时也辩证看待市场经济会导致的发展不均衡问题以及应如何对待不均衡问题，即“允许一部分人先富起来，先富带动后富”。

第二节　新闻评论中的立论与驳论

新闻评论的基本论证方式具体有立论与驳论两大类。无论是立论还是驳论，我们都必须强调事实在论证过程中的作用，真实的、典型的、有说服力的事实在新闻评论中起重要的支撑作用。如果对立的观点中采用的不是真实的事实，驳论中完全可以对其进行驳斥。

一般情况下，新闻评论都是在事实发生以后，针对新闻报道作出评论，所以，新闻评论在选择事实的过程中要注意：一是新闻评论要选择真实的事实，一旦事实不真实，评论的观点和导向就一定会出差错；二是选择新鲜的事实，如果论证中提到的事实是最近发生的，更能引起人们的兴趣，从而更好地发挥其舆论引导力；三是选择典型的事实，典型的事实就是有代表性的案例，不是随意拿来就用的，如果是偶发个案，没有代表性，就几乎没有选择的必要；四是选择变化中的事实，变化中的事实往往最能体现时代发生的脉搏，能体现与时俱进的问题，也最需要与时俱进的论证。

以上我们主要谈到了论证过程中对事实的选取，对事实的选取体现在各种论证方式中，下面我们就具体论述一下立论与驳论所采用的一些论证方法。

一、立论

立论，是指从正面直接阐明客观事物的真理，以证明作者提出的看法、主张。论证方法包括例证法、引证法、比较法和喻证法。

（一）例证法

例证法是通过列举典型的具体案例，证明自己结论的正确性的一种归纳推理方法，是从个别到一般的方法。

2018年8月20日，《内蒙古日报》对如何传承蒙古族传统文化进行了论证：

融入生活是最好的传承（节选）①

传承和发扬蒙古族服饰文化的手段多种多样，但"文化即生活"无疑是最好的方式。

8月13日，首届蒙古族时装与帽饰设计大赛展演在内蒙古体育馆惊艳登场。一组组年轻的时装模特身穿蒙古族服饰登台走秀，轻纱长裙的时尚装、棉衣挎包的运动装、皮绣鹿图腾的职业装……这些服装虽然风格造型不同，但反映出的服饰潮流却高度一致：实用舒适与美观大方为一体，传统庄重与时尚生活相统一。不少观众一边拍照，一边向工作人员咨询哪里可以买到这些服装。

文章以首届蒙古族时装与帽饰设计大赛的展演为契机，发现传统服装与时尚文化相统一，在观众当中反应良好，一些人表露出了购买意愿，从而激发了评论者的灵感——融入生活是对传统文化最好的传承，传统文化不应该被束之高阁远离现代人生活，否则只能变成博物馆中的展品。

再比如，2018年9月29日，《北京青年报》针对当年发生的诋毁英烈事件发表了评论：

以法律利器狠刹"戏说英烈"歪风（节选）②

备受社会关注的叶挺烈士近亲属叶正光、叶大鹰、叶铁军、叶晓梅、叶小燕、叶文、叶敏起诉西安摩摩信息技术有限公司名誉侵权有了一审结果。西安市雁塔区人民法院昨天做出公开宣判，判决被告在国家新闻媒体上予以

① 李振南：《融入生活是最好的传承》，《内蒙古日报》2018年8月20日。

② 潘洪其：《以法律利器狠刹"戏说英烈"歪风》，《北京青年报》2018年9月29日。

公开道歉，消除其侵权行为造成的不良社会影响，并判决被告西安摩摩公司向原告支付精神抚慰金 10 万元。

…………

被告西安摩摩公司辩称，在视频创作过程中不恰当地引用了叶挺的作品，主观上不存在侵害叶挺名誉权的故意。法院认为，被告理应充分认识到《囚歌》所体现的精神价值，更应预见到案涉视频的制作及传播将会损害叶挺的名誉，也会对其近亲属造成感情和精神上的伤害，被告有能力控制视频可能产生的损害后果而未控制，主观上显然具有过错。这一判决明确昭告社会，某一行为是否侵害了英烈的名誉，不能根据行为主体的主观"感觉"来衡量，而要以其实际造成的社会影响（如给英烈的亲属造成了精神痛苦，伤害了社会公众的民族和历史感情，损害了社会公共利益等）来判定。

该评论以某公司涉嫌侵犯叶挺《囚歌》一案进行了案例分析，诋毁英烈是虚无历史主义的表现，是对过去的历史、民族的精神文化的不尊重。2018 年 5 月 1 日《中华人民共和国英雄烈士保护法》正式颁布实施，侵犯英烈名誉权有了专门的法律依据。

但是例证法容易造成一个误解，以为只要有个例子就可以证明一个道理，进行论证。但事实上，例证法要求案例必须具有典型代表性，这样才会对同类事件形成观照，否则由例证法得出结论的或然性可能越大，出现反例的可能性也越大。

（二）引证法

引证法是用已经被证明是公理的道理、原则或理论，来论证未被证明的、个别的、具体的论点，是用大道理来论证小道理。是一种演绎推理，由一般理论性依据推理个别论点、行为的正确与否的论证方法。

"刀刺辱母者案"经法院一审判决伤人者为故意伤害罪，并判处无期徒刑，网民评论出现一边倒情况，认为死者当于某面猥亵其母亲是挑战人伦的表现，并就其是否构成正当防卫，进行了热议。针对山东省高院进行的全面审查，2017 年 3 月 26 日，《新京报》针对此案件发表了评论《"刀刺辱母者案"：司法要给人伦留空间》。

"让群众在每一个案件中感受公平正义"，而公平正义的判决，必定会传递人伦情理的温度。

评论者引用了 2013 年 2 月习近平主席在全面推进依法治国进行第四

次集体学习时的讲话:“让群众在每一个案件中感受公平正义。”这一认知是得到社会共识的“公理”,是推进司法公正,改进司法工作作风的响亮口号,要求司法工作者积极回应人民群众对司法公正公开的关注和期待。然后评论进一步展开论述:

> 捍卫公平正义,公检法都有责在身。办案者也只有让民众切实感受到公平正义,才能经得起法治考验、时间检验。而该案引发舆情一边倒,说明公众从中感受出来的公平正义分量,离习近平总书记要求的“让群众在每一个案件中感受公平正义”,仍有不短的距离。
>
> 就此案而言,判决时如能给正常的人伦情理留下必要空间,能考虑到当面凌辱自己母亲导致的精神痛苦,那判决势必会被更多人认同。如今于某已提出上诉,期待山东高院的判决能传递人伦情理的温度。

法律不可远离“看得见的人情”,司法工作者要积极回应人民期待,不仅要从人身安全的角度考虑问题,还要从人伦、人格尊严的实际情况处理案件。

使用引证法必须要注意:第一,引证的原理应该放在“公理”的范畴之下,也就是说,我们引用了别人的说法,不是因为这个信源出名,或者这句话出名,而是因为这个引用的证据经得起历史考验,被人们广泛接受,可以作为“公理”的认识。第二,不可引证过多,频繁引用经典往往会以原理代替自己的论述,造成论证简单化。所有的引用都是论述所需,不能“为引用而引用”,现实生活中,特别是一些初学者,为了证明自己的观点或结论正确,在文章中多次引用一些革命导师、领袖人物或权威人士的讲话,而不结合自己的论证加以分析,有摘录堆砌之嫌。第三,即使引证的其他人或机构的说法是正确的,如果不能进行演绎推理,那么也无法证明自己的结论是正确的。

(三)比较法

比较论证是一种由个别到个别的论证方法。比较论证是把具有相同特征的事物,或同一事物在不同时间、地点、条件下的不同表现进行比较,从而证明某个论点的正确或错误。通常将它分为两类:一类是类比法,一类是对比法。

1.类比法

类比法是根据两个对象在某些属性上的相同或相似,推论两者在其他一些属性上的相同或相近。在类比论证的过程中,要特别注意情境的区别。

比如，在2016年的山东聊城“辱母杀人案”的评论中，有网络评论者就运用了类比法，将该案与美国的一个看起来类似的案件进行了类比。这名年轻的美国母亲为了保护自己的孩子，将破门而入的两名带着猎刀的匪徒中的一名当场击毙，警察认定母亲属于正当自卫。我们仔细来看，两地案发时的情境、两国法律都有明显不同，所以，显然用美国的这个案例来推演于某的正当防卫成立有些不合乎情境。而最后，山东省高级人民法院根据大量的事实资料判定于某防卫过当。

还有网友从情感上进行了类比：“母辱不护，国辱何防？”抓住了情感上的共鸣性，把亲生母亲受辱与祖国母亲受辱进行类比，而最高法在判决书中也的确考虑到了情感刺激对当事人造成的影响。

2.对比法

对比法是将两种性质截然相反或差异较大的事物进行比较。对比法又分为两种：一是横向对比，就是将发生在同一时间、同一区域的有差异的事物进行比较；另一种是纵向对比，是将不同时间、不同区域的类似事物进行比较。下面是2017年12月20日中国台湾网发表的网络评论《用“创”的力量找回“茫”的迷失》：

> 2017年接近尾声，“台湾年度汉字”与“海峡两岸年度汉字”先后揭晓，前者为“茫”，后者为“创”。
>
> 台湾年度汉字“茫”，一语双关。推荐者给出的理由，一是“全球气候变迁濒临僵局，极端天气却持续加大”；二是“两岸关系、台湾未来的发展也是茫然”。全台公务人员协会理事长李来希的话，代表了大部分台湾民众对“茫”的感受：台当局没有施政方向，中心无主，台湾要何去何从，人民真的不知如何是好。
>
> 海峡两岸年度汉字“创”，也有两层意思，音调为四声时，意为“开创、创新、创造”；读一声时，有损害、伤害的意思。台北书院山长林谷芳这样诠释：在2017年，两岸人民追求创新、创意，不断有开创性的事件发生，尤其是创新的互联网思维正在改变着世界并创造出无数的奇迹；同时，2017年也在我们这个世界里留下了许多创伤，未来只有创造创新，才会有生存的空间，才会有回春妙手，抚平伤痕，阔步向前。
>
> 无论是“茫”还是“创”，都是2017年两岸民意的真实反映。

中国台湾网的评论将“茫”与“创”进行了对比，用非常准确但又对比强烈的两个字表达对两岸民意与两岸关系发展前景的判断，党的十九大为我们指明了新时代的奋斗目标并作出了战略部署，我们一定可以用“创”的力量，找回“茫”的迷失。

再比如，2017 年《农民日报》发表《贫穷不可怕，就怕“不怕穷”》的评论，评论中将“贫穷不可怕”“不怕穷”“穷怕了”这几个对比强烈的词放到一起，分析认为，脱贫攻坚中，需要脱贫的人并不是真的“不怕穷”而是“穷怕了”，现在的日子虽然朴素了一些，但至少能保证温饱了，能吃上饭了，而一旦要变化，他们就会害怕，害怕脱贫的努力可能会让他们陷入温饱都实现不了的困境，从而得出结论，想要让贫困群众产生脱贫的内生动力，必须先从“穷怕了”的思维出发，有针对性地做工作。

（四）喻证法

喻证法就是用比喻来阐明事理，即用同一类型的通俗、浅显、人们容易理解的事理来论证比较深奥、复杂、人们不易理解的事理。[①] “古人认为比喻是说明道理的最好工具，自先秦以来，历代学者都将比喻当作辩论取胜的法宝。”[②]

前面讲到了比较论证法，我们还要注意一下类比论证与比喻论证法的区别，防止将两者混为一谈。比喻是为了使表述和论证更容易被人们理解，列宁曾说过“打比方不是论证”，它不起支持论证的作用，如果评论者比喻错误，充其量就是犯了个小错误，不会影响整个论证的正确性；而类比论证则是一种逻辑论证的方式，如果论证错误，整个论证过程就会不成立。

所以，比喻不是论证方式，只是一种使高深莫测的道理变得易懂的表现方式。2017 年 8 月 8 日，《辽宁日报》刊发了题为《盲目“按惯例”也是懒政》的评论文章：

> 刻舟求剑的寓言，无人不知。虽然故事流传了两千多年，但即使到今天，仍有人犯着同样的错误。盲目地“按惯例办事”，就是其中一种。
>
> 看看新闻、想想身边，刻舟求剑的“新版本”不少：因为“一直都是这么做的”，于是大数据时代却产生了各种让群众“跑断腿”的“奇葩证明”；因为“找不到先例”，于是改革方案被搁置、合理诉求被拒绝；因为“没遇到过类似情况”，于是心急如焚的企业主一次又一次被告知“我们

---

① 参见邵华泽：《同研究生谈新闻评论》，人民日报出版社 1999 年版，第 236 页。

② 冯广艺：《汉语比喻研究史》，湖北教育出版社 2002 年版，第 131 页。

再研究研究”……惯例，似乎成了一部分人开展工作的行为准则。

如果评论者只是用“按惯例”的说法进行论证，一般人看来不会产生太大的情感反差，毕竟“按惯例”也是人们在日常生活中的行动经验，而该评论用了“刻舟求剑”做比喻，就利用了人们对“刻舟求剑”的刻板印象，从而与“按惯例”迅速进行关联，一个好的比喻往往能胜过很多语言。

二、驳论

驳论，是以反驳他人的某种错误观点为主，在反驳错误观点的过程中传播真理。新闻评论的驳论，包括揭露、批驳、剖析、辩论等方面，是在政治、思想、理论和学术上驳斥谬论、澄清是非、扶正祛邪的一种重要方法。恰当地使用驳论方法，可以使评论尖锐泼辣，富有生气。①

但是使用驳论法要注意适度。一位评论学者曾经说过：“即使发现对方的评论有错误，自己写反驳文章，也要讲究方式、方法，不可颐指气使，不可盛气凌人，不可把话说绝对了。要留有余地，要探讨，平等交流，哪怕是别人错了，可以写文章予以批评，但一定要尊重对方的人格。这是为人的基本准则，是评论者须臾不可忘记的。”②

驳论的论证方法与前面所述立论方法有一些相同，往往从反面选择论点，驳斥对方，来论证自己观点的正确性。驳论常用的手法有反证法和归谬法。新闻评论包括论点、论据、论证三大要素。驳论方法，只要驳倒对方的论点、论据、论证的三方面之一，就达到驳倒对方的目的。

（一）反证法

反证法不是从正面直接来论证观点的正确性，而是从反面间接地论证论题，这种方法表现为两种形式：

一是先破后立，以事实、事理证明与己方对立论点是错误的，从而证明自己论点的正确性。2018 年 9 月 13 日，《经济日报》发表了《对“私营经济离场论”这类蛊惑人心的奇谈怪论应高度警惕　“两个毫不动摇”任何时候都不能偏废》的评论文章：

> 近日，源于自媒体的一篇文章，引起网上一片哗然。荒谬逻辑推导出的结论、自以为是的奇葩论调，在当前外部环境发生明显变化的大背

---

① 参见丁法章：《现代新闻评论教程》，复旦大学出版社 2012 年版，第 172 页。

② 丁法章：《现代新闻评论教程》，复旦大学出版社 2012 年版，第 172 页。

景下，尤应引起高度警惕。

这篇自称“资深金融人士”发布的网文称，“私营经济已经初步完成了协助公有经济实现跨越式发展的重大阶段性历史重任。下一步，私营经济不宜继续盲目扩大，一种全新形态、更加集中、更加团结、更加规模化的公私混合制经济，将可能在社会主义市场经济社会的新发展中，呈现越来越大的比重”，理由是“私营经济”即非公有制经济“是没有纪律的，是没有深谋远虑的，是不足以面对日趋严峻的国际竞争的”。其核心错误，是试图否定和动摇我国社会主义基本经济制度和社会主义市场经济体制，把当今世界和平合作、开放融通、变革创新时代潮流中各类企业谋求发展的美好愿望，与其自定义的所谓“国家意志”对立起来，并试图通过“更加集中”和“更加规模化”的“一大二公”的经济形态所取代。这无疑是逆改革开放潮流而动、企图开历史倒车的危险想法。

2013 年 11 月 12 日，中国共产党第十八届中央委员会第三次全体会议通过《中共中央关于全面深化改革若干重大问题的决定》，提出两个“毫不动摇”：必须毫不动摇巩固和发展公有制经济，坚持公有制主体地位，发挥国有经济主导作用，不断增强国有经济活力、控制力、影响力。必须毫不动摇鼓励、支持、引导非公有制经济发展，激发非公有制经济活力和创造力。这也就意味着中国经济“总盘”要做大，非公有制经济仍然有重要的使用，体量也必然随之壮大。

积极发展混合所有制经济是在“两个毫不动摇”的基础上进行的。改革开放给中国带来翻天覆地的变化，正得益于我国社会主义基本经济制度和社会主义市场经济体制，所以无从得出这一荒谬的结论。该评论“先破后立”：

当前，国内外形势错综复杂，企业生存发展面临诸多新挑战。如何同舟共济，闯过急流险滩？重要一条，就是在以习近平同志为核心的党中央坚强领导下，凝聚改革共识、坚定开放信心，继续坚持和完善我国社会主义基本经济制度，绝不能逆时代潮流而动，开历史倒车。公有制经济财产权不可侵犯，非公有制经济财产权同样不可侵犯。在毫不动摇巩固和发展公有制经济的同时，必须毫不动摇鼓励、支持、引导非公有制经济发展，激发非公有制经济活力和创造力。“两个毫不动摇”任何时候都不能偏废。

二是先立后破，就是为了证明对方论点是错误的，先证明与其相矛盾的论点是正确的，以后者的正确证明前者的错误。比如，毛泽东在《丢掉幻想，准备战斗》一文中这样写道：

> 帝国主义给中国造成了数百万区别于旧式文人或士大夫的新式的大小知识分子。对于这些人，帝国主义及其走狗中国的反动政府只能控制其中的一部分人，到了后来，只能控制其中的极少数人……学生、教员、教授、技师、工程师、医生、科学家、文学家、艺术家、公务人员，都造反了，或者不愿意再跟国民党走了。①

通过以上的论述得出了一论点：那就是大多数的知识分子意识到了帝国主义和反动政府的本质，认清了中国共产党的历史面貌，坚定跟党走。国民党对我党的错误宣传并没有将大多数知识分子迷惑。毛泽东接着描述了国民党的错误宣传：

> 共产党是一个穷党，又是被国民党广泛地无孔不入地宣传为杀人放火，奸淫抢掠，不要历史，不要文化，不要祖国，不孝父母，不敬师长，不讲道理，共产公妻，人海战术，总之是一群青面獠牙，十恶不赦的人。可是，事情就是这样地奇怪，就是这样的一群，获得了数万万人民群众的拥护，其中，也获得了大多数知识分子尤其是青年学生们的拥护。②

这一小段文字，将国民党对共产党的污名化全都展现了出来，但即使如此，大多数知识分子还是认清了我党不是如国民党宣传的那般，在一立一破之间，将我党的形象论证清楚，也将大多数知识分子的立场论证清楚。

（二）归谬法

归谬法与反证法类似。归谬法是一种采用演绎推理的反驳方法，先是欲擒故纵，即以假设对方观点正确为前提，并以此推演，直到推出荒谬的结论，以此来证明对方论点的错误。以子之矛，攻子之盾，达到奇效。

2015 年 2 月 11 日，《经济日报》发表时评《不"唯 GDP"并非"去 GDP"》一文，认为盲目攀比、唯 GDP 是误区，任由下滑，完全不讲 GDP 同样是误区，在论证去 GDP 是误区时，有这样一段话：

> 没有一定的速度，就业和收入就上不去，深化改革、调整结构的力度就会放缓，甚至会影响社会的稳定。去年，一些地方经济增长出现较

---

① 《毛泽东选集》第 4 卷，人民出版社 1991 年版，第 1485 页。

② 《毛泽东选集》第 4 卷，人民出版社 1991 年版，第 1485 页。

大回落，有的地方甚至出现负增长。如果任由经济增速持续下滑，以致滑出合理区间，市场预期就会受影响，民生和社会支出就难以保障，全面深化改革的回旋空间就会被压缩，保持社会稳定的经济基础就会动摇。从这个角度说，稳增长不仅是经济问题，也是政治问题，对一些地方是重中之重，是当务之急。

这一段就采用了归谬法，先假设去 GDP 的主张如何合理，会出现什么样的情况，然后推导出保持经济合理、有序、平稳增长的观点正确。

再比如，2015 年 10 月 8 日，《科技日报》发表评论《别拿屠呦呦说事儿》，文章对“三无”头衔的屠呦呦获诺奖令科学界以往那些荣誉、职位、学位和称号等大打折扣甚至一文不值的观点进行了批驳，并用以下观点来证明不是任何两个事物之间都一定存在因果联系：

古代希伯来人发现，健康的人身上有虱子，有病发烧的人身上没虱子。于是，他们高兴地得出结论：虱子能使人健康。而事实的真相却是，人在发烧时，身上的虱子觉得不舒服，嫌热才逃离。

第三节　逻辑方法在新闻评论中的应用

要形成严密的论证就必须使用逻辑思维方法，而逻辑思维的养成是要学习一点逻辑学的，因为论证所使用的方法和规则是逻辑学的方法和规则。[①] 范荣康曾说过“不管新闻评论有什么特殊性，作为一种议论文体，它的论证过程，也就是逻辑推理过程。”[②]因此，要想写好新闻评论必须赋予其逻辑的力量。

关于逻辑，古希腊哲学家伊壁鸠鲁对上帝的存在有这样一番诘难：

或者是上帝想阻止坏事而阻止不了，
或者是他阻止得了而不想阻止，
或者是他既阻止不了又不想阻止，
或者是他既想阻止又阻止得了。
要是他想阻止又阻止不了，那么他是不中用的；

① 参见吕智胜主编：《新闻评论》，北京师范大学出版社 2010 年版，第 118 页。

② 范荣康：《新闻评论学》，人民日报出版社 1988 年版，第 229 页。

要是他阻止得了而不想阻止，那么他是坏心眼的；

要是他既阻止不了又不想阻止，那么他是既不中用又坏心眼的；

要是他既想阻止而又阻止得了，那么他干吗不阻止?![①]

一、推理方式

新闻评论中的推理方式与逻辑学一样，主要分为四种：直接推理、演绎推理、归纳推理和类比推理。

（一）直接推理

直接推理是由一个直言判断前提推导出另一个直言判断结论的推理。这种推理直截了当，是常用的一种推理方法。

比如，上一小节我们讲到过的《别拿屠呦呦说事儿》这篇评论当中就有这样一个观点："因果联系是世界万物之间普遍联系的一种，但并不是任意两种现象之间都存在因果联系。"再比如："真理是不怕批评的，怕批评的就不是真理。"

再举一个例子，2015 年 8 月 11 日，《宝鸡日报》发表评论《看摊混事之风当刹》，文章就阐述了这样一个观点："为官一任，要有肝胆，要有担当精神；没有肝胆，没有担当精神的就不是好官。"

（二）演绎推理

演绎推理是从一般命题（假设、原理）出发，推出某个特殊情况下的结论，这种推理称为演绎推理。演绎推理遵循"三段论"的一般模式，即大前提、小前提和结论。举个例子：大前提：所有金属都能导电；小前提：铜是金属；结论：铜能导电。

比如下面邵飘萍先生的一篇时评：

总统非皇帝。

孙总统有辞去总统之权，无以总统让与他人之权。

袁世凯可要求孙总统辞职，不能要求以总统予己。

乃议和半月所议之要点，竟不在人民团体，而在总统之授受。其与共和真谛之相去抑何远耶![②]

---

① 参见吕智胜主编：《新闻评论》，北京师范大学出版社 2010 年版，第 119 页。

② 方汉奇：《邵飘萍选集》，中国人民大学出版社 1987 年版，第 270 页。原载《汉民日报》1912 年 1 月28 日。

“皇帝非总统”是现代民主政治的“公理”,由以上我们可以得出演绎推理的三段论:大前提:总统非皇帝;小前提:总统选举制度不是皇位世袭制度;结论:孙中山与袁世凯关于总统职位的谈判不合法理。

马少华结合自己多年的新闻评论教学工作经验认为,与归纳推理和类比推理相比,演绎推理的典型案例似乎在新闻评论中并不“好找”,目前新闻评论能使用演绎推理的题材范围主要集中在与法律相关的题材上。①

2018 年 3 月 12 日澎湃新闻网发布评论《消费者高价索赔,到底算不算敲诈勒索罪?》,文章中是这样论证的:

> 根据我国刑法……一般说来,认定是否构成敲诈勒索罪的关键点包括是否具有“非法占有”目的(主观),以及实行威胁恐吓的手段(客观),如果行为人是为了获取自己权利范围内的财物,即使是使用了一定的胁迫手段,也不应认定为敲诈勒索罪。

而根据我国《消费者权益保护法》,经营者有欺诈行为的,应当按照消费者的要求增加赔偿,增加赔偿金额为消费者购买商品的价款或者接受服务的费用的 3 倍……

根据以上事实证据,我们可以得到这样的三段论假设。大前提:敲诈勒索罪名的成立需要同时具备两个要件:一是具有“非法占有”目的,二是实行威胁恐吓手段,两者缺一不可;小前提:消费者高额索赔是《消费者权益保护法》中规定的权利,不是非法占有;结论:消费者高额索赔不是敲诈勒索罪。

(三)归纳推理

归纳推理是从个别知识的前提推出一般知识结论的一种推理。归纳推理是在大量例证的基础上摆事实,讲道理,有很强的说服力。2017 年 3 月 3 日,《羊城晚报》发表题为《“不怕敏感问题”正是解决问题的开始》的评论,摘录部分如下:

> 其实,问题的敏感与否,从来都不是绝对的。我国的改革开放实践正是一个不断“脱敏”的过程,譬如当年的“姓社”还是“姓资”之争、“计划”与“市场”之辨;又如开放之初,蛇口工业区为发“4 分钱奖金”问题捅到中央,最终国家最高层拍板才平息讼争。诸如此类,许多过去不敢碰

① 参见马少华:《什么样的新闻评论倾向于演绎推理》,《新闻与写作》2018 年第 4 期。

不能碰的所谓“敏感问题”，最终一个个都被改革实践“脱敏”。可以说，社会越开放越进步，“敏感问题”就越少。

涉及敏感话题的评论尺度往往较难把握，媒体如何触碰敏感话题，本身也是“敏感问题”。

这里我们要特别提到归纳加演绎的方法，这种方法适用情景是什么？一般情况下，人们对新理念的认识有一个过程，在人们还没有认可这个理念的时候，往往需要先用归纳推理的方法来论证理念的正确性，在此基础之上，通过演绎推理证明结论，比如下面的论证：

以下是梁启超 1896 年发表《时务报》第一期的《变法通议自序》一文中开头的一段，他为戊戌变法进行鼓吹，论证“法需要变”的观点：

> 法何以必变？凡在天地之间者，莫不变：昼夜变而成日；寒暑变而成岁；大地肇起，流质炎炎，热熔冰迁，累变而成地球……籍曰不变，则天地人类，并时而息矣。故夫变者，古今之公理也……

本段中的大部分文字，其实都是采用归纳论证，从自然科学等中推导出“凡在天地之间者莫不变”“夫变者，古今之公理也”的结论。但从整段来看，仍是遵循三段论的演绎推理：大前提：天地之间的事物必然不断变化；小前提：法是天地之间的事物；结论：法也得变。

应该说明的是，由个别推出一般的归纳推理，本身是或然性的，因为不可能穷尽所有的个别。只要发现反例，就不能得出一般，即使是现在得出一般，随着技术的发展，人类认知的拓展，未来是否有反例都不得而知。难道我们就没有办法使用归纳推理了吗？在实际情况中，这些思考并不妨碍人们在新闻评论中使用归纳方法。

（四）类比推理

类比推理是指根据两个或两类事物在一系列属性上的相同或相似，推出它们在前提属性上也相同或类似。这是“从个别到个别”，结论是带有或然性，而不是必然性。类比推理的公式：

> A 对象具有（或不具有）a、b、c、d 属性；
> B 对象具有（或不具有）a、b、c 属性；
> 那么，B 对象也具有（或不具有）d 属性。

类比推理离不开联想思维和比喻论证，在新闻评论论证中经常使用。

《南京日报》在2016年9月19日刊登了一篇题为《城市建设"慎落子"才能"少悔棋"》的新闻评论：

> 会下棋的人，大都深知"一着不慎，满盘皆输"的棋理。一个棋子下得不好，未必总会决定全局输赢，但却会让盘面显得别扭，要改变局面常常会费时费力。城市建设也是"一盘棋"，下好这盘棋，必须慎重落子、精心布局，这样才能减少悔棋和修正的几率。

城市建设规划与下棋派兵布阵有相似的属性，那就是都要有宏观长远的眼光，注重城市建设的系统性规划，与下棋一样，要先下什么棋子，后下什么棋子，落子之前，正所谓"走一步看十步"，城市建设规划也要有这样的眼光。通过这样的对比论证，就很快让人们明白城市建设管理规划是怎么一回事。

在使用类比推理的过程中要注意，类比推理是两个特殊个例之间的推演，推导出的结论可能有或然性，所以，如果是复杂论点的论证，只依靠一个类比推理恐怕很难论证结论的可靠性。建议类比论证可以与其他的论证方式相结合，然后互相补充和丰富，使论证更加科学完整可靠。

二、形式逻辑的三律

通过以上论证，我们发现新闻评论作者，要学形式逻辑，除了要懂得概念、判断、推理这些基本概念之外，还有知道形式逻辑的一些基本规律：比如同一律、矛盾律、排中律。下面，我们依次说明这三律。

（一）同一律

同一律就是在同一思维过程中，必须在同一意义上使用概念和判断。同一律表现在思维对象、概念和判断的同一上。

如果不坚持同一律，就不能保持概念内涵和外延的统一和确定，可能会发生混淆概念或偷换概念的行为，比如放大或缩小概念也属于不坚持同一律的行为。

比如，有人写文章论证美国发动伊拉克战争的合法性，其根据是《联合国宪章》第五十一条规定：

> 联合国任何成员国受武力攻击时，在安全理事会采取必要办法以维持国际和平及安全之前，本宪章不禁止行使单独或集体自卫之自然权利。

作者是这样论证的：

> 伊拉克副总统拉马丹2003年3月29日宣布，在全国使用人肉炸弹对付美英军队……人肉炸弹对于美国海外机构、侨民以及对美国本土都有袭击，美国当然可以认为与伊拉克有关，可以认为进攻伊拉克是自卫反击。①

上面这一论证过程就没有坚持同一律，联合国宪章中推定“任何成员国受到武力袭击”时，宪章不禁止行使自卫权，但人肉炸弹“袭击”能等同于“武力攻击”吗？这很明显是缩小了“武力攻击”这个概念的范围。而在结论中，该评论者又放大了“自卫反击”的含义，竟然认为一个国家在未被入侵的情况下可以主动发起战争入侵一个主权国家是“自卫”。

所以，在新闻评论中，评论者对概念的使用一定要坚持同一律，保证概念、思维和判断的同一性，否则会导致论证漏洞百出，不堪一击。

（二）矛盾律

矛盾律要求在同一思维过程中，对同一对象不能同时作出两个矛盾的判断，即不能既肯定它，又否定它。

有则著名的寓言故事，大家应该都很熟悉，“自相矛盾”一词就是出自这个典故：楚国有个卖矛和盾的人，他先叫卖道：自己的盾牌非常坚固，什么东西也扎不透；接着又叫卖说：自己的矛非常锋利，什么东西都能扎透。于是集市上的人问他：用你的矛攻击你的盾会如何呢？这位商人非常尴尬，回答不出来。从逻辑上分析，他的话中蕴含了两个互相矛盾的判断，但都断定它们是真的。这两个判断就是：我的矛不能刺穿我的盾；我的矛能刺穿我的盾。

这两个互相矛盾的判断，二者不能同真。所以，别人以“用你的矛，陷你的盾”的问题反问他，他不能自圆其说，陷入自相矛盾。

（三）排中律

排中律指在同一个思维过程中，两种思想不能同假，其中必有一真，即“要么A要么非A”，不能对不能同假的命题（矛盾关系、反对关系）同时加以否定。比如人的性别只有男性和女性之分，如果甲一会说自己是女人，一会说自己是男人，而乙说“你的两种说法，我都不同意。”

甲的说法就违反了矛盾律的要求，犯了“自相矛盾”的错误，因为他同时

① 参见吕智胜主编：《新闻评论》，北京师范大学出版社2009年版，第121页。

肯定了男人和女人这两个相互矛盾的判断。而针对甲的说法，乙的说法就违反了排中律的要求，因为排中律认为两个互相矛盾的判断不能同假，而乙恰好断定上述两个判断都是假的。也就是说：甲要么是男人，要么是女人，二者必有其一。

思考题

1.新闻评论中的论证主要有哪些，请找一篇新闻评论，指出文章所使用的论证方法？

2.什么是立论与驳论？请就一篇新闻评论，谈谈文章是如何进行立论或驳论的？

3.新闻评论中的逻辑推理方法有哪些？

第七章　新闻评论的标题制作

【学习要点】

本章重点学习新闻评论标题的制作，从了解新闻评论标题开始，解析新闻标题评论的价值和意义，包括新闻标题与新闻评论标题之间的区别，新闻评论标题的结构，新闻评论标题的特色等。对新闻评论的标题进行分类，从论及问题的角度与方式分为观点型、比拟型、论辩型、提问型、述评型、感叹型等六种类型。根据新闻评论生产流程分析新闻评论标题的基本要求，充分考虑贴切、具体、鲜明、精当和生动的要求，引导学生掌握从认识到解读到创作这样一个标题制作的全流程，以期更好地完成新闻评论标题的制作。

第一节　新闻评论标题概述

新闻评论的标题是以简洁的文字提示或指明论题范围、立场倾向、见解主张和情感诉求等，是评论内容的高度概括和集中体现。任何一种标题，都能对全文起到提纲挈领的作用，标题是新闻评论的眼睛，好的标题是一面旗帜，鲜明地表达新闻评论者的立场与政治方向；好的标题是推开新闻评论的一扇窗，虽不能尽观其意，但在一瞥之下足以感受到评论的力量。因此对于新闻评论的标题，我们不但要有认知和解读的能力，还应该在实践中更好地制作标题，使新闻评论增光添彩。

大众传播时代，产业竞争引发的媒体大战催生了重点标题推介的编辑模式。城市报纸在头版上的标题索引导读，成为报纸吸引读者的独特面孔，迄今为止，城市报仍以头版主窗口的菜单模式推介读者阅读；广播电视也采用了要点导播的方式，将重要新闻以标题摘要的方式置于节目前，这在线性传播环境中具有一定的导读性，提醒受众注意重点新闻播报；网络新媒体时代，碎片化的信息检索使得新闻标题成为新的关注点，多数情况下，标题推介成为重点新闻推介的主要路径，标题超出传统媒体导读和提示的既有功能，成为非线性链接的一个入口，用户即便未点击链接，也能够通过标题对新闻本身产生一个基本判断。对于新闻评论而言，除了上述这些导向性功能，新闻评论的标题本身就具有舆论引导的特征，往往从评论标题一望便可知评论者的立场和倾向。也正是因为网络新媒体的非线性交互特性，使得标题的价值得到更多关注，于是挖空心思的“标题党”大量出现，以赫然的标题吸引关注，以极化的立场强化主张。

本节内容将着重从新闻评论的标题的功能，消息标题与新闻评论标题的区别，新闻评论标题的修辞三个方面加以阐述，对新闻评论的标题有一个一般意义上的解读。

一、新闻评论标题的功能

作为新闻评论的主要面孔，标题在论题上起到提示选题评论范围的作用，在论点上起着强化中心论点的作用，在态度上亮明写作态度或倾向，在旨趣上引导受众关注评论。所以，一篇好的新闻评论，从标题开始便觉得清风拂面，意蕴悠长。

首先，涵括论题的范围。新闻评论从评论开始便设定了论题的范围，受众可以了解新闻评论者的立意和评论的方向。

案例 1:《西方为何要将卡扎菲置于死地?》(人民网，2011 年 3 月 31 日)

实际上，对于卡扎菲之死的新闻评论话题范围比较宽泛，国际视角、政治视角、军事视角以及社会矛盾视角等，均可以设定话题范围。这篇评论从标题就可以得知，评论的话题范围将集中在地域政治与西方霸权主义的视角。标题中有三个主要关键词，“西方”“卡扎菲”“置于死地”，其中西方与卡扎菲是对立关系方，“置于死地”则是表征行为的动词，确定了话题讨论的方向。

案例 2:《河南瘦肉精事件只是“个案”吗?》(《齐鲁晚报》2011 年 3 月 31 日)

从标题可以看出就是围绕着河南瘦肉精事件展开的有关食品案例问题

的讨论。类似的，从某一现实的个案出发，总结出一类事件的问题并就这些问题归因讨论，这成为表明论题范围新闻评论标题的一种主要类型。笔者曾经做过的一期电视述评节目《应季良品，呼唤地产品牌》就是从“高老太太”糖葫芦被多年仿冒这一事例出发，对长春市地产食品缺乏品牌意识，得过且过的现状提出批评和建议。

其次，强化评论的中心论点。如果说眼睛是心灵的窗户，那么新闻评论的题目就是全文眼睛，透过标题便可以确知评论者的立场和主张。这种类型的评论标题在网络评论中比较常见，直接亮明中心论点，便于用户在精读和泛读之间作出选择。

案例1:《倾家荡产做慈善:损己利人不值得鼓励》(网易评论，2012年10月16日)

从标题上便可以确知评论者的中心论题:不鼓励损己利人的慈善行为。如果从泛读的角度看，这种观点所能透出评论者的苦衷便是对于慈善者的观照，这是评论者的观点，即使不能卒读全文，也可知晓评论者的立场。若想了解作者的观点支撑，可以精读全文，呼应评论的标题。

案例2:《对“私营经济离场”这类蛊惑人心的奇谈怪论应高度警惕——“两个毫不动摇”任何时候都不能偏废》(《经济日报》2018年9月13日)

评论根据党的十八大以来重要文献完成写作，对于让“私营经济离场”这一类错误思潮和言论直接予以批驳，亮出的中心论点是:“两个毫不动摇”任何时候都不能偏废，文章有很强的舆论引导性，站位高远、论证思路清晰，产生一定的社会影响。

再次，能够表明作者的态度或倾向。评论标题的态度，是评论者的态度和立场，带有强烈的感情色彩，这种感情色彩给受众提供了一种特有的情感温度，也被赋予了浓重的人文主义色彩。一般而言，一些有鲜明个性的新闻评论者，都喜欢将评论标题突出出来，表明其话语态度和主张。

案例1:《中国主权不容侵犯》(《解放军报》2001年4月6日)

报道是在中美撞机事件发生后，各大媒体集中报道这一事件后发表的评论。标题以强烈的语气表达报社的观点:中国主权不容侵犯！事实上，即便不阅读全文，仅从标题就可以感知评论者所秉持的态度，因此这种评论具有强烈的战斗性，在各种新闻报道饱和传播的情况下，直抒胸臆，更加吸引社会公众的关注。

案例 2:《农用车咋成了载客车?》(吉林电视台《纪实》栏目,2004 年 1 月 19 日)

这是笔者曾经采编完成的电视述评节目,从标题可以看出,一个“咋”字表明了强烈的质疑、谴责、愤怒的情感。让观众感受到评论者就站在对面,进行针锋相对的对话。从标题看态度,从全片打细节,标题埋下的情感主线,引导观众深入到评论情境中。

最后,吸引和引导受众的关注。评论标题中通过修辞、隐喻等叙事,形成特定的语言景观,吸引受众的关注,形成的标题引人关注、耐人思考。比如笔者所在栏目组的下列新闻评论标题就能感受到独特语言带来的作品魅力:《寻思后府》《“重点保护”保护谁?》《小煤井缘何屡难禁》《非法采沙调查》《“垃圾猪追踪”》《难走的村道》《火灾损失,不该虚报》《耕地被圈占以后》等等。

案例 1:《别逼着莫言“躲”起来写作品》(人民网,2014 年 10 月 27 日)

在北京师范大学国际写作中心举办的“莫言与中国当代文学国际学术研讨会”闭幕式上,莫言提出自己为了写一部作品准备找个地方“躲起来”,这与当时获奖之后莫言频频受邀请参加各种会议和活动有关。社会活动影响到一个作家创作而被迫作出“逃离”的选择,充分表明了莫言的无奈。作品标题涉及的是名人琐事,本身就具有很强的关注度,加之用“躲”来进行话语表达,很容易引起读者的阅读兴趣。

案例 2:《减产为何却增收?》(黑龙江广播电视台,2017 年 12 月 31 日)

作品以思辨的高度阐明黑龙江省粮食产量下降同时农民富裕起来的原因。评论标题通过设疑的方式,将“减产”与“增收”这一对看似矛盾的词语纳入其中,形成了对比的话语语境,同时使用的设问句也增强了评论者的话语语气,引起观众强烈的好奇,观众很容易产生继续看下去找出答案的兴趣。值得一提的是,近些年来,黑龙江广播电视台出品的许多新闻评论都在标题凝练上精益求精,引人关注。

二、消息标题与新闻评论标题的区别

消息与新闻评论不论是从定义到写作目的还是行文风格,均有着显著的区别，消息是源于事实的新闻形态，新闻评论是源于新闻消息的评论形态。相对应的是，消息标题与新闻评论标题最显著的不同在于，消息标题是围绕事实作出的阐述性提示文字，强调事实陈述；新闻评论标题则在针对事实的见解、主张、情感诉求等，强调主观意见和倾向。看以下几个新闻作品案例：

(1)消息：《北京95岁以上老人看病将全报销》(《北京日报》2011年3月19日)

评论1：《有感于北京95岁以上老人看病将全报销》

评论2：《95岁以上看病全报销，网友"等不起"》

(2)消息：《涉嫌性侵未成年女儿三年，揭开这位总裁父亲的"画皮"》(《南风窗》2020年4月9日)

评论1：《鲍某明性侵案：靠法律之外力量解决，谁的悲哀？》

评论2：《追问鲍某明性侵案背后：为何多数受害者选择沉默？》

(3)消息：《重庆公交与轿车相撞坠入长江——系轿车女司机逆行导致》(《新京报》2018年10月28日)

评论1：《突发事故崇尚理性"围观"》

评论2：《雪花之于雪崩，谁该为重庆公交车坠河案负责？》

评论3：《怎样让悲剧不再重演？》

(4)消息：《(引)墨西哥宣布取消高铁投标结果，决定重启投标程序(主)墨西哥为何取消中国高铁投标？》(《环球时报》2014年11月8日)

评论1：《中国高铁因墨西哥变卦而灰心》

评论2：《墨西哥取消中国高铁投标或因竞标时间短》

根据上述消息标题与新闻评论标题的对比可以发现，二者的区别主要体现在以下几个方面(见表7-1)：

表7-1　消息标题与评论标题的区别

	消息的标题	新闻评论的标题
标题的任务与使命	强调凝练客观事实	强调对新闻事实的态度和立场
标题的拟定技巧	侧重于新闻事实的叙事与描述	蕴含评论者的态度和主张
标题的结构	结构多元可复杂可简单	简洁明了
标题拟定的风格	叙事求实和概括性	运用修辞等手法

首先是标题的任务与使命不同。作为文章的“门面”，消息和新闻评论的标题有着不同的使命要求。消息的标题是新闻事实的高度凝练和概括，客观事实是它的立足点，它使受众对消息有一个粗线条的认知。新闻评论标题是阐明评论者对新闻事实的态度和立场，是建立在评论者个体意见基础上的文本。应该说，从阅读标题开始，我们便对消息与新闻评论有了认知上的区别，由此推动的作品的阅读。

其次是标题的拟定技巧不同。消息标题侧重在叙述与描述上，是对新闻事实的描写，有利于受众通过标题寻求消息的侧重点，从而更好地了解消息，阅读消息。新闻评论标题因为蕴含着评论者的态度和主张，因此更加灵活自在，感叹句、疑问句、祈使句较为常见，形成感叹、问诘、探叹和抒情的方式，以此凸显强烈的理性色彩。

再次是标题的结构不同。消息标题表达的信息量较大，有时需要主题与辅题配合使用，这里的辅题包括引题和副题，通过信息量的补充与延展，受众可以更好地了解消息内容，便于阅读与检索。新闻评论标题相对简练，一般不会出现辅题，甚至出现短语式的标题。如吉林电视台《纪实》栏目一期节目的名称《寻思后府》。

最后是标题拟定的风格不同。消息的标题要求写实，实事求是，多用名词与动词，强调对全文的概括性。新闻评论标题则不受限制，可以写实可以写虚，可以面面俱到可以适当留白，评论标题可以引入比喻、夸张、对比、拟人等修辞，只为标题表达的情感更充分，态度更鲜明，立场更明晰。

三、新闻评论标题的修辞

新闻评论标题在拟定时，虽然受观点、理论文章语言风格和思辨色彩的诸多限制，但是运用修辞手法仍是拟出好标题的重要手段。[①] 关于修辞，有学者认为修辞“是使说和写的语言表达产生最佳效果的形式安排，是使说和写的语言最有效地传达信息以感动听众和读者的策略”[②]。关于修辞的分类，陈望道将修辞分为消极修辞和积极修辞。他在《修辞学发凡》中认为，消极修辞以明白为目标，追求意义明确、通顺，语句平匀、稳密；积极修辞则以

① 参见徐虹：《新闻评论标题运用修辞手法探析》，《信阳师范学院学报》(哲学社会科学版)2018 年第 6 期。

② 杜涛：《新闻评论标题制作的信息——修辞四方格》，《编辑之友》2014 年第 7 期。

“理会”为目标，使人“感受”，可应用辞格和辞趣，以适应情境为主要条项。[①]下面，我们从消极性修辞和积极性修辞两个层面对新闻评论标题的修辞加以分析。

（一）消极修辞的新闻评论标题

在具体的新闻标题中，从传播的直观性来看，消极修辞以晓畅明白为第一要务，新闻评论标题具有特定的价值和意义，更有利于快速传播，在时政新闻评论中使用较为普遍，如新闻评论名篇《实践是检验真理的唯一标准》，标题几乎没有修辞，不加修饰包装，直接阐明主题。

类似的政论性新闻评论比较常见。下面举例说明：

案例 1:《加快完善职业教育体系》(《人民日报》2021 年 7 月 6 日)

这篇评论针对全国人大常委会审核通过的职业教育法修订草案，提出建设现代职业教育体系的目标、任务框架和策略。这种政论性的文体强调直指主题，强调评论者的立意诉求：加快完善职业教育体系，这也是相关草案落地的目的和意义。标题未考虑修辞手法，突出显示政论的严肃性和立场性。

案例 2:《有感于钟南山的应用性论文获国际奖》(《光明日报》2009 年 2 月12 日)

这篇评论题目直白，未加修饰加工，属于典型的消极型修辞新闻标题。但认真分析后发现，标题中所指涉的关键词均清楚地表达了出来。钟南山，应用性论文，国际奖，从几个关键词可以读出评论者对于以实践为目标的学术研究和积累的价值的激赏。

透过上述两个例子可以看出，消极修辞的新闻评论标题大多出现在《人民日报》《光明日报》等党报党刊上，其立场往往具有官方性、主导性，其话语体系也往往是官方话语体系。即便在网络新媒体传播的影响下，这种评论仍发挥着主导主流媒体话语的重要作用。事实上，作为意识形态的最前沿阵地，党报党刊负有引导社会舆论的重要职责，在重要的政论文章中，其行文的严肃性、立场的导向性均无法改变，最重要的是，政论文章要有把控全局的视野，要有胸怀世界的格局，所以对于新闻评论写作者而言，除了基本的新闻素养外，政治素养、国际视野以及分析能力，是写作政论文章的基本要求。

---

① 参见陈望道：《修辞学发凡》，复旦大学出版社 2006 年版，第 37～40 页。

当然，除了政论文章外，个别的一般性新闻评论标题也可能倾向于消极修辞的标题，在各种修辞格评论占据媒体版面的当下，这种反其道而行的写作风格或许能带来意想不到的收获。如评论《在巴基斯坦理发有感》[①]，评论由头新颖有趣，引发读者的好奇，由此造成的悬念给人开卷有益之感。

（二）积极修辞的新闻评论标题

新闻评论标题中修辞格的使用，或改进了标题的表意方法，使其更形象化，更具体生动；或创造了更优美的语言形式，使其排列得当，富于美感和韵味，进而产生更好的传播效果。[②] 相对于消极修辞的新闻评论标题，积极修辞的新闻评论标题有意增强表现力，使标题生动有趣，富有感染力，只消一读便留存于心。陈望道认为，积极修辞的效果是“使听读者经过了语言文字而有种种的感触”[③]。也就是说，积极修辞惯于营造意象，使人从标题中感受到文字以外的情境，由此形成对于文章本身的期待。

一般说来新闻评论的常见修辞手法包括比喻、对比、反复、对偶等。

1.比喻用法更生动，活跃文风增趣味

在既往的官方话语体系中，新闻评论往往呈现出的是有板有眼的论说道理，这种政论文章严肃有余而活泼不足。随着城市报的发展，特别是网络新闻评论的兴起，新闻评论的面貌发生了较大变化，既往的话语范式被打破，积极修辞的评论标题开始大行其道。比如，《把好习惯的“方向盘”》[④]，就把习惯养成和控制比喻成汽车的方向盘。只有把好把牢，才不会被坏习惯带乱、走偏。这样的标题给读者留下了充分的想象空间。再比如，《大学生“懒癌”得治！》[⑤]把大学生普遍存在的懒惰、拖延和心不在焉比喻成一种医学上的病症，突出这些不良习惯的影响和后果。

2.对比手法更鲜明，论点突出显特色

新闻评论在对一些观点进行批评时，往往要提出一种自己的观点，有破有立。在标题中体现对比手法，在表现不同观点矛盾关系的同时，也能够突出评论者的观点。对比手法包括相反词义的对比、相近词义的对比、属性不同事件的对比等。相反词义的对比，指通过词义的对比突出文章的论点。

① 王伟华：《在巴基斯坦理发有感》，《新京报》2007 年 9 月 2 日。

② 参见杜涛：《新闻评论标题制作的信息——修辞四方格》，《编辑之友》2014 年第 7 期。

③ 陈望道：《修辞学发凡》，复旦大学出版社 2008 年版，第 57 页。

④ 纪东冲：《把好习惯的“方向盘”》，《人民日报》2014 年 3 月 7 日。

⑤ 丁雅诵：《大学生“懒癌”得治！》，《人民日报》2017 年 1 月 19 日。

比如:《新业态不可染旧习》[①],这里以“新”和“旧”做对比,警示共享单车、快递业等新兴行业可能出现的管理上的浪费等问题。还有一电视新闻评论的标题《造林还是“造字”?》将大搞形式主义做表面文章的行为比喻成“造字”,通过“造林”与“造字”两不相属的事件对比,蕴含着浓浓的戏谑味道。

3.对偶与反复手法,论点强化更浓烈

新闻标题运用对偶和反复的手法,会使标题的节奏感更强。既有韵律之美,也能增强情感,使标题易于阅读和接受。作为积极修辞的评论标题,运用对偶和反复手法,增加了文采,也表明了立场,让标题的可读性更强,有利于在网络等新媒体环境中的二次传播。对偶修辞符合对称的美学原理,而汉语的孤立与平仄的特征,又恰好适合于实现这种对称之美。[②] 比如黑龙江广播电视台曾经做过的一条新闻评论《干部图政绩,普九变儿戏》,某乡镇干部为了迎接省里的普九检查,拉来小学生充当初一学生应付检查,评论者对此事展开评论。标题通过对偶的句式,把干部的政绩和普九教育对立起来,句式的节奏感强,易于上口。新闻评论标题中重复出现的词汇及句式,如同一个个楔子被反复钉进标题,强烈冲击读者的视觉,最终嵌入读者的脑海。[③] 比如评论《嫌麻烦会惹出大麻烦》[④],批评一些单位因为不喜欢纪律约束而躲避约束,最终会面对更大麻烦。标题中出现的“麻烦”既是重复也有不同的意旨,前面的“麻烦”是约束,而后面的“麻烦”则是问题和危机,这里充分运用汉字的独特魅力,强化了“麻烦”这一词汇的意义和影响。

上述这些积极修辞标题在具体的语境中有着丰富的表达,节奏感强,在行文上言辞优美,在韵律上也绵长回旋,在内涵上意味悠远,使读者读着标题就如沐春风、如饮甘泉,有继续读下去的意愿。

除了上述修辞手法,新闻评论标题中常见的还包括成语和俗语的使用等,这样的词语使用使读者有种天然的亲切感,更容易被读者接受。比如《“补牢”能否在“亡羊”前》这里引用的成语“亡羊补牢”,通过拆词的方式,改变传统观念中两词的因果关系,形成了与原来成语不同的论点:与其坐等“亡羊”,还不如先“补牢”,以避免“亡羊”的后果发生。[⑤]

---

① 史一棋:《新业态不可染旧习》,《人民日报》2017 年 6 月 22 日。

② 参见杜涛:《新闻评论标题制作的信息——修辞四方格》,《编辑之友》2014 年第 7 期。

③ 参见徐虹:《新闻评论标题运用修辞手法探析》,《信阳师范学院学报》(哲学社会科学版)2018 年第 6 期。

④ 江琳:《嫌麻烦会惹出大麻烦》,《人民日报》2017 年 1 月 24 日。

⑤ 参见侯江:《“补牢”能否在“亡羊”前》,《北京晚报》2016 年 12 月 19 日。

第二节 新闻评论标题的分类

新闻评论标题分类的方法，依据不同的角度、方式有不同的分类类型。从对事件和观点表达程度来分，分为表达论点的标题和不表达论点的标题；从修辞的视角来看，分为消极修辞新闻评论标题和积极修辞新闻评论标题；从论证技巧的角度来看，分为观点型、比喻型、论辩型、提问型、述评型、感叹型等几个类型。从论述的周延性考虑，本节从论证技巧的角度对新闻评论标题加以分类，具体分类分为以下几种。

一、观点型新闻评论标题

此类型标题强调思想、观点、道德风尚和工作导向等，以立论的方式直接表达观点与主张，一般常见于传统报刊的重要主题的评论，强调文章的社会引导作用，标题本身就可以确定作者的立场和观点，给人以新鲜感，有利于在社会中的传播与推广。观点鲜明与否、评论者态度如何，都能够在标题中得以体现。

案例 1:《向着更加壮阔的航程——致敬改革开放 40 周年》(新华通讯社，2018 年 12 月 17 日，获第二十九届中国新闻奖一等奖)

作品践行习近平总书记提出的增强脑力、眼力、脚力和笔力的要求，多次赶赴珠三角、长三角、京津冀等地采访调研，最终总结出来“快”发展理念、以“解放”思想的干劲、以推动开放的活力、以闯关夺隘的强大意志、以以民至上的高度使命感共同来推动国家的航船，在历史的激流中前进。标题作为本篇评论的论题，充分表明了评论者的观点，其思想性一目了然，发人深思。

案例 2:《织就更严密的急救保护网》(《人民日报》2021 年 6 月 18 日)

作品针对目前社会上对急救知识普及的认识问题，提出掌握基本急救知识对于自身健康养护的意义，把建立完善的急救体系，扩大急救设备覆盖率作为重要举措，这关涉到每个人的生命健康，是健康中国行动的基本行动目标。从标题可以看出评论者要论述的观点，是呼吁也是论点，同时能够感受到评论者的基本态度和倾向。

案例 3:《日本切莫赌气粗暴对待中国渔民》(《环球时报》2014 年 11 月 6 日)

根据日本媒体的报道,中国大量渔船聚集在日本小笠原群岛附近捕捞红珊瑚,而那里即将迎来 20 号台风天气,为此,日本国土交通接受媒体采访表示,日本将协助中国渔民到港湾躲避台风,但不允许中国渔民登上海岛,在这些的前提下,《环球时报》考虑中日在海洋主权上的矛盾,提出"日本切莫赌气粗暴对待中国渔民"这样的新闻评论观点,作为评论标题,给出了明确的中国民间媒体态度。

通过上述三个标题案例可以看出,观点型标题往往出现在政论类新闻评论标题中,其立论的特点给人留下强烈的说服性印象特征。事实上,我们翻阅了近五年《人民日报》评论版的新闻评论,几乎全部是观点型标题,其中不乏号召口号式的标题,这些标题代表的既包括媒体的立场和主张,同时作为党政重要的发声渠道,也传递着我们党政的主要声音,因此其权威性、严肃性、引导性甚至战斗性都不言而喻。观点型标题也是官方话语呈现的主要方式,官方话语更重视观点本身的传播,因之作为新闻评论标题的重要类型,在我国始终发挥着不可替代的作用。

二、比拟型新闻评论标题

前文我们将比喻和拟人共同作为积极修辞手法予以介绍,在新闻评论中,比拟型新闻评论占据着较重要的地位,它是城市报刊与网络评论的独宠的类型,其丰富的想象空间提供了标题的魅力,在可读性增强的同时,也使得评论本身富有开放性的讨论空间。恰到好处的比拟型新闻评论标题,本身就值得读者去品味和思考,从而引导读者深入到文章中,由此推动评论的传播范围。从新闻类型的角度上看,比拟型新闻评论一般多出现在社会新闻的评论中,社会现象本身是丰富的,而比拟型的标题也从侧面推动了评论文章的可读性,使文章愈加产生情趣。

案例 1:《私屠羊"走"进长春》(吉林电视台《纪实》栏目,2004 年 8 月 24 日,获吉林新闻奖一等奖)

这是笔者 2004 年经过三个多月时间蹲守完成的电视新闻述评作品。吉林省农安县部分畜牧地在未取得任何资质的情况下以每天 156 只的宰杀量宰羊售卖,这些羊肉通过简单处理后均销售到长春肉类市场,给市民的食品安全带来了巨大隐患。作品评述这些私屠羊"大摇大摆"地走上市民餐桌,除了巨大的利益链条的诱惑外,也跟当地动检部门的不作为大有关联。因此在标题中用了“走”进长春这个词语,以“走”比喻私屠羊宰杀流通的有恃无恐,监管部门的形同虚设,这样的标题更加吸引人的阅读兴趣。

案例 2:《让“回马一枪”刺破“虚晃一枪”》(新华网新华微评,2018 年 10 月23 日)

评论针对中央环保督察组在对云南等地的“回头看”中,指出一些地方和部门敷衍整改、表面整改、假装整改的问题,表明生态环保工作不可能毕其功于一役,久久为功既是正确方法,亦是工作常态。以急于求成的心态、“短平快”的方式搞治理、求政绩,往往适得其反,难以根治问题。[①] 文章标题以“回马枪”刺破“虚晃枪”的比喻,表明了政绩工程的负面危害和根治问题的关键所在。“刺破”一词既形象也有表现力,形象生动地揭露了督察组对形象工程动真格的态度。

案例 3:《公积金改革缘何如此“难产”?》(新华网新华微评,2014 年 6 月 19 日 10)

文章分析公积金改革问题,提出问题主要症结在于:一是公积金仅仅用于“买房”的功能比较单一,这样就无法在特定渠道发挥作用,不能起到“救急”作用;二是住房是刚需问题,购房后无法再次提取造成了公积金的库存沉淀。[②] 标题中使用了“难产”一词,比喻公积金改革无法落地的现实,这一词语是生活中常见词语,人们很容易感受到从本体到喻体的关系过渡,这使得本来严肃的用词变得生活化和口语化,更容易理解。

三、论辩型新闻评论标题

思辨往往给人以想象的空间,它的张力足以引人深思,予人启迪。这一类标题往往有“反向”思维的味道。且这类标题往往会直指社会生活中一些违背时代潮流、与社会积极发展相背离的行为意识,因此具有更加强烈的战斗意味,其语言锋芒毕露,其语句铿锵有力,其论点尖锐鲜明,指向性很清晰,就是批驳一些错误观点,以期树立正确的价值观,从而具有很强的论辩

① 参见《让“回马一枪”刺破“虚晃一枪”》,2021 年 8 月 6 日,http://www.xinhuanet.com/comments/2018-10/23/c_1123602400.htm。

② 参见《公积金改革缘何如此“难产”?》,2021 年 8 月 6 日,http://roll.sohu.com/20140619/n401056682.shtml。

性，与观点型新闻评论等标题相比，导向意识更加强烈，态度与主张也更加明确。这也是媒体中最常见的批评报道类的评论选题，它的论辩型的风格也影响到文章的行文，这使得这类文章风格更加突出。

案例 1：《“烧烤城”咋盖在了河道上》（吉林电视台《纪实》栏目，2003 年 12 月 4 日，获中国广播电视经济新闻奖三等奖）

该作品是笔者在经过近两年的调查后完成的，作为电视述评节目，除了“烧烤城”盖在河道上成为烂尾工程，对业户造成重要影响外，还对公主岭市各职能部门的态度加以总结，最终还发现这一工作存在虚报、瞒报且工程不能达到二十年一遇城市防洪标准的问题。“烧烤城”咋盖在了河道上？这是群众的质疑，也是我们作品的主要论题，评论标题用“咋”这一口语化的词语，既强调了问责的性质，同时也使得文章被赋予强烈的论辩色彩。强调商品楼还未竣工便成了问题楼，不但不能带动地方经济发展，客户投入也打了水漂，更严重的是，建在内河上的商品楼，为河道泄洪埋下了巨大的安全隐患。

案例 2：《1000 亿美元唬谁呢？中国不是吓大的！》（《人民日报》2018 年 4 月6 日）

2018 年 4 月 5 日，美国总统特朗普表示，已指示贸易代表办公室考虑对从中国进口的额外 1000 亿美元商品加征关税是否合适。《人民日报》随后发表了这篇评论，提出：面对美国恫吓，中国压根儿不怵，绝对不躲，更不会退，表达了“他们要打多久，我们就打多久，一直打到完全胜利”的态度。标题以“唬谁呢”的语调表达了中国人毫不畏惧的精神状态，后面再加上的一句“中国不是吓大的！”更加增加了论辩的气势。

案例 3：《马云能行，凭啥我不行？》（《环球时报》2014 年 9 月 25 日）

以马云为代表的新一代创业者赶上了互联网崛起的大潮，他们认准了电商发展的未来，以超前的目光布局互联网电商平台，最终获得了巨大成功，成为新时代互联网创业的典范。题目的问句本身就带有一种思辨的味道，即便是普通读者，也能给出相对应的答案，这种设辩题似的标题，更容易引起广泛的讨论。

四、提问型新闻评论标题

提问型标题也是一种常见的新闻评论标题。以问为评，以问为声，从标题便充分体现评论的特征。一般而言，标题很少出现标点符号，最常见的标点符号不外乎是逗号、问号、叹号和省略号，除非特殊的语境需要，否则使用极少。使用的部分标点符号往往赋予特殊的意义，如问号代表着文章的质询的态度和情绪，叹号体现的是句子的思想内容等。提问型新闻评论标题，还包含着这样的内容：谁的提问、问的是谁、是否需要回答等等。提问问题的主体，代表的不仅是媒体的声音，更是公众的疑问声音，这样的设疑使得媒体代表了广泛的群众利益；问询对象所代表的可以是新闻事件中的个体，也可以是具有普遍共性问题的群体，他们是被问责者。提问型的新闻评论标题主要强调的是特定的语态，是评论态度的表现，因此有时候提问本身便是回答，有时候需要问询对象以行动来回答。

案例1：《“还林”还是毁林？》（吉林电视台《纪实》栏目，2004年4月8日）

作品根据吉林省退耕还林过程中出现的乡镇为完成业绩弄虚作假的毁林事件展开评论，对这种为了业绩而违反政策法规的行为进行了批评。标题以“还林还是毁林”这一对充满矛盾词语的选择进行设问，体现出评论者对于假还林真毁林事实的愤慨，标题中的提问，既是对毁林者发出的，同时也是对千千万万关心退耕还林群众提出的，通过评论让群众对于还林的意义和具体路径产生全面的认知，有利于更好地推进退耕还林政策的广泛开展。

案例2：《“一口水也没喝上”的扶贫问题出在哪儿？》（伊犁新闻网，2017年12月27日）

文章在新疆全区开展“民族团结结亲周”活动期间，问题不可谓不尖锐，对于“干部喝不上扶贫对子家庭一口水”的问题进行分析探讨，最终指出扶贫工作不能只做表面文章，在具体的扶贫工作中只有下真心、真扶贫、扶真贫，才能得到群众的积极呼应，扶贫工作也才能够落到实处。标题直接指出“一口水也没喝上”的问题，通过提问，引起人们的反思。

案例3：《奥巴马和希拉里联手是“梦幻组合”还是“一场噩梦”？》（网易新闻，2008年6月5日）

希拉里与奥巴马在当年美国总统大选过程中不可谓不激烈，这种竞争既存在于党内代表身份的竞争上，同时也是不同理念的竞争。新闻评论的标题便突出了论题，题中选取了“梦幻组合”与“一场噩梦”这样相对应的两个词汇，以提问的方式意在告诉读者美国大选的复杂性，由此揭开美国虚伪民主的一层面纱，以此引发读者的思考，并能够根据个人的思考形成独立的判断。

综上所述，提问型的新闻评论标题强调的是提问这一形式，通过设问的方式引起人们的兴趣，即使在传统的官方话语环境中，提问型标题也能增强受众的强烈参与意识，为评论的后续人际传播奠定基础。一般说来，提问型评论题目要么直接设疑，要么设置相对立的两个方向，开放议题空间引导受众思考。

五、述评型新闻评论标题

述评型新闻评论介于新闻与言论之间，是一种夹叙夹议、述评结合的文体。与其他评论类型不同，述评型评论将新闻事件采访、叙事与评论相结合，以叙事为基，以评为本，述中有评，评中有述，由述而评，以评驭述。述评型新闻由叙事推动评论的层次，叙事过程也是话题设定的过程，评论则是对设定话题的意见倾向。述评型新闻评论标题是据事立论，以叙事为基础的叙论结合，因事而表达观点、确定方向，阐明所评论的事项并给出相应的意见导向。在所有媒介的新闻评论类型中，电视述评类节目做得最为有声有色，它充分利用视听符号语言叙事将内容分析得清晰透彻，结合主持人、出镜记者（核心评论主体）与受访者（参与评论主体）形成层次分明的评论者主体群落，在强调事件在场感表达，使评论话语更贴近现场的同时，也突出了述评节目的客观性和群众性，更容易引起社会公众的共鸣。

案例1：《女神已届花甲，窗外云去云来》（《南方都市报》2014年11月5日）

这篇是针对电影明星林青霞的新闻评论，在标题中充分展现出述评结合的特征。“女神已届花甲”以叙事的方式对林青霞的客观现实加以描述，前半句不作评说，只有叙事，强调的是现实；后半句“窗外云去云来”采用的抒情诗的评价强调了岁月更迭的变化与影响，云去云来既是岁月变迁，也可以说是林青霞生活状态变化的评论。标题给人的唏嘘感慨更是评论者设定的论点和态度。

案例2：《家在青山绿水间——信任如树》（广西广播电视台，2018年7月19日）

2018年是中国和柬埔寨建交60周年，在“一带一路”中国携手柬埔寨

“四角战略”推动当地经济发展，作为广义的评论作品，作品中以普通人叙事和评论，描述了中柬合作给当地社会带来的新风貌。标题中“家在青山绿水间”以影像叙事的方式，讲述了恬淡的柬埔寨人的日常生活，“信任如树”是柬埔寨当地的谚语，比喻中柬友谊如参天大树一样，枝繁叶茂，表明中柬的友好兄弟情，这样的评论方式更容易引起两国人民的共鸣。

案例3：《连年盗版书，坑苦学龄童》（吉林电视台《纪实》栏目，2003年10月18日）

启蒙教育中的教材使用在儿童成长过程中发挥的作用不容否认，该评论对一所乡镇十三所村在采购学生教材中存在的问题予以关注报道。标题前面以“连年盗版书”进行新闻事实加以叙述，其中的“连年”表明乡镇的一贯行为，“盗版书”突出问题教材的性质；标题后半句“坑苦学龄童”作为评价，强调了由述转评的影响，与前面的述形成了强烈的因果关系，表达盗版书的危害性，标题本身即是观点，即是态度。

从本质上看，新闻述评虽然兼具新闻与评论的特征，但就其议程设置的目的与社会影响而言，其应该归类于新闻评论节目。从标题的拟定来看，述评型标题的文章给人以帮助与警醒，起到提醒与引导舆论的作用。当然，任何一种类型的新闻体裁均不是孤立的，而是相互浸润和包含的，因此对于述评文体的归类不必拘泥于文本中述与评的占比多少及倾向，而应该从整体表达倾向来分析和判断。

六、感叹型新闻评论标题

感叹型新闻评论标题通过变陈述句为感叹句突出评论者对评论对象的态度与情感。感叹型新闻往往以感叹作为特定的标志，一般而言，新闻标题很少使用感叹号，倘若使用一定代表作者特定的情绪的表达，感叹号本身超越了标点符号的属性，以一种特定的情感表达突出作者的观点和主张。在具体的标点符号使用中，通常在以下两种情况时使用感叹号：一是在写作者认为具有影响力的消息或者事件时，将个体的主观情感与倾向通过感叹号的方式表达出来，这在一般性消息的标题中也可以出现；二是在特定地评论新闻事件时，评论者需要通过感叹号增强信息，来辅助主观情感和观点的表达。除了以感叹号表达情感，也有的标题中未体现感叹号，而是通过感叹语气来强化情感，同样起到情感表达的目的。

案例1:《久违了,国学!》(《人民日报》1993年8月18日)

作品通过感叹句强调“国学”复兴的价值与民众的渴望,本着弘扬中国传统文化精华,在新时代寻求时代文化的新视野,从而更好地提升民族自信心和自豪感,增强民族的文化认同感和凝聚力。从标题上看评论者便先声夺人,以“久违了”强调国学荒废已久、亟待复兴的事实,这样的标题被赋予浓厚的文化认同情感。标题的口语化表达,使得“国学”拟人化、生命化,情感炽烈,耐人寻味。

案例2:《极恶! 拿慰安妇头像做表情包,良心何在!》(中青在线,2017年8月22日)

近年来有关抗日战争的作品被解构甚至娱乐化的现象十分严重。2017年反映日本侵华战争中慰安妇被迫害的纪录片《二十二》上映后,《中国青年报》针对有人以慰安妇头像做表情包的恶搞行为加以批判,并就问题背后深层次的社会问题进行发人深思的讨论。标题中用了两个感叹号,可以看出评论者的出离愤怒。“极恶!”是对恶搞者的态度,将态度直接放置在标题最前面,强化作者的观点,最后以“良心何在!”问责式的句式结尾,使得评论者的情绪进一步升华。

案例3:《如此敛财》(吉林电视台《纪实》栏目,2005年1月12日)

2005年初,国家相关部委下达了明令禁止公务人员请客送礼的通知,禁令下达后仍然未能引起有关部门的注意,笔者采访的工商人员以为母亲祝寿为由大摆酒席,给镇工商业户制造相当大的负担。作品以述评的方式将叙事与评论有机融合在一起。标题“如此敛财”通过感叹语气,强化评论者对于搜刮百姓钱财做法的愤慨。“如此敛财”的责问既可以看作是评论者的语气,也可以看作是接受采访的小镇商户的情绪表达。标题以口语的形式发出告诫,情感表达丰富,容易带动观众情绪,形成与不良风气做斗争的共鸣。

感叹型新闻评论标题强调情感表达,让标题充满温度,从标题受众便能够感受到评论的感情温度,标题不论呈现的是论题还是论点,在被赋予感情的同时升华出别样的情愫,或喜或怒或悲,牵引着全文的主线,让立章在观点披露、思想导向、价值引领、情感表达等方面充分地得以体现。

应该说,文无定法,题也不该出现“死则”,新闻评论的独特魅力不仅在于观点表达，还体现在标题的开放性拟定，不管怎样，新闻标题也有一定值得借鉴的，上述我们推出的六种类型也只能算作被实践证明可资借鉴的。当然，在具体的新闻评论标题制作中，根据主题需要和评论者个体倾向，可以总结出更多的标题类型。总之，题从文起，而文由题行，一个好的新闻评论标题，便是打开评论文本的一扇小窗。

第三节　新闻评论标题的基本要求

在新闻评论标题的具体拟定中，事实上也是有章可循的，第二节我们确定了六个类型的新闻评论标题，这些标题在具体制作过程中应遵循哪些规范，有何种方法可以指导我们拟定标题呢？从新闻事件出发，通过对评论对象的分析，最终确定符合个人风格的新闻评论标题，这一过程既是对新闻事件的全面认知过程，同时也是打开新闻事件，对新闻事件全面审视和分析后提炼观点、确定评论风格的过程。而新闻评论标题的制作恰恰是这一过程的开始。制作新闻评论标题，是评论者建构评论文本的整体构思和完成阶段，在此基础上的评论写作，则是在标题指导基础上的展开性评论。

对于成功的新闻评论标题的基本要求，主要符合以下五个方面的要求。

一、贴切：言之有道

人民日报社原总编辑范敬宜认为，标题是文章的眼睛。好的标题眼中有神，一望便知晓文章韵味与内涵。标题是否贴切，是确定新闻评论能否有效传播的前提，贴切的标题如同合身的衣裳，将个人的气质神韵烘托得淋漓尽致。评论标题的贴切与否，主要包括以下两个层次的解读。

首先，标题对全文的概括性和与全文的一致性，评论标题既要高度概括全文（包括对论题范围的概括、对核心论点的提炼和对全文态度的表达均高度凝练），同时也要保持与评论内容与思想性保持高度的一致。[①] 例如获得第二十四届中国新闻奖的《把校舍真正建设成第一避难所》[②]，全文在针对校舍在地震等灾难中的损失和影响时，从国际防震思路到国内实践摸索，从学生生命保障到人文关怀，都十分必要把校舍建设成真正的第一避难所。标

① 参见戴俊潭主编：《新编新闻评论教程》，山东人民出版社 2015 年版，第 131 页。

② 刘涛：《把校舍真正建设成第一避难所》，《中国教育报》2013 年 4 月 26 日。

题即是全文的中心论点，也带有明确的态度和主张，与全文的评论高度一致，成为文章的一大亮点。近年来兴起的网络标题党使得文不对题成为一种普遍乱象。2016 年 4 月 28 日，网易在转载新华网报道的《多地整治网约车探索“规范路径”》时，将标题改为《官方：网约车属高端服务不应每人打得起》。[①] 新华网的标题显然是消息标题，网易修改后成为评论标题，这一标题不但与文章内容不能保持一致，甚至因为形成了背道而驰的情况，激发了社会舆论的谩骂和声讨。

其次，标题中用词要恰如其分，用词不当就会造成受众对于评论观点的误解，违背了评论传播的初衷。比如评论《法人岂能是文盲》，这里作者把“法人”看成了个体的人，法人主要指称的是单位和企业，这里的法人应该是“法人代表”，表征的是具体的个人，一个词的误用使得文章与标题相差千万里，读者也由此造成不必要的误解。再比如《楚天都市报》2003 年 8 月 4 日发表的评论《再就业优惠政策何以“望梅止渴”》，新闻本意是政府出台了再就业的优惠政策，但在具体的落实过程并未尽如人意，标题里面用的“望梅止渴”是指用空想的方式来自我安慰，与文章要表现的落地难的情况“风马牛不相及”：一个是没有政策，一个是有政策落地困难，这给读者带来很大的困扰。

贴切，是要求新闻评论题目用词贴切、用语概括、用典精当，能够做到未见其文，先闻其声，这是对新闻评论者的基本要求，即便不考虑修辞手法等技巧，也一定要做到文对其题、文如其题，这是合格新闻评论的基本要求，也是考验评论者是否具有高度概括能力、准确用语能力的重要指标。好的标题自己便能统率全文，完成从传播到说服再到认同的舆情引导过程。

二、具体：以小见大

新闻评论选题中有许多主题宏观、影响巨大的新闻事件，但选题的重大并不意味着标题的宏大，相反，大而空的标题对于仅仅千余字的评论会显得空泛无趣、大而无形。很显然，大而空的标题不但不能引导受众进一步阅读的兴趣，甚至还会产生很大的反感。比如，2011 年 10 月 13 日，在佛山发生一起车祸。时年两岁的小悦悦被一辆小货车撞倒，随后，又一辆卡车撞上血泊中挣扎的孩子。这期间，有 18 人步行或骑车路过，甚至没有人停下来。

---

① 参见张伟泽、邓煜洲：《北京市网信办通报多起网络媒体“标题党”违规案例》，2016 年 12 月 5 日，http://news.cctv.com/2016/12/05/ARTIIPLulX6KUEr3hZlc35a8161205.shtml? from=singlemessage。

事件发生后，舆论哗然，各种批评的声音出现在媒体上，其中一篇题为《国人为何缺“德”?》的评论将这一事件上升为道德层面，显然这样的标题论题远高于新闻事件本身，标题宏大、叙事空泛。相反，红辣椒评论的《小悦悦死既是路人冷漠更是法官无德》一文则在开篇提出三连问:“但是，责任全在路人吗？试问中国现在还有见义勇为的大环境吗？英雄流血又流泪的冤情、悲剧还少吗?”评论者的连续发声，与标题同样典型具体，直指事件的主要矛盾点。两篇评论相比，前一篇视角过于宏观，有借题发挥的嫌疑，后一篇以小见大，无疑更容易引起社会公众的共鸣。

新闻评论标题的“具体”不仅是标题范围的缩小，更确切地说应该强调标题的落地，以往喊口号式的标题，给人的感觉是言之无物，很容易遭到受众的嫌弃。如某报在发表某高校建校八十年的评论题为《立足新起点，谋划新发展》，仅从标题中很难确知评论者的用意如何，更重要的是，这个标题可以用在任何单位任何语境，显然不够具体。与之对应的山东大学建校 119 年的一篇评论题为《你的模样，山大的模样，中国的模样》，把校友、母校和中国紧紧地联系在一起，从中国的历史看山大，从山大的历史看社会变迁。本来，高校校庆可供评论的由头不多，很容易落入窠臼，能让标题落地，这本身也能引起校友及社会公众的兴趣。

当然，媒体平台决定了标题选择站位的不同，一般说来，城市报刊在处理新闻评论标题时，更喜欢具体的、接地气的标题，包括口语化的用语等，这样的标题可读性强，容易产生共鸣。相反地，党报党刊有着严肃的官方话语的定位，虽然日常评论中也充分考虑以小见大的具体拟题，但在关涉国家大事的评论上，必然要体现国家媒体的权威性和严肃性，因此，在评论标题选择上站位要高、视野要广、评论要深刻。如新华通讯社 2018 年 12 月 17 日刊发的评论《向着更加壮阔的航程——致敬改革开放 40 周年》，这篇政论稿件以恢宏的视野对改革开放重要的见证地、见证者述评式行文，读来给人大气磅礴的感觉。

三、鲜明:铿锵有力

态度是新闻评论标题拟定的内在要求，态度鲜明的标题可以直接亮明评论者的态度，给受众留下深刻印象。一些好的标题会存留在我们脑海中，久久难忘，就是因为标题自身的鲜明特色，比如毛泽发表的名篇《别了，司徒雷登》《“友谊”，还是侵略?》，仅从标题上看，便能够感受到态度鲜明，气势雄浑，让人过目难忘。

新闻评论标题的鲜明包括了以下两个层次的解读：

首先是标题显示出的态度的鲜明。题目即态度，题目即观点，透过题目便能感知到评论者的态度。

案例 1:《把党建设得更加坚强有力》(《人民日报》2021 年 6 月 27 日)

文章从党在办好中国事情中的重要性说起，强调党领导国家发展的历史责任，在团结带领人民有力应对重大挑战、抵御重大风险、克服重大阻力和解决重大矛盾中发挥的坚定作用，在新形势下，党面临的现实问题仍然十分复杂，因此推进全面从严治党，强化忧患意识、责任意识，才能把党建设成坚强有力的领导力量。从标题开始，评论者就亮明了态度，要"把党建设得更加坚强有力"，语气坚定，观点明晰，是全文的统领和指导。一般来说，党报党刊的官方话语评论文章中，强调态度鲜明的标题，读者看了标题，便知道评论者的态度，可以决定文章是否需要卒读。

除了上述的标题即观点的直接言明，标题中也可以采用假设、提问等方式，增强评论者的态度。如：

案例 2:《明星什么时候起"不能批评"了?》(《文汇报》2018 年 8 月 9 日，获第二十九届中国新闻奖二等奖)

作品以某明星歌技不佳引发争议后，傲慢回复甚至攻击网友，甚至曲解为这是"动了谁的奶酪"，引发的粉丝与网友的对骂。作为主流的党报党刊的《文汇报》的这一篇评论竟然成为网络关注的热点，评论标题迅速成为微博热搜关键词。评论标题之所以能够成为微博热搜词，就在于题目本身的态度鲜明，表达出主流媒体对于建立一个风清气正网络空间环境的积极态度和意见主张。

其次是标题中词语使用的鲜明显著。从实用主义的立场来看，新闻评论标题既要求简练同时也要特色鲜明，除了完整表达主题倾向外，标题中的词语使用是否鲜明显著，也是评估好标题的一个参考指标。

案例 1:《谢师为何非要"宴"?》(《燕赵都市报》2013 年 7 月 23 日)

文章将"谢师宴"三个字拆开，成为谢师与"宴"两个词语，其中的"宴"字既有名词"宴席"也有动词"设宴款待"之意，一个"宴"字成为标题的亮点，表明了形式主义的"宴"劳民伤财，不是答谢师恩的最好选择。一个词语点题，表明评论者的态度,标题鲜明,观点也表达得清清楚楚。

案例 2:《"电商"与"店商"谁能争锋?》(浙江广播电视台 2014 年,获第二十五届中国新闻奖一等奖)

浙江电视台记者发现杭州四家大型实体百货店接连倒闭。而与此同时,以阿里巴巴为代表的"电商"却风生水起。"电商"与"店商"何以争锋?争锋的实质是什么?[①] 评论者在现实的语境下提出这一评论主题。标题突出"电商"与"店商"这一对商业业态竞争对象,特别是"电商"迅速崛起的现实,使得这一对同音异形词成为广受关注的对象,也成为评论的主要论题。鲜明的标题词汇突出了论题的核心所在,由此引发读者的关注。

四、精当:恰到好处

如果说评论标题鲜明是其表征的特色,那么标题的精当则是要求准确无误的表达。标题不能模糊不清,这是新闻评论文体决定的。如果说消息提供的是事件信息,那么标题提供的则是观点和态度,如何让受众最短时间内获悉文章的态度,标题首当其冲成为第一观测点。与其他文体相比,评论标题恐怕是最为精当简练的,它删繁就简的风格决定了文章的可读性强,易入脑入心。从表现形式来看,一般认为短题较好,特别是几个字的短语,给人耳目一新的感觉,近年来有广泛影响力的新闻评论,不乏一些让人过目难忘的标题。

案例 1:《寻思后府》(吉林电视台《纪实》栏目,2003 年 11 月,获中国广播电视新闻奖一等奖)

作品以吉林市乌拉街满族镇打牲乌拉总管私邸的"后府"古建筑的保护问题开展述评。历经 200 多年风雨的后府有着丰富的史料价值,但是因为保护不善而面临倒塌的危机。最初的标题为《后府在倒塌》,这一叙事性的标题没有体现出亮点,很难引起人们的关注。在后续的调查采访中,采访者发现当地吸引外来资金投资建设了一座用于旅游参观的"仿后府"。作为文物的后府在倒塌却没有管,却另起炉灶建设仿后府,为此采访者将题目确定为"寻思后府"。"寻思"的是什么?文物保护的任重道远、地方政府的保守

① 参见周世康:《第二十五届中国新闻奖评委眼中的好新闻——来自评奖现场的报告》,《传媒观察》2015 年第 11 期。

刻板、外来投资的唯利是图……一个“寻思”将评论的主题高度概括起来，让人不由得眼前一亮。

案例 2:《何日“凤还巢”?》(山东广播电视台，2018 年 12 月 31 日，获第二十九届中国新闻奖二等奖)

营商环境不良是困扰山东及全国许多经济欠发达省份的共同难题。作品着眼于山东在“2018 年中国互联网企业 100 强”中无一家企业上榜的现实，感受到创设良好营商环境的重要性。标题以“凤还巢”来比喻优秀互联网企业的回归，形象地表达出媒体人的急切和渴望，未看作品，就留下深刻印象。事实上，这一疑问既是发自社会公众不解之问，也是远赴外地企业的希望之问，更是急于在新旧动能转换的发展中快步向前的山东党政领导人发出的心底之问。节目在网络播出后，新华网、人民网、澎湃新闻等数十家网站给予转载或评论，自媒体、公众号也纷纷跟进，部分转载文章阅读量突破“10 万＋”。山东上下掀起了一场关于营商环境的大讨论、大反思，并引发全国广泛关注。

当然，标题精当也并不意味着越简练越短越好，一些标题篇幅较长的社论文章中也不乏精品，甚至在主标题外另加副标题。如《人民日报》发表的评论《在全面建设小康社会中充分发挥先锋模范作用——论保持共产党员先进性》，从标题上看，准确精练，没有能够删节的字符。在这里，精当强调的是高度概括性，要么是对论题的高度概括，要么是观点的高度概括。好的标题每一个字词都是经过洗练的，标题不仅是打开文章入口的钥匙，也是建构舆情导向的重要参考。

五、生动:先声夺人

从受众的观感来看，人们的阅读习惯往往由简而繁，由标题而摘要，由摘要而正文。特别是网络传播时代，读题时代、读图时代人们的阅读习惯决定了标题的重要性，它能起到“先声夺人”的作用。生动的标题让人过目不忘，即便无法通过超链接等获得全文，阅读者也会想方设法找到原文阅读。让标题生动起来的办法有很多种，下面介绍几种常见的方法：

(一)标题句式的转换

有研究者对新闻评论标题句式类型进行研究后发现，新闻评论标题中使用最多的是感叹句、疑问句和假设句。[①] 相比较于陈述句，上述句式更加生动，可读性强。

首先是感叹句。感叹句标题语气情感丰富，富有感染力。如《让手机应用程序清爽起来》(《人民日报》2021 年 8 月 9 日)、《罚要依法》(中央电视台，2005 年 6 月 29 日)、《极恶！拿慰安妇头像做表情包，良心何在！》(中青在线，2017 年 8 月 22 日)等。

其次是疑问句。疑问句可以分为一般疑问、反问和设问，通过疑问强化作者与受众的共情。如《“老何说和”说了些什么？》(中国宁波网，2012 年 10 月 24 日)、《小康村，谁受益？》(吉林电视台《纪实》栏目，2005 年 9 月 27 日)、《减产为何却增收？》(黑龙江电视台，2017 年 12 月 31 日)等。

最后是假设句。假设句一般使用较少，但因为这种欲言又止的句式容易引起读者的好奇心，所以使用起来比较生动。如《如果傻根知道汇费没那么贵》(《西安晚报》2005 年 1 月 14 日)、《假如没有民警举报》(《人民日报·人民时评》2013 年 1 月 15 日)、《假如没有丝路？火锅可能无法登上历史舞台！》(中央电视台，2017 年 5 月 12 日)等。

(二)标题中词语的转换

词语的使用和转换包括成语，易字、谐音换用，俗语、方言的使用等。词语的转换能够使评论标题更加生动，在特定语境下转换词语，会给人耳目一新的感觉。词语用活了，语境就活了，这样的评论标题更生动。

成语使用。成语使用包括成语的直接使用、借用、易字使用等。直接使用的比如：《“左右逢源”，还是“左右为难”》(《解放日报》2019 年 8 月 2 日)、《良药苦口》(《人民日报》2010 年 4 月 30 日)，直接使用成语或借用成语意义，以此呈现论题或观点，有成语学习语境的读者会感同身受。相较于直接使用成语，借用和易字使用成语的现象更加普遍。比如《顺耳忠言更利行》(《人民日报》2006 年 10 月 23 日)，从忠言逆耳文字转换成为“顺耳忠言”强调话语方式的重要性，由此感知评论者的评论观点；再比如《光天化日竟敢顺手牵“猪”》，将成语“顺手牵羊”转换成为“顺手牵猪”，突出了论题中的话语对象，使标题更加生动。

易字、谐音换用。在标题中改变一个字带来了意蕴的完全改变，这样的标题更加生动有趣。比如电视评论《“寒山闻钟”新“官”念　自揽监督网民

---

① 参见汪小伢：《新闻评论类微信公众号标题研究基于 SPSS 的数据分析》，湖南师范大学新闻与传播专业硕士学位论文，2020 年。

意》(苏州广播电视台,2012 年 10 月 7 日),标题中把“观念”改为谐音的“官”念,批评地方官本位带来的社会影响问题,意味深远;再比如《强扭的“枣”能甜吗?》(甘肃省广播电影电视总台,2012 年 5 月 30 日),我们常说“强扭的瓜不甜”,这里将“瓜”换成了枣,强调了论题中的对象。类似的易字案例还有《温州:望“楼”兴叹》(温州广播电视台)等。

俗语、方言的使用。俗语的口语化表达以及方言的使用,能够在特定的地域中产生一定的共鸣,标题也显得更加生动。比如《罚款钱咋成了放牧费》(吉林电视台《纪实》栏目,2004 年 10 月 18 日),该标题中用了口语化的“咋”字强调了疑问的语气,便于话语表达;再比如《“有盐同咸,无盐同淡”》(《人民日报》2021 年 5 月 20 日)借用俗语表明党和群众同甘共苦,共同成长,这样的话语更容易理解和接受。

(三)修辞手法的转换

修辞的使用,能够使标题形象生动、传情达意,恰如其分,增强标题的呈现力和吸引力。

前文提到标题中积极修辞手法与消极修辞手法的对比,在积极修辞中提到了比喻、对比、反复、对偶几种手法,除此以外,标题中用到的修辞还包括比拟、借代、双关等。前文提到的几种修辞这里不再赘述,仅对比拟、借代、双关等加以分析。

比拟是依靠想象力将人比作物或以物比物的修辞方法。比如《野生鸟“飞”进烧烤店》(吉林电视台,2004 年 12 月 16 日),以“飞”来表达地方对野生动物保护的无视,强化了论题的评论对象。

借代是借用事物部分结构替代事物本体的修辞方法。比如《“重点保护”保护谁?》(吉林电视台,2003 年 12 月 8 日),“重点保护”借代指称的是具体的招牌,进而引申为地方有关“重点保护”的政策。

双关是字体表面的意义与隐含的意义相对应,一语双关。比如《一场大雨浇会了我们什么?》(《北京青年报》2004 年 7 月 13 日),标题中用了“浇”字,既表示了大雨浇城的事实,这是初始意义,同时浇引申为“教”,强调从公共安全问题中吸取哪些经验教训。

文无定法,题也无定法,标题的生动与否没有约定的范式,任何标题都离不开特定的语境,在充分考虑语境的基础上,在新闻评论标题的拟定上,除充分考虑贴切、具体、鲜明、精当和生动的要求外,还要在具体的新闻实践活动中努力开拓,才能制作出更好的新闻评论标题。

思考题

1.请简述新闻评论标题与新闻标题之间的区别和联系。

2.请谈谈新闻评论的标题有哪些功能。

3.请列举新闻评论标题的类型,并举例说明为什么这些新闻评论标题有一定的影响力。

4.请谈谈积极修辞与消极修辞在新闻评论标题中的作用,二者之间的区别如何?

5.请结合实例谈谈新闻评论标题的基本要求有哪些。

第八章　新闻评论的文风与语言

【学习要点】

新闻评论的文风和语言决定了作品的可视性。在新旧媒体并驾齐驱的当今社会，评论的文风当然要体现正能量，但是语言风格则要与时俱进，鲜活生动、贴地气才能被受众喜爱和接受。本章重点讲述了评论语言的要求，从叙议结合、情理交融、起承转合等几方面加以说明，并分析了所要规避的事项，同时对评论恰当引入网络语言加以阐述。

新闻评论的文风和语言可以概括为四个字——“高、透、深、明”。

“高”指立论站位要高，站得高才能看得远，有了高远的论点就能引领潮流风尚；“透”指说理要透，在评论的论证过程中，条条大路通罗马，尽管表述方式多种多样、语言风格千差万别，但是让受众易于理解是关键；“深”指挖掘的层次要深入，一个评论题材包括若干角度，好的评论者能够鞭辟入里，这样的评论受众会有“听君一席话、胜读十年书”的顿悟和酣畅之感；“明”则指评论的语言能晓畅明了，而非佶屈聱牙、晦涩难懂。在说理辨事的过程中，所用的技巧和手法可以化繁为简、化难为易，深入浅出、通俗易懂地把论点展现在受众面前，使其乐于接受。

做到了这四个字，一篇新闻评论就不会让人生厌，基本也就过了“语言关”。

第一节 叙议结合 议论风生

新闻评论因为结构的夹述夹议，文风既有新闻的生动活泼，又有评论的深刻犀利，追求思辨色彩。整体文风讲究寓理于事、情理交融，因为其把事实与说理融合，为作者提供了更大的施展空间，既能虚实相生、曲笔通幽，又可以洋洋洒洒、倚马可待。

一、专家视野叙事与发声

发表评论并非一定要由记者或者编辑发声，某个领域的执政者或者执法者以及权威人士，因为其身份指向和术业特征，他们对新闻内容的点评和分析可能更为深刻和可信。

新闻评论往往让专家学者、业内人士表达具有理论和思想深度的论点，而用记者表述来展开论据。

太原广播电视台采制的新闻评论《共享单车背后的冷思考》通篇没有记者或者主持人的演播室点评，而是把观点渗透在层层推进的采访之中。

共享单车背后的冷思考(节选)①

(解说)这是一组来自全国各个城市的图片，图片中五颜六色的共享单车，几乎遍布城市的大街小巷，各个角落，这种现象在太原市也比比皆是。这是记者在新建南路拍摄到的镜头。

(画面)共享单车乱停乱放，有五六辆车甚至躺在了绿化带里。

(同期声)**市民**：把这个都弄成什么啦，太不像话啦。

(解说)乱停乱放仅仅考量的是市民的素质，下面这组图片就已经不能用文明素质来评判。轮胎扭曲变形、车座杳无踪迹，二维码被划得面目全非，甚至有一些好事者，竟然把共享单车挂到了树上，扔到了河里，共享单车可以说受到了非人的折磨。

(同期声)**李晋斌**(太原市城乡管理行政执法局迎泽分局队长)：很严重地影响了市容市貌，还有城市道路的通行，影响了市民的通行。

(解说)面对如此混乱不堪的局面，城乡管理行政执法人员只能是在影响严重的地方，做到摆放整齐，或者把无人管理的共享单车集中到一个相对

---

① 李锐、李海波、王姝叶：《共享单车背后的冷思考》，太原广播电视台，2017 年 11 月 10 日。

宽阔的地方。

（同期声）**李晋斌**（太原市城乡管理行政执法局迎泽分局队长）：面对这种情况，我们市局、市管委也和所有共享单车的公司联系过，也沟通过，自从沟通以后，公司也派一部分人来管理，但是也没有达到全覆盖的效果，它达不到这么大的人力和物力，所以给我们（造成）的工作量还是很大。

（解说）就在拍摄的过程中，记者在山西大学校园以及南沙河岸边两个地方发现，仅有一家共享单车公司的员工在搬运整理他们投放的共享单车。

（同期声）**记者**：你们这是准备往哪儿拉？

某共享单车公司员工：我们是一个对一片，会拉到具体的停放位置。

（解说）雇佣人员整理维护，仅仅靠着屈指可数的几家共享单车公司负责，但市场上还有大量的共享单车仍然无人问津，这些公司只负责往市场投放，收取押金和租用费，至于车子谁骑，放到哪里，破坏成什么样子，他们是不闻不问。这也就是山西大学因共享单车无序停放采取的无奈之举，而且类似这种“治乱”给共享单车亮红牌的禁行令，在很多学校、单位也已经践行。兴利除弊，共享单车才能长久，才能“共享”得到长足发展。那么，市民以及校园的师生对共享单车管理运行如何看，又有什么期待呢？

（同期声）**市民**：加强管理嘛。

大学老师：主要是教育他们放得整齐点，该放的地方放上，不要乱扔就行。

市民：应该是划定一个区域比较好一点。

市民：爱护一点，因为车有时候骑到半路就没气了，或者是锁，其他的开不开就这样。

（解说）今年8月2日，经国务院同意，交通运输部、中央宣传部、中央网信办、国家发展改革委、工业和信息化部、公安部等部门联合出台了《关于鼓励和规范互联网租赁自行车发展的指导意见》，《指导意见》从实施鼓励发展政策、规范运营服务行为、保障用户资金和网络信息安全、营造良好发展环境四个方面，提出了相关具体措施。可以预见，共享单车无序发展、过度竞争的情形将会得到有效控制，行业也将在严格的监管下加速规范，百姓也将随着规范行为的提升，真正迎来共享时代，共享经济。

…………

（解说）涉及退费问题，由于受“酷骑单车”退费难的影响，许多人难免心里还有阴影，但面对可能出现退押金难的问题，多数人态度还是比较坦然。

(同期声)**黑龙江游客**:现在百十来块钱,对每个家庭也不是负担。

小赵:也不怕上当受骗,99 块钱嘛,一顿饭的事。

市民:如果是这样的话,我也没有好的办法。

市民:有没有这方面的顾虑,这个相对也有。

市民:要是不好退,那就把车子扛回家呗,总得想办法对吧。

(解说)无奈地放弃,或者以过激的行为面对,这些都不是"互联网+交通运输"这种共享经济形态发展所想要的,就如同电商购物一样,最初都曾出现过无序竞争,退费难、投诉率高的情况,但无论哪种经济模式,都会在政府主导以及市场经济优胜劣汰的情况下趋于理性。

(同期声)**容和平**(山西大学教授):"互联网+"的经济,它有一个保护伞,就是第三方的金融信用保证,这是一个现代市场经济国家最重要的一个保护伞,而我们国家信用经济不太成熟,发育速度还不能赶上市场经济发展步伐的,我们现在缺乏第三方——真正兜底的信用保障行业,就是金融信用保障。必须建立强有力的金融信用保障,它有利于消费者的权益,也有利于众筹型的投资者的权益。

这条新闻评论对新生的共享单车的乱停乱放和退押金难等问题进行了深入采访,作为新业态,共享经济无疑给人们生活带来了方便,也是未来城市绿色出行的一个新路子。但是随之出现的无序停放、无力管理和收费高、退费难等问题也困扰着城市管理者、使用人群和相关企业。记者在层层递进对大学生、市民、外地游客和城管人员、公司员工和大学专家的采访中,不断陈述各方对这个新生行业如何规范、引导走向健康前景的观点。这条新闻讲述的是一种社会现象,评析的是这种现象引发问题的解决之道。这种寻求问题解决的过程也就自然而然成为隐含在采访主线中另一条暗线,这条暗线就是评论的论点,连缀起来使之逻辑化、条理化,最后构筑起评论的主题。

二、新闻评论叙议结合中的虚实呼应

《新华日报》2017 年 2 月 24 日刊发翟慎良的《民生实事莫沉迷于"数字突破"》,从题目上把实的民生与虚的数字并列形成对比,而在文中则层层剖析解析各类虚空、浮夸的数字政绩,以实击虚。

文章首段一针见血:一个医生往往要完成几千个居民的签约,目前签约率只是一个数字概念,实质内容非常有限。然后笔锋一转,指出:这个问题

很有普遍性。有人开玩笑自己“被就业”，也有人感慨“自己收入拉了大家后腿”。随后点出问题实质：公众反感和忧虑的是人为制造的“数字突破”以及对“数字突破”的自娱自乐，进一步深入挖掘失真失准、缺少认同的“数字突破”是“造”出来的，也是“逼”出来的，表明考核指标的制定存在问题。最后强调防止“数字突破”和超越实际，要把民生实事真正落地，办在群众的心上。

三、夹述夹议要学会树靶子、立典型

评论的目的因为要针砭时弊、惩恶扬善，所以正面和负面的社会现象和风气往往作为评论对象出现。而做到有的放矢就要求评论作者会树靶子，选取的评论对象要有社会共识，富有典型意义，不能无病呻吟，或者选择的立论对象无关痛痒，引不起受众的关注。

《中国教育报》2017 年 12 月 19 日刊发刘涛的《新时代呼唤蓬勃的青年精神》一文，选取的评论对象是佛系青年，先是讲述这种现象令人担忧，因为其脱胎于网络空间方兴未艾的一种文化谱系——丧文化，本质上是一种犬儒文化，即对现实问题和生存环境采取回避态度，缺乏积极进取的主动精神。存在的问题很严重，由此这个靶子树得非常及时，作者瞄得也非常准。接着用了两个疑问句揭示这个群体不堪一击的痛处。真的存在“无我之境”吗？如何理解并诠释责任、主体性、生命意识这些不能回避的问题？

文章后面紧扣大时代主题讲到青年兴则国家兴，青年强则国家强。青年一代有理想、有本领、有担当，国家就有前途，民族就有希望。那么解决之道就要倡树网络文化空间的新时代青年精神，强化社会主义核心价值观教育。

四、夹述夹议时把握好“度”

在陈述观点、展开论据时，既要有理有据，又要不失偏颇。在评论创作尤其在展现正反方观点时要气定神闲，切忌情绪化，不能使用暴力语言。

一分为二的写作也并非各打五十大板。批评的板子要打在痛处，要让被打者心服口服，同时要抓住少数爱好胡乱指责他人的人的漏洞，把对方驳斥得哑口无言。

《福建日报》张杰的《魏则西事件下的污名化狂欢要不得》用数字无可辩驳地指出：

截至 2014 年底，我国拥有民营医院 1.22 万家，数量占全国医院总数的 47%，每年医疗产值保守估计在数千亿元乃至上万亿。所以我就纳闷了：如果民营医院真的都是有些人口中所谓的骗子，那恕我孤陋寡闻，还真没见过折腾出这么大动静、“骗”术如此高明的“骗子”。至于把矛头指向莆田人、福建人，面对如此低智商的伪命题我只能一笑了之：哪个省份的人没有被“黑”过？这些年，类似的事情还少见吗？

当然，话说回来，魏则西事件也以一个年轻生命为代价给我们提了个醒：民营医院乃至整个医院体系确实存在害群之马。对于这样的害群之马，最好的解决办法就是交由相关部门依规依法处理(实际上，魏则西事件发生后，相关部门已经介入调查)。而对于时下正处在风口浪尖的民营医院来说，更应该抱着“有则改之，无则加勉”的态度，以魏则西事件为契机，为自己认真地“号号脉”，对照、检视可能存在的问题，找出病灶，去除沉疴痼疾。切实把患者的生命健康和切身利益放在第一位，这才是今后发展壮大的根本之道。

这段评论前面用数字叙述佐证论点，从民营医院的正面贡献肯定了其主流方向，后面则实事求是点出魏则西事件也暴露出民营医院的问题所在，夹述夹议、有理有据，既反思了具体问题产生的症结，又批判了不问青红皂白一棒子打死一片和地域黑、行业黑等社会舆论的不良风气，正反论点适度得宜、客观公允。

五、夹述夹议时要抓住重点

夹述夹议时要抓住重点，重中之重处须浓墨重彩、说深讲透。中国水墨画讲究疏可走马、密不透风，新闻评论在叙述与评论结合的过程中也要参考这种技法，繁简得当，在要害处绝不能一笔带过，而要倾注笔力，如庖丁解牛，层层剖析，力争叙事细致入微、说理丝丝入扣。

《农民日报》何兰生的《“农改居”：农民的利益只能增不能减》，谈到农民的权益尤其是土地承包经营权、宅基地使用权和集体收益分配权等是农民的“命根子”。又更进一步，具体举例。如承包地，尽管“农改居”了，要不要退出是农民的自由，任何人不能剥夺。即使退出，也必须做到“有偿、耐心”。这段议论，是对影响了中国社会数千年的三农核心问题的探讨，用墨再细再多也不为过，而作者颇具真知灼见，浓墨重彩更显深邃的思想和富有指导性的观点正所谓“酒逢知己千杯少、话到真处不嫌多”。

第二节　通情达理　情理交融

好的评论要以情动人、以理服人，情理交融是一部评论作品所能达到的最佳境界。

高大至政论巨章，平实如随感小文，受众从中能体会到慷慨激昂、柔情缱绻、低回悲伤的各种情感，这样的评论才能达到传播的实效。

从无产阶级革命家毛泽东的挥斥方遒、信手拈来，充满着革命豪情，到文学巨匠鲁迅的嬉笑怒骂皆成文章，流淌着忧国忧民的激愤之情。新闻评论历来就以直抒胸臆、直指人心为根本，只有撩动人性中最柔软也最普遍的喜怒哀乐，才能成就精品佳作。

一、白描叙事式写法会让受众过目难忘，起到撼动人心的感染功效

《人民日报》2008年6月2日“任仲平”的《灾难中挺立伟大的中国——写在中国人民抗击四川汶川大地震之际》开头就是用了这种白描手法，寥寥数笔就勾勒出事件主体：

> (一)2008年5月12日14时28分。北纬31度，东经103.4度。山崩地陷，江河呜咽。
>
> 这一刻，即成国殇。
>
> 8.0级强烈地震，短短80秒，数百万生命被推到生死边缘。这是新中国成立以来破坏性最强、波及范围最大的一次地震。这场21世纪发生的毁坏性灾害震惊了世界，全球的目光投向中国……
>
> “任何困难都难不倒英雄的中国人民！”
>
> 20天前，汶川震动中国；20天来，中国感动世界。
>
> 气壮山河的生命大救援，迸发出世所罕见的中国速度、中国力量、中国精神，将这段日日夜夜标注成共和国历史进程中的一个新起点。
>
> “万众一心，众志成城，迎难而上，百折不挠”。在以人为本的时代旗帜下，正在迎来改革开放30周年的中国，渴望实现奥运百年梦想的中国，在这场突如其来的“大考”面前，以一种特殊的方式呈现自己。
>
> 汶川作证：我们这个民族，经得起颠簸！

这种白描笔法不同于工笔精工细作，只言片语间一语中的，让人驻足、

凝视，欲罢不能。接下来通篇评论基本以短句和短段落为主，78 个段落，50%用的是一句话的短章。我们来看最后一节。

> （十三）汶川 5 月，满目伤情。但垅间的小麦已在收割，6 月的新绿就在眼前。
>
> 5 月 19 日，全国哀悼日第一天，地震重灾区北川中学师生齐唱国歌重新开学。
>
> 6 月 1 日，国际儿童节，灾区的孩子说最想要的礼物是“快乐”。
>
> 这是顽强生命的礼赞，也是不屈中国的象征。
>
> 恩格斯说过，“没有哪一次巨大的历史灾难，不是以历史的进步为补偿的”。也许我们无法回避灾难，但我们可以选择如何面对灾难，是生者的勇气将人类无数次劫难，砌入文明演进的长河。
>
> 从治河而兴的黄河文明，到浴血重生的近代中国；从 32 年前的唐山大地震，到 1998 年抗洪抢险；从 2003 年抗击非典，到今年年初迎战冰雪，正是一次次灾难忧患的严峻考验，砥砺着中华民族的伟大精神，推动着中国社会在挫折中奋进，在逆境中前行。
>
> …………
>
> 从灾难中汲取信心，从灾难中汲取力量，对于历经磨难的中华民族，汶川大地震是一个悲壮的过去，更是一个伟大的开始。
>
> 希望与中国同在！

虽然多用短章，但是非常精练，一气呵成，营造的意境气象万千。最长的一段也仅用了两句话，整体的文字流露出中华民族不屈不挠的顽强意志、中国人民万众一心的团结精神。在整个国家为了灾区人民哀痛之时，短促的语句仿佛激昂奋进的进军鼓点，显现了举国同心、坚韧不拔、勇往直前、排除万难的英雄气概。

二、抒情式开头容易引发受众共鸣，从而达到环环相扣、于无声处听惊雷的说理奇效

新华社的《中国故事，更精彩的书写还在后面》[①]使用了这样的开篇：

> 九月的阳光，洒在中国大地上，也照进爱好和平人们的心里。

① 詹勇、王甘武、李学梅：《中国故事，更精彩的书写还在后面》，2016 年 12 月 7 日，http://media.people.com.cn/n1/2016/1207/c408727-28932428.html。

时光飞逝中，历史新的书写已经开始。回望刚刚结束的纪念抗战胜利70周年的国家盛典，历史将会记住什么？是铁流滚滚、战鹰呼啸的胜利日大阅兵，还是中国裁军30万的铿锵宣示？是抗战老兵微微颤抖的军礼，还是国歌响起时中华儿女心中涌起的波澜？无数的瞬间与场景，无数的掌声与感动，汇成了一个个精彩难忘的中国故事，写在了我们心灵深处，凝结成新的集体记忆。铭记历史、缅怀先烈、珍爱和平、开创未来，此刻的中国，无比坚定地向前行进；此刻的世界，倾听着来自东方的讲述。

这是一个民族复兴的故事。天安门广场，长安街，浓缩一部中国近现代史。在这里，曾闯入八国联军的队列，曾踏进日寇的铁蹄；在这里，也迸发出"外争国权，内惩国贼"的呐喊，发出了新中国成立的庄严宣告。落后与挨打，抗争与奋起，高耸的华表见证这一切，红墙黄瓦又承载多少兴衰成败。

历史，何尝不是饱含感情的回忆？这些天，有两幅颇具深意的图片在网上流传甚广，令不少国人观之泪下：一是周恩来总理站在天安门城楼上的历史图片，一是邓稼先、钱学森等亮相大阅兵的假想画。有网友配文："这盛世，如你所愿。"这是怎样的一个宏愿？只有重温甲午年"四万万人齐下泪"的巨痛、柳条湖的惊天一爆、卢沟桥畔的枪声，我们才能深切感受70年前神州沸腾、喜极而泣的胜利喜悦；才能深刻理解，一个饱受磨难的民族，一个在现代化进程中奋起直追的民族，为何如此渴望独立与富强，为何如此不懈追求文明与进步。

这篇评论整体运用了抒情手法，既有对历史的生动回忆再现，又有对未来的希冀展望。

三、引用恰当、精彩的案例典故和名言警句能够提高受众的阅读和视听兴趣，增强作品的感染力

选取社会现实和生活生产实践中的事例作为论据，这是评论作者常用的技巧。

仍以《中国故事，更精彩的书写还在后面》为例，其中援引周总理、钱学森、海明威等人物的所言所行、所观所感，让受众浮想联翩、感慨至深，其中"1941年，海明威来到中国，看到10万农民唱着号子建造机场的壮观场景不禁感叹，中国人民有勤劳勇敢、不怕艰难牺牲的精神，必将取得最后胜利"，

受众会从这段事例中油然而生民族气节，振奋起对实现国家理想的信念。

在《守住人民政党的生命线》①一文中，作者转借了多处别人的所见所闻所感：

> 斯诺去陕北寻找答案。“我看到毛泽东住在简陋的窑洞里，穿的是打了补丁的衣服，吃的是小米饭和辣椒土豆丝；周恩来睡在土炕上；彭德怀穿的背心是用缴获敌人的降落伞做的；林伯渠的耳朵上用线绳系着断了一只腿的眼镜；林彪请我吃的是‘面条宴’；红军大学学员把敌人的传单翻过来当作课堂笔记本使用……他们坚忍卓绝，任劳任怨，是无法打败的。”
>
> 同样是流动人口子女就学，农村孩子希望进城分享名师名校优质教育，城里家长担心稀释教育资源加剧升学竞争。同样是小商小贩沿街叫卖，有人认为便利了生活，有人认为搅扰了秩序，有人觉得有碍市容应该惩处，有人觉得弱势群体需要保护。同样是治理城市交通拥堵，骑车者为自行车争路权，开车者为车位鼓与呼，家境宽裕者反对限行摇号，低收入者认为征收拥堵费是以钱划线歧视穷人……
>
> 1956年，党的八大召开之际，一位诗人写下这样的感触：“不要忘山乡水村的那些母亲，不要忘一同睡过破炕席的兄弟，也不要忘缝缝补补的姐妹情谊，他们的烦恼和困难要多多深思。这是我们的本色也是我们的来历，把它像石碑一样刻在心里！”
>
> 新中国50周年大庆时，天安门城楼上，一位老一辈革命家看着连绵不绝的国庆游行队伍，曾意味深长地说道：“人民就是江山，江山就是人民。”

在这篇长文中，诸如此类的案例、引文如珠玉闪烁，穿插其中，让人印象非常深刻。

另外，适当巧用典故和名言，可以为评论作品锦上添花。《人民日报》2014年8月1日仲祖文的评论《择天下英才而用之》开头两段用了1400多年前唐太宗立科举之制、行开放之策，网罗天下英雄的故事，又用了二战结束苏联忙着从德国运回机器设备，美国则运回德国专家，人才战为美国战后科技腾飞和经济发展奠定了基础的例子。

文中还多处引用格言警句，如“泰山不拒细壤，故能成其高；江海不择细

---

① 任仲平：《守住人民政党的生命线》，《人民日报》2013年10月14日。

流，故能就其深”；“百里奚居虞而虞亡，在秦而秦霸，非愚于虞而智于秦也，用与不用，听与不听也”。

新闻评论的作者需要做杂家，对历史、科学、文学等都要有所涉猎，对新生事物要有浓厚的兴趣，并保持终身学习的习惯，这样在写作中运用相关知识和素材时才能游刃有余。

四、比喻、排比等修辞手法的运用在增加新闻评论文采的同时，赋予作品强烈的感情色彩

中国文学作品传统就有比兴的技法，即先言他物以引起所咏之词。换句话说，“比”就是比喻，“兴”指借助其他事物引发所要表达的内容，借物咏怀、托物抒情，常有曲笔通幽、摇曳多姿的奇效。如北朝民歌《木兰诗》中的“雄兔脚扑朔，雌兔眼迷离；双兔傍地走，安能辨我是雄雌”，乐府诗《孔雀东南飞》中的“孔雀东南飞，五里一徘徊”，唐诗中的“桃花潭水深千尺，不及汪伦送我情”，宋词中的“知否？知否？应是绿肥红瘦”等，中国文学作品中的比喻手法随处可见、俯仰皆拾。以物拟人、借事抒情可以激发读者的联想，让读者产生审美感受的同时也加深了对作品的理解。

在新华网 2015 年 10 月 16 日的网络评论《政府敢啃“硬骨头”市场才能有“肉”吃》一文中，题目连用两个比喻，形象贴切。文中点题说道：“唯有实践，才能分辨华丽的秕谷与饱满的种子！才能创造生长所需的阳光雨露，让创业创新的种子落地生根、开花结果。”而在《甘肃日报》2017 年 6 月 15 日的评论《供给侧改革需加减法并举》讲到“供给和需求是经济的两翼，应该健康协调发展”，“两翼”以物寓物，而题目中的加减法本身也是比喻，如其中的减法指的是减税、简政、减补。

而南京广播电视台的《东升工作室》采制的《民生工程为何不得民心?》中用了一组排比：

> 只注重建设规模，忽略了群众感受；
> 只注重任务的完成，忽略了群众反映具体问题的解决；
> 只注重工程建设进度，忽略了建设过程的管理；
> 只注重工程目标的实现，忽略了群众切身利益的实现。

这组排比句的使用增加了作品的气势和震撼力。而这篇电视评论的三个分标题也是排比并列：

"民生工程不得民心"原因之一:缺乏对民意的尊重,缺乏务实的工作作风;

"民生工程不得民心"原因之二:缺乏对建设规律和科学的尊重;

"民生工程不得民心"原因之三:没有建立有效的管理机制,导致粗放组织、粗放管理、粗放设计、粗放施工。

而在片尾,记者也用了类似的手法,提了三个并列的质问,掷地有声,直击相关部门和人员的痛处:

一个旨在为市民的长远利益"办好事实事"的工程,为什么没能得到大多数市民理解,为什么那么多人吐槽?前期方案粗放,施工环节脱节,时间过长,扰民现象严重,实施的项目效果老百姓不认可。这些表面上看是施工过程中的管理问题,实际上就是官僚主义和形式主义的典型表现。一切为了群众,一切依靠群众,从群众中来,到群众中去,这是党所创造的一种科学领导方法和工作方法。民生工程不得民心,这让我们反思:究竟应该怎么到群众中去,从群众中来,究竟怎么样真正依靠群众?"雨污分流"这项工程就是一面镜子!

评论写作时,恰当采用诗词歌赋、名言警句,可以起到画龙点睛、锦上添花的作用。

五、新闻评论既要懂得反思,又要做到情深意长

新闻评论写作时能做到反思相对容易,但同时能融入真情实感打动受众则比较难。作者需要带着情感创作,要打动受众,先要让自己沉浸其中。

澎湃新闻网 2019 年 4 月 2 日的《没有一条生命是为了牺牲而存在》,其中有这样两段:

我们还应该知道,多少鲜花和泪水都换不回逝去的生命。丈夫不会再回到伤心妻子身边,儿子不会再拨通母亲的电话,亿万人传阅的朋友圈已经永远定格了。

所以当人们探讨有什么办法让消防员牺牲更少,直到不再牺牲,这种议论不是说怪话,更不是亵渎英雄的贡献。英雄值得被歌颂,英雄也需要保护。没有一条生命是为了牺牲而存在,所有家庭都有幸福美满的权利。

这样的评论不仅理性，更有对生命和烈士的深深敬意与拳拳真情。《中国青年报》2012 年 2 月 23 日曹林的《读懂了雷锋的快乐，才读懂了雷锋》中有这样的描写：

> 我们习惯于描绘一个高大的雷锋，阐释一个神圣的雷锋，将雷锋捧上高不可攀的圣坛，而忽略了这样的现实：作为一个人，雷锋是快乐的。很少有人走进雷锋的内心，感受他作为一个有血有肉的人的快乐。有人会说：你不是雷锋，你怎么知道雷锋是快乐的？这种快乐，可以从他的故事中感受到，从他的日记中读出来，从他留给我们的影像中品味到。
>
> 很难想象，如果做好事不快乐，如果不是因为快乐，还有什么力量能支撑他做了一辈子的好事。对雷锋最经典的评价是：一个人做一件好事并不难，难的是一辈子做好事。只有发自内心的快乐，才能超越这种"坚持做好事"的艰难。只有做一件让自己感到真正快乐的事，而且这种快乐并非昙花一现而能沉淀在内心，历久弥坚，才会使坚持获得坚如磐石的支撑。

人们常常人为拔高英雄伟人的思想境界，仰视之余产生高不可攀的错觉。实际上我们从共通的人性情感去理解，反而更能走进他们的内心世界。这样的评论找到了大家熟视无睹的情感空白点，在受众豁然开朗之际显示出新闻评论情理交融的力量。

第三节 起承转合 变化有致

新闻评论一般以精练、紧凑为特点，无论洋洋洒洒的时评政论，还是短小精悍的微评短章，基本的结构都要讲究起承转合。从题目的拟定到开头的引入，再到层层推进，最后收尾，都包含了一定的技巧。

这里重点阐述一下评论的开头和结尾，正如古人形象地把文章的起和收比喻为"虎头猪肚豹尾"，精彩的结构确实会让受众过目难忘甚至叹为观止。而在信息日益膨胀、节奏时不我待的当下，好的开头至关重要。

评论开头可以分为抒情式、事例法、典故类、新闻源几种。抒情式开头上一节已经有过阐述。后面三种方法实际上有共通之处，就是寻求案例切入。形象生动的案例因其情节性和故事性，最易吸睛和打动人心。

如《人民日报》2020 年 3 月 26 日的评论《风雨无阻向前进——写在中国人民抗击新冠肺炎疫情之际》这样开头：

> (一)和大自然一样,人类社会的发展,既有阳光灿烂的日子,也有风雨交加的时刻。
>
> "乔木亭亭倚盖苍,栉风沐雨自担当。"几千年来,治理桀骜不驯的大江大河,迎战数不胜数的自然灾害,抵御寇急祸重的外来侵略……中华民族成长的道路上,充满各种可以预见和难以预见的风险挑战。但总有不惧风雨的勇气、不畏艰险的力量,汇聚成推动中华民族不断发展壮大的历史潮流。
>
> 岁末年初,一场新冠肺炎疫情突袭大江南北。这场疫情,暴发于"九省通衢"湖北武汉,扩散在人流规模最大的春节假期,成为新中国成立以来在我国发生的传播速度最快、感染范围最广、防控难度最大的一次重大突发公共卫生事件。在决胜全面小康、决战脱贫攻坚的关键时刻,中华民族又一次面临严峻考验。
>
> "生命重于泰山。疫情就是命令,防控就是责任。"在以习近平同志为核心的党中央坚强领导下,举国上下同时间赛跑、与病魔较量,从耄耋院士到"90 后""00 后",医无私,兵无畏,民齐心,党员干部冲锋在前,社区工作者奋战一线,湖北人民识大体顾大局,亿万人民手相牵心相连,一场力度空前的疫情防控阻击战全面打响,14 亿中国人民在共克时艰中勇毅前行。
>
> "珞珈山的樱花开了!"从来没有哪个春天,让我们如此期待。武汉如约绽放的樱花,与神州大地上的春耕号子、机器轰鸣一道,展现着勃勃的生机与希望。英雄的人民坚强不屈,英雄的城市坚如磐石,英雄的中国坚不可摧,历史将再次证明——
>
> 中华民族历史上经历过很多磨难,但从来没有被压垮过,而是愈挫愈勇,不断在磨难中成长、从磨难中奋起!

这个开篇引用了宋代叶梦鼎《盖苍乔木》中的诗句,用在举国同心、抗击疫情的长篇评论的开头却分外贴切。接着评论介绍了这个严峻考验的背景,随后笔锋一转,从中央决策、坚强领导到人民团结、万众一心,一场全民奋起迎击肆虐疫情的阻击战图景跃然纸上。随后武汉樱花、春耕号子、机器轰鸣的诸多音画丰满的意象把慷慨之声转向壮怀激烈,上升为中华民族迎难而上的最强音，恰如一首英雄交响乐，一开头就气象万千、夺人心魄。

好的开头应该以情感人、以事动人、以理服人，最终都是为了做到先声夺人。

中间部分的写作则需要逻辑严密、分段清晰、层次递进、回环曲折。整体跌宕起伏，常有山重水复、错落有致的结构编排，使受众在欣赏过程中感受到深邃的思想和透彻的说理。

作为评论结尾，既要做到干净利索，又要力争余音绕梁，让人回味无穷。

结尾一般要拔高立意，但是必须掌握分寸。

仍以上文为例，它的结尾如下：

> （七）历史必将铭记2020年，不仅因为我们经历的磨难，更因为愈挫愈勇的斗志和生生不息的希望。
>
> 3月17日，一名援鄂医疗队队员在返程时，拍下了武汉的日出，“这么美的太阳，今天武汉一定会有个好天气。”方舱医院休舱，生活的画卷重新展开；疫情逐渐散去，前进的脚步永不停歇。
>
> “莫道春光难揽取，浮云过后艳阳天。”长江两岸，“武汉必胜”格外醒目，这是江城武汉的英雄气质；东湖之畔，千树繁花悄然绽放，这是不可阻挡的春天脚步！一个个这样的瞬间，蕴藏着荆楚大地穿越风雪砥砺前行的秘密，孕育着中华民族久经磨难自强不息的力量。
>
> 从艰难困苦中走来，在风霜雨雪中跋涉，我们对困难和挑战并不陌生，我们对成功和胜利更不陌生——我们有信心、有能力、有把握赢得疫情防控总体战的最终胜利，我们有信心、有能力、有把握打赢脱贫攻坚战，如期实现全面小康。无论什么样的风雨，都无法阻挡中国人民和中华民族的前进步伐！
>
> 武汉必胜！湖北必胜！中国必胜！

新闻评论可以分为舆论监督类、现象和趋势分析类、事件透视类几种。因为其针对的对象差别，所以评论风格个个不同，表现在写作上就有各自的文风和写法。

舆论监督类评论节目的起承转合需要一追到底，还原事件的前因后果，不仅调查过去、现在，还要对未来事件的影响做出预测和分析。

有的新闻事件涉及的层面众多，可能会牵扯不少当事人，而且在事件调查时不断有新情况发生。这时，评论记者必须锲而不舍，在事件进展过程中判断每个线索的价值。

笔者在电视媒体担任民生节目负责人时，和记者策划的第一个大型系列报道标题为《假阀门背后的阴影》。

阀门多用于工业领域，与普通市民关系不大，但是其巨大的利润空间在当地形成了巨大的造假市场。在一个城郊村，从南方过来回收、加工旧阀门的小作坊有十几家，他们把回收回来的旧阀门重新抛光打磨再刷上新油漆，以新阀门的价格对外出售，形成了一个完整、巨大的产业链。经过周密策划，记者决定从废品回收站入手，因为这些加工废旧阀门的人需要原料，而原料就来自废品回收站。记者先后几次来到废品回收市场蹲点守候，功夫不负有心人，果然等到了来购买旧阀门的加工贩子。记者也以买旧阀门客户的身份与这些贩子搭上了话，用暗访机从他们的嘴里得到了他们购买废旧阀门作为原料加工的事实。

可等到他们买完原料后，如何能找到他们的加工窝点呢？这些造假分子十分警觉，当记者跟踪他们的车子走了1公里多时，可能是他们从后视镜里发现了记者的车辆，就突然掉头迎面驶来，如果记者的车也跟着掉头，无疑会暴露身份。魔高一尺、道高一丈，记者已提前做了充分准备。当他们的车掉头后，记者安排的另一辆摩托车继续跟踪他们，就这样，记者顺利地跟踪他们到了加工窝点。随后，栏目推出了第一篇报道《回收站购买废旧阀门为哪般》。等查到了他们的加工窝点后，记者迅速联系了质量技术监督部门进行查处，推出了第二篇报道《直面加工窝点》。

节目播出后，我们就会同工商部门和厂家打假人员把销售网点一举端掉了。整个事件可以说是圆满结束，观众也能认可。但我们还不满足，继续推出了《小阀门　大隐患》。在查处销售网点的过程中，我们根据提前设想的问题询问销售人员，查找他们的销售记录，找到了他们的销售渠道，调查结果令我们大吃一惊，其中一大部分阀门居然流向了当地几家重要企业。使用劣质阀门的企业也造成过重大的安全事故。

当地有自己正规的阀门厂，为什么大家不去买正规厂家生产的产品，而是购买假冒伪劣产品呢？烟台这些正规厂家在假货影响下会不会受到冲击呢？带着这些疑问，记者来到了位于福山区的烟台阀门厂，得知这家企业在假冒伪劣产品的冲击下面临倒闭。

通过对这一重大题材的调查，我们反思了为什么假阀门会在当地形成这么大的产业链？相关的监管部门为何无动于衷？为什么有些业务人员明知是假冒伪劣产品却一再购买？应该怎么监管才能让假冒伪劣产品不再死灰复燃？就这些问题在连续报道后加上了犀利尖锐的编后评论，为这一组报道画上了圆满的句号。这组报道后来也被评为山东广播电视一等奖、山东新闻一等奖、全国城市台好新闻一等奖。

这组报道显示了评论在民生新闻报道中的重要性。如果我们只是记录整个调查过程，就不会通过反思问题成因和如何监管、举一反三杜绝后患成就最后压轴的评论节目，就不会取得最佳报道效果。

现象和趋势分析类评论节目的起承转合需要确定主体的层次和相互关联，既可以依据逻辑关系架构，也能够按照相互关系排列。

现象和趋势分析类的评论节目是就某一种具有代表性的社会或者经济现象以及发展趋势进行分析、评论，力图从层层表象中摸索、总结规律，厘清其产生、发展、变化和未来走向的轨迹，为国家和社会提供资鉴，为人们展现清晰有序的隐藏于纷纭世象后的本来面目和演变方向。

这类评论首先需要选准所要分析评论的题材，要具备普遍意义和新闻价值。而正因为其意义和价值重大，所以在随后的组织材料、制作撰写过程中要充分调研，依据国家大政方针、法律法规，作出有预见性和独到的分析解读，得出对未来社会和经济发展能够发挥借鉴和起指导作用的结论和论点。

在完成电视理论片《农村社会保障——九亿农民的企盼》的第二年，笔者再次把视角转向了九亿农民如何增收的话题，这也无疑是中国迈进 21 世纪大门时所需面对的一个大问题。

朱镕基总理在第九届全国人大第四次会议所作的“十五”计划纲要的报告中，给出了解决这个问题的对策，其一就是要鼓励农业服务组织创新，培育经纪人队伍，全面发展农业社会化服务。

实际上，朱镕基总理提出的这些服务组织即是中介组织。现在农民增收有两愁：一愁农产品卖难；二愁结构调整难。而连接农民和市场的中介组织对帮助农民解决这两个问题有着直接的作用。笔者敏锐地抓住了这一重大题材，针对当前农村中介组织水平参差不齐的局面，从正反两方面采访了大量生动的素材，走烟台农村、跑上海市场、访专家学者，经过近半年的跟踪采访，挖掘出了一系列具有说服力的典型事例。

在《探访中介》这一作品中，笔者以烟台水果产业为基点，全面揭示了整个农业中介组织的现状、作用、存在的问题和发展的趋势，采访对象既有普通农民、生产大户和各类经销商,又有大学教授、中国工程院院士和农业部的领导,这些具有代表性的群体从各自的视角,对这一关联农民增收的话题进行了深入的探析,明确地提出了要迎接入世挑战、增加农民收入,既要大力发展又要规范完善农村中介组织这一重大主题。

作品不但注重对主题的挖掘,而且重视形式上的架构。全片以大片头开始,引人注目;采用主持人承前启后,结构清晰;三个小片头以言简意赅的片段提示每一部分的主题,节奏感较强。本片播出后,引起各级领导和社会各界对这一问题的关注和重视,尤其是得到了广大农民朋友的欢迎。该作品荣获山东省委宣传部评选的2000年度省精品工程奖。

习近平总书记在2020年12月28～29日召开的在中央农村工作会议上指出:“历史和现实都告诉我们,农为邦本、本固邦宁。我们要坚持用大历史观来看待农业、农村、农民问题,只有深刻理解了‘三农’问题,才能更好理解我们这个党、这个国家、这个民族。”①这部电视评论片前后策划过程中就贯穿了这种大历史观,赋予了片子历经多年仍具有关照现实三农问题的历史厚重感。

探访中介

(口播)到1999年,我国的水果总产量已经达到六千多万吨,人均占有水果50公斤。虽然水果的产量越来越多,但销售却越来越难,卖难的关键主要在于流通环节,而中介营销组织就是其中的主角。那么在农产品流通和结构调整的大舞台上,这个主角的表现如何呢?

导视:

收入不行,今年按照经济的说法是赤字。

他们的个体商贩欠老百姓钱,也在一千多万左右。

果农喊苦,商贩叫亏,产销不畅,原因何在。

(解说)今年10月份,我们在烟台农村采访时,看到的是一片水果丰收的景象,但听到的大多是农民烦恼的心声。牟平区观水镇的丛启国收获了五千多公斤的苹果,整整卖了五十天,先后和十几个销售商打过交道,这让他觉得卖果子比种果子累,因为收购的大多是当地和外地的贩子,狠着劲压级压价。丛启国不得不赔着笑脸看人家的脸色。

---

① 《习近平在中央农村工作会议上强调:坚持把解决好“三农”问题作为全党工作重中之重 促进农业高质高效乡村宜居宜业农民富裕富足》,《人民日报》2020年12月30日。

（同期声）**丛启国**：检果和收果的老板是果质量的法官，他说多少是多少，他说够个什么等级就够什么等级，要不你不卖拉倒。收入不行啊，今年按照经济说法是赤字，拉空头啊，就是你生产的东西不够支出的。

（解说）果农叫苦，贩子的日子就好过了吗？在上海市的上百处批发市场里，记者看到，有苹果的地方往往就聚集着上百个来自烟台的经销商，所以经常暗中起了内讧，互相压级压价，往往是赚赚赔赔，风险很大。

（同期声）

烟台经销商：这辆车卖了半个月了，半个月没下货。

烟台经销商：这回赔这儿了是定了。

（解说）但是贩子赔钱，往往采取欠款或赖账的办法，把风险转嫁到了农民身上。

（同期声）**于永志**（牟平区观水镇供销社主任）：作为我们观水镇，从九二三年到现在吧，总共他们这些个体商贩欠老百姓的钱也在一千万左右。

（解说）果农喊苦，贩子叫亏，那么果品加工企业又如何呢？一进入10月份记者看到，在烟台市所有果汁加工厂门前，送果车都排起了长龙，因为收购标准严格，稍有疤痕的果子就被列为次果，没办法果农只好卖给这些加工企业。但是这些企业一面加大马力生产，一面尽力压低价格，降低收购成本。沉甸甸一车苹果换来轻飘飘几张票子。正应了果农那句话，不是企业帮咱分忧，而是咱帮企业挣钱。路远的卖不出路费，果农就干脆把果子倒进沟里了事。果农的日子不好过，经销商又担着风险，只有吃着物美价廉水果的消费者高兴，市场依然不紧不慢地前行。但是放眼长远，这种状况必然拖伤生产者和经销者的积极性，到头来，影响的还是消费者的利益。那出路又在哪里呢？

导视：

现在国内的中介组织有七八种模式，到底哪一种成本最低、效率最高呢？

果品公司赔了就是俺赔了，一家人一样。

几家欢乐几家愁，一些中介和农民的联结日益紧密，但因为缺少扶持，步履艰难。

（解说）牟平区东沙子村的张玉庆等九户农民，今年却不像村里别的果农一样到处找买家，他们现在正心情舒畅地在果园里学习技术，期待来年的又一个丰收。今年他们的苹果不但质量好，而且全部进了冷库，原来他们都是区里果蔬合作社的社员。

（同期声）**张玉庆**：这好几年了，年年价钱都比底下的贩子高，俺放心，一年没有瞎的。果品公司赔了就是俺赔了，一家人一样，没有掺假方面的东西。

（解说）张玉庆所说的公司下属于他们参加的牟平区果蔬合作社，这个合作社除了保证销售，还以成本价向社员们提供优质化肥，并且定期派技术员上门为他们指导管理技术，合作社的车经理还是牟平区果品有限公司的副总，他认为成立合作社对果农对公司都是一举两得的好事。

（同期声）**车秀敏**（牟平区果蔬合作社经理）：我这个回报是大于付出的，因为他们生产好了，他们的质量好了，我卖的价格就随时出现利润了，这就属于无形的资产。

（解说）但让人遗憾的是，以经营果品为主的合作社，在烟台为数很少，更令人吃惊的是，这样一个经营成功的合作社竟然名不正言不顺。因为专业合作社是以服务农民为主要目的的机构，应该享受国家减免税的优惠政策，但是当地政府的主管部门以股份公司的下属企业均需纳税为理由，迟迟不给他们办理合法手续。运作四年了，这个深受农民欢迎的合作社，竟还是一个黑社。所以尽管可以增加社员、扩大规模，但合作社的负责人犹豫不决，不敢步子迈得太大。像这样用心良苦的中介组织在经济运行的链条上也许能运转自如，但是如果遇到了政策关口往往难以通过。绊了脚的是中介组织，摔跤的最终却是农民。

蓬莱市刘沟镇的700多户果农今年很高兴，他们年初与拥有自营出口权的蓬莱园艺场签订了购销合同，园艺场的出口企业包销果农的梨、苹果等多种果品，10月底苹果成熟时，果农孙兰香按合同把苹果送到了收购点。

（同期声）

孙兰香：和园艺场签订合同，首先保证收你的果，俺价钱优先，卖果也优先。

徐培湖（蓬莱园艺场副经理）：我签合同，我提供一部分生产资料，比如说纸袋，这个通过咱的果业协会提供一定的技术指导。

（解说）但是与国内市场上经销商的无序竞争类似，近几年，我们的外贸出口企业在进入国外市场时，也往往自乱阵营，互相打起价格战。

（同期声）**徐培湖**（蓬莱园艺场副经理）：就在三年前，我们出口的价格每箱苹果还在11美元左右，那么到现在目前已经降到了不足7美元，6美元多一点，这样我认为我们应该加强行业自律，成立一些协会之类的组织，来统一出口水果的价格，统一它的质量，避免竞相降价、自相残杀这样的一种现象。如果这样下去，看起来受到伤害的是水果出口企业，但最终受到伤害的一定会是果农。

（解说）在烟台，还有一类中介人，他们既是生产大户又是销售大户，牟平区的曲忠全就是其中一个，他除了自己管理五百亩果树外，村里果农的水果也基本通过他销往了外地。这两年看到红富士苹果的规模趋于饱和，他早就盘算着改换品种，同时发动大家一起参与。

（同期声）**曲忠全**：品种应该不断地调整，你不能在这一棵树上吊死，我们目前还有一个大的计划，就是把现有的富士要推掉一批，推掉百分之四五十，改换我们烟台的特产大樱桃。

（解说）说起调整品种，曲忠全曾经动员村里的高秀发、汪亿祥把一部分红富士改接成早熟的嘎啦（苹果），但两人就是不听，现在却主动找老曲讨要樱桃苗。

（同期声）**高秀发**：咱有点不信这个东西，不敢去搞，把树毁了，再搞新的品种，后悔就在这个地方后悔，结果把事耽误了，现在人家发财卖到钱了，咱在家弄富士，人家的嘎啦（苹果）卖一块多，咱的富士卖五毛钱。

（解说）之所以有说服果农的能力和勇气，一是因为曲忠全对市场做了深入的分析和调查，二是作为一个有着很多销售客户的生产者，他深知一个新品种只有形成种植规模才能取得更丰厚的利润。更重要的是他自己的生产实践对周围农民是一个无形的引导。

（同期声）

汪亿祥：只要他一说，咱就赶紧跟着，不然的话就能吃亏。

高秀发：农民就是这样，没有引路的，恐怕掉里面，怕吃亏。

（解说）像曲忠全这样担当起中介人角色的生产大户在烟台市的农村已经为数不少，作为联系果农和市场的纽带，比起单纯的销售组织，他们还能以榜样的作用引导农民进行结构调整，他们从群众中来，又能回到群众中去，成为帮助农民兄弟调整种植结构，解决农产品卖难和结构调整难的另一种中坚力量。

一份合作社章程，一张购销订单，一种队员关系，一个利益网络，使产地的这些中介人、中介组织与果农连成了一体。但是鱼龙混杂的中介环节必定要有个优胜劣汰的过程，他们要走的路还很长很难。

导视：

我就希望咱烟台市各级政府也出面到上海来，自己建一个市场或承包一个地方。

农民的中介组织，农民自己的组织，才是产业化最根本的渠道。

生产和市场都需要高效、规范的中介组织，中介组织如何走得更好，政府应该做哪些工作。

（解说）在上海市的山华果品批发市场，我们见到了来自烟台的果品经纪人赵黎，他受雇于市场，为市场联系客户，根据经销商的卖货收入，市场为他发放工资奖金，所以赵黎认为自己是和果品经销商、市场管理者坐在一条船上，大家一荣俱荣、一损俱损。

（同期声）**赵黎**：这几天行情不好了，通知他们（经销商）少上，不要上太多。行情一旦上去了，也要控制这个量，也不能上太多，一下猛得上来，（价格）一下又下去。保持数量、质量，才能保持市场比较平稳。

（解说）但是像老赵这样的果品经纪人在外地非常少，大多数经销商还是盲目闯市场。经过多年的摸爬滚打，赵黎深感个人的力量仍是杯水车薪，常有孤掌难鸣的感觉。

（同期声）**赵黎**：我希望咱烟台市各级政府也出面到上海来，自己建一个市场或者自己承包一个地方都行，有咱自己的销售地盘，也形成自己的销售网络。

（解说）赵黎认为，产地政府不仅可以牵头参与外地市场的设立，而且可以根据市场信息引导中介组织帮助农民有序营销。在上海市的一些果品蔬菜批发市场，我们就见到了一些地区开设的专销市场、运销联合会、销售中心、蔬菜协会等营销中介组织的牌子。曾发生过蒜薹事件的山东省苍山县就成立了由县长担任会长的蔬菜运销协会，并在一些大中城市设立了运销分会。两千多名苍山销售商在这些地方安营扎寨，大家信息共享，协调经营行为，杜绝了内耗，稳定了市场。

（同期声）

苍山县销售商：对我们，我们多赚钱了；对种田的，有稳定的收入，不像别的地方，一多了他们就拉价。

辛淑亮（莱阳农学院副教授）：在日本他们主要靠农协作为中介组织，由生产者，就是果农也是协会的成员之一，由他们组成一个紧密的团体，生产的产品拿到农协去，而后送到市场上销售，风险、利润共担。市场的信息也及时地反馈回来，知道市场需要什么，价格多少，按照这个进行生产。

（解说）与农业发达国家相比，我国的水果结构单一，而且优质果率低，深加工能力差，销售方式落后。加入WTO，面对洋水果和洋中介的猛烈冲击，这些问题将显得更加突出，所以我们的政府、我们的农民、我们的中介到了不得不考虑如何迎接挑战的时候了。

（同期声）

沈国舫（中国工程院副院长）：大力发展产、储、运加销一体化的产业链，实施产业化的经营和公司加中介加农户的有组织的发展。

叶贞琴（中国农业部种植管理司副司长）：农民的中介组织，农民自己的组织才是最根本的，产业化最根本的渠道，最根本的途径，没有农民自身的组织，靠这么小的规模，要实现我们走出去的战略是非常难的。

（口播）改革开放以来，通过学习一些先进技术，农民的管理水平提高很快，产品品质不断改善。但质量好的产品同样面临着卖难的问题，要卖出好的价钱，帮助农民增收，各级政府应该用更多的精力关注和研究社会中介组织这一重要角色。并努力从政策、组织、信息、资金等方面扶持那些辐射力强，信誉度高的中介组织。保护了中介组织，就是保护了农民，我们的现代化农业之路才能越走越宽广。

事件透视类评论节目的起承转合需要在讲明事件的基础上，借题发挥，阐微发幽，达到此中有真意、事毕理已现的目的。

在很多新闻节目中，报道完新闻事件后，媒体经常会以编后语、记者手记等形式对刚刚刊发或者播发的消息和专题、通讯等节目进行画龙点睛式的点评。

好的点评能起到锦上添花的作用，引发受众在了解新闻事件后深入思考其蕴含的意义和导向，这也是媒体进行议程设置的重要一环。媒体的评论也把自身社会反映者和传达者的功能向意见组织者和引领者提升，从而强化媒体的社会影响力。

社会巨变、经济飞跃必然带来思想开放、观点交集，而不同的社会阶层分布和利益诉求的细分也导致人群因为出发点的不同而对社会现实的差异化态度，这时的新闻评论理应担负起沟通各个群体、化解矛盾纠纷的责任。

笔者在媒体工作时曾和记者一起创作修改过这么一条新闻消息。

冤家易结也易解

高　路

（口播）老李和老康都是福山区回里镇老兰村人。老李今年64岁，养了一群羊。老康今年56岁，在果园里种了几排葱。昨天中午，老李的羊把老康家的葱吃了几根，本来也不是什么大不了的事，不过两个人一句话没对上茬，打起来了。这冤家就算结上了。

（解说）老李是住进了医院。经诊断，脸部皮肤挫伤，缝了4针；鼻梁断了，腰椎骨骨节骨折，医生说，恢复得好也得躺上一百天。老康看起来伤得不重，脸上有点皮外伤。事情还得从昨天中午说起。

（同期声）**老康**：（我）吃着饭，还没吃完，这个羊过来了，这一群羊，后面那几个进地了，吃我南面那些葱。我说，李本会，羊你不好好赶着，你别让他进地。他火了，吃完饭，喝酒了，嘴还不干净。

（解说）一言不合，两个人动上了手。

（同期声）**老康**：他拿鞭子来打我，把我这里捅个疤，我就把鞭夺过来，我打他。

（解说）老康毕竟小几岁，听说还练过几年，动上手，老李就吃亏了。老李的小儿子听说这事，抄起家伙就出来了，还好，当时村里人给拉开了。今天上午，老李的大儿子从烟台赶回来了。

（同期声）**老李的大儿子**：给我一个好的答复，如果没好的答复的话，那没有办法，怎么把我爹拾掇的，我就拾掇他，就这么简单。

（解说）两家以前还真没什么矛盾，眼看着这下算结上仇了。采访的时候记者发现，两家还真不是不讲道理的人，我们琢磨着，给当个和事佬吧。

（同期声）**记者**：一个巴掌拍不响，两个人都有错。

老康：对，两个人都有错。

记者：但是他受的伤重点，你这方面如果想化解矛盾的话，你是不是主动去看看人家。

老李：我有这个想法。

（解说）从哪里跌倒，就从哪里爬起来。我们把双方约到了被羊吃的那片葱地边上。老李的大儿子明显带着气，这也难怪。

（同期声）**老李的大儿子**：把我父亲打成那个样，就这么两棵葱不是吗？我赔他一吨。

（解说）老康这时候主动承担责任了。

(同期声)**老康**:他医药费,不管他对也好,我对也好,不管他错,我错,我负责他医药费。

(解说)话说开了,我们再一撮合,双方同时伸出了手。

(同期声)**老李**:这个事在你身上,在我身上。但愿你爸爸的病早日康复。

老李大儿子:我也不会赖你。

老李:我也不会推卸责任。

他这个大儿子绝对不是那样儿人,明明病治好了,还使劲拖,使劲花。

我赞成你,因为以前两家都不错。

(解说)广角记者报道。

点评:这样多好!老李的大儿子,我看是个好样的。我们经常接到电话说村里的事,谁家的果树被砍了,谁家的大棚被烧了,何必呢,事说开了就好了,都是一个村的人,住在一起是缘分。往大里说,咱这不正构建和谐社会吗?退一步海阔天空。良言一句暖三冬,没有过不去的坎儿。碰上利益纠纷,多从对方的角度换位想想,互相体谅、互相理解,很多矛盾就好化解了。

在这条新闻后,我们加上了寥寥数句点评,在这起处理不当可能激化的纠纷里充当了调解员、和事佬的身份,媒体的社会责任感体现得格外充分。整条新闻娓娓道来、条理清楚,记者的参与恰到好处,通过事件进展铺开的进程十分吸引人。更重要的通过片尾点评体现了人文关怀,这是民生评论节目的最大价值,也是最应倡导的价值。

在我们的新闻评论里,主旋律是构建和谐社会。保持社会的健康、和谐发展是新闻从业人员的职责,落实到一条条评论中,尤其是一些矛盾纠纷的事件类新闻评论中,评论者必须本着化解矛盾、消除纠纷的原则理性发声。通过评论树立正气,这是新闻评论工作者的原则。不能袖手旁观、见死不救,甚至点火煽风,唯恐天下不乱。

新闻评论节目是反映大政方针在社会实践中的应用和体现,是国计民生微观具象化的媒体表达,要找到节目与国计民生的交集点,找到雅和俗的契合点、官和民的结合点,越是大众的题材,表现在节目里对受众就越有吸引力。

第四节 忌空泛、忌俗套、忌冗长

新闻评论与新闻消息、专题等分属新闻大类不同体裁，与后者一般通过新闻事件、人物和当下热点为选题和表现主体不同，评论更重要的是表达观点、传递思想。因为新媒体的风起云涌，而导致当代社会的信息拥塞，很多受众面临信息选择的“厌食症”，评论者要通过理性发声引发人群思考更是难上加难。

在这样的媒介即信息的现实中，被大数据左右的新媒介打破了众口难调的瓶颈，蚕食着本就有限的受众关注空间和时间。怎样用鲜活生动、振聋发聩的新闻评论占领舆论阵地非常值得研究。

忌空泛、忌俗套、忌冗长这三招能诊断出新闻评论本身的常见痼疾，但用什么有效药物对症下药、疗治沉疴，却需要全体新闻工作者运用实践和智慧。

当下的很多受众群体缺失对新闻的迫切需求，更多表现为对个人爱好和兴趣的满足。这也导致了包括新闻评论在内的舆论的危机，而新闻传播从点对多转变为直接的自我选择和点对点、点对群的选择推送。

在这样的社会环境下，新闻评论绝不能再高居其上、夸夸其谈，也不能自言自语、自得其乐，务求换一幅腔调，不仅评论选题从群众中来，文风也要回归人民，说大家喜闻乐见的语言。

要去除空泛的立论、俗套的文风和冗长的篇幅这些评论中的痼疾，可借鉴以下几种办法。

一、把评论作为警报器，力求给受众带来醍醐灌顶的当头一击

评论要有硬度，起到警示作用，这样受众会感受到它的价值。

《北京青年报》2017 年 2 月 20 日发表的樊大彧的《不因唱衰而忧　不因看涨而乐》评论了金融机构对市场的预测无论唱衰还是看涨，都不足以成为中国经济忧虑或欢乐的依据，其中提到国际金融服务机构摩根士丹利发布关于中国中长期经济前景的最新报告《我们为什么看涨中国》。报告高度评价中国经济转型成果，并据此作出若干预测。近年来一贯唱衰中国经济的西方金融机构，突然高调看涨中国。几天来，这种变化在中国媒体持续发酵，同时摩根士丹利这一分析预测，也吸引了彭博社、路透社及金融时报等

西方主流媒体的高度关注。

文章仔细分析了这种突然转变的深层原因：无论是个人投资者还是知名的金融机构，在发表对市场的分析预测时都不免出现盲人摸象、以点概面、人云亦云等常见错误。许多金融机构或受情绪影响或因水平不够，往往会对一些短期经济数据作出过度解读。

更值得警惕的是，一些国际金融机构的“不靠谱”并不是无心之失。这些投资机构不仅是生意人，还是“双面人”，他们积极发布唱衰或看涨的信息，恐怕并不在意这些预测是否会应验，他们更寄望于这些预测为资本市场推波助澜，并最终为自己带来丰厚回报。

最后的忠告是：作为热门预测标的物的中国经济，不能因唱衰而忧，也不能因看涨而乐，而应该专注做好自己的事，同时对任何可能隐藏着不可告人政治或经济目的的陷阱保持高度警惕。

现在一些评论作者喜欢唱赞歌，一味迎合群体心理。殊不知只报喜不报忧只能导致人无远虑、必有近忧的结局，更起不到做社会前沿的观察者、引航员的作用。好的评论应该冷静、客观，不仅能鼓舞人心，还可以警示大众。

二、运用案例现身说法，力求让受众获得感同身受的心头一震

运用现实发生的案例佐证作者的论点是极为常用的评论方法。恰当选择案例既能事半功倍地为评论提供论据，又可以让受众切身理解评论主题所要传达的思想和观点。

《新华每日电讯》2017 年 3 月 21 日发表的评论员何晨阳的《警惕形式主义披隐身衣卷土重来》举了这样几个案例：40 多人下乡送温暖，三天活动两天在路上；村镇干部连续 20 多天组织群众清扫垃圾，只为了不确定日期的领导调研；走群众路线就是简单的送米送油；轻车简从变成了走马观花下基层；学习外地经验就巧立名目外出学习考察。

一篇短文用了多个形式主义的新变种的例子，不仅提升了说服力，而且让大家擦亮了眼睛，便于群众监督新型的形式主义的不正之风，也给各级干部敲响了警钟，起到了举一反三、警示全体的效果。

三、掌握正话反说技巧，力求与受众灵犀相通、会心一笑

在班子的批评与自我批评会议上，一个下属站起来批评领导：“平时不

注意休息，连续加班，把身体搞坏了，还怎么为单位做贡献”“对家里人缺少关心。整天扑在工作上，忘记了老人的生日、连孩子的毕业典礼都不参加”。这些貌似批评的话都是正话反说，实为拍马屁。

毛泽东的《别了，司徒雷登》、鲁迅的《“友邦惊诧”论》，从题目上都在正话反说，前者像似一篇送别文章，实则是对帝国主义披着人道主义的伪装倒行逆施的批判；后者文中写道：好像失了东三省，党国倒愈像一个国，失了东三省谁也不响，党国倒愈像一个国，失了东三省只有几个学生上几篇“呈文”，党国倒愈像一个国，可以博得“友邦人士”的夸奖，永远“国”下去一样。这种正话反说的反讽手法对批判对象的描画更为形象和有力。

四、切忌人云亦云的套路，力求悟出言外之意、听出弦外之音

能够敏锐抓取到事物不同寻常的本质，往往是新闻评论的价值所在。与其他新闻舆论监督节目相比，新闻评论这种体裁更易直指人心。

江西台记者龚小娟、李先、刘乐明的广播评论《“藕遇白鹤”是喜是忧》开头讲述了鄱阳湖附近的农田里白鹤聚集，成为爱鸟者欣赏拍摄的热门选择，看上去似乎生态好转吸引了白鹤，实则相反，因为鄱阳湖水位下降、植物衰减，所以白鹤无奈转移到周围农民种植的藕田觅食生息。

这背后恰恰需要政府和居民一起努力，保护当地的生态。评论并没有一味批评，而是建设性地提出政府林业部门主导，建立保护基地的建议，为决策层提供解决问题的思路和参考。

常规评论很可能点评白鹤齐聚农田、人与动物和谐相处，然后感叹一番生态之变好、政府之给力。这篇评论却不回避实质问题，弃小喜而扬大忧，这样的评论才是真正地忧国忧民忧天下。

评论作者还要擅长从冷门中寻找新角度，从弦外之音中体会蕴含的深意，既有似是而非的美中不足，也有似非而是的瑕不掩瑜。

《新华日报》2014 年 6 月 6 日发表的刘庆传的《“暂不出新政策”也是好政策》即是作者在表彰大会上听到与会领导脱稿讲了一段“会议背后的故事”，而这背后的故事传达的信息实际上更有价值。记者充分发挥新闻敏感和捕捉能力，迅速把握、提炼出这一更有新意的题目。

除了上述技巧，在信息高度密集、传播即时无盲区的现代社会，评论作者已经从媒体专业人员推及到芸芸大众，凡是手握智能设备懂得拼音打字的人都可以在所看信息的后面敲上个一言半语，发发感慨、谈谈心得，既能

直抒胸臆，又能嬉笑怒骂，一消胸中块垒。互动评论成为新媒体的一大特点，而且吸引着受众的眼球，很多人甚至看评论多于读原文。

因为全民变身评论员，所以民众由被动的受众转变为接受与传播一体的受传兼备的全能者，继之对新闻评论的认知水准空前提高，“口味”也更为挑剔。这对新闻评论的专业写作提出更高要求，由此评论作者务必与时俱进，研究新旧媒体的异同点，对评论如何能够深入人心作出更多的探索。

没有互动的舆论监督很容易片面化和引起公愤，在很多投诉类的调查报道中，“原告有理”报道倾向值得探讨。先入为主容易造成评论的偏颇。

当一方当事人寻找媒体诉说冤屈时，出于人的自我利益为中心的天性使然，类似于原告寻求法律支持，为引起诉说对象的关照重视，肯定要从有利于自己的角度选取证据和理由，甚至有夸大之嫌，而往往忽略对自身不利的事实或者隐去有利于对方的事例。

当这种情况出现时，或者记者在采访开始时，要尽力辨别事实与采访对象诉说的疑问点和隐含的背后真相，恰当和准确地提出问题。既要充分了解采访对象的思路，又不能被其完全牵着鼻子走，保留自己理性的逻辑判断。

《焦点访谈》的调查类评论报道很多就使用这个往复采访多方当事人的做法，在来回看似拉锯式的调查中，开始含混不清或者夹杂着谎言的问题逐渐清晰，真相慢慢浮出水面。往复采访多方当事人，相互印证对方观点，这对于调查类评论节目，是历久而弥新的手法和技巧。

1995 年 2 月 25 日的《岂能一了了之》一片，讲述了广西南宁数千万的摩托车车购费莫名消失的事件。记者在摩托车车主、车行，尤其是交通征费稽查局、公安部门、工商局几个行政执法单位之间来回就不同问题层层设问，逐渐还原事件隐含在利益链和少数工作人员不作为下的真相。

从对不同部门的往复采访中，我们可以看到交通征费稽查局开始认定是伪证，后来又承认是下属单位发出的，而且本来不应该由车行领取，却成批量出现在车行；公安局刑侦支队参与扣押发生冲突却不承认，否认与车行有关系，记者在对工商局的采访调查中却发现是其下属企业……

记者来对多方当事人的往复采访，让观众慢慢看到其后不可告人的失职和违法违规行为，还有时隐时现的国家税收流失的利益链条，以及少数部门相互推诿的欲盖弥彰。

记者在对其他当事人做补充采访时，切忌草草了事。其他当事人可能因为记者的先期介入，存在记者与第一当事人有特殊关系的疑问。所以，首先要打消其顾虑，让其他当事人放心和无成见地与记者对话交流；其次，要在与其交流过程中，不断对双方或者多方的例证和观点进行比对、分析和判断，得出相对清晰的事实脉络。另外，记者在对多方当事人逐步深入采访的过程中可能会发现新的新闻点、新的问题，也可能发现整个事件更加复杂和疑问重重。这时，记者可以借助专家和当事部门的专业力量，让他们出面帮助记者对复杂问题和事件进行剖析。

调查类新闻评论节目需要注意的问题较多，对记者素质的要求相应也较高。

因为此类节目采访必须深入现场，还要看到确切的场面，这就增加了采访难度，所以前期策划需要尽量周密，采访步骤要衔接紧密，提出问题要准确到位。同时，在借助法律和政府部门力量进行调查的同时，还要更广泛听取民意，尤其是涉事民众的意见，可能也会发现隐含的新闻点和其他不无道理的新论点。

在后期写作过程中，记者既要保证事实和细节准确，又要摆出多方论点，当然对于明显有对有错的观点，需要态度鲜明，不能偏向一方；如果各自有理，那就要一一说明，让观众作出评判。

此外，调查类评论报道往往涉及争议性题材，有时需要提前着手，带着题目准备，这和突发类新闻不同。

调查类评论报道的线索来源广泛，需要媒体和从业者有敏锐的新闻敏感和对题材及时准确的把握能力。从业人员要广交朋友，建立线人网，丰富线索渠道；对电视评论类节目的从业人员而言，还应做好器材准备，特别是正确使用偷拍设备，当然在对方不反对的条件下可以亮明记者身份，正常拍摄。

另外，尽可能选择对社会有重大影响的事件，如产品质量、食品安全、失职渎职行为等威胁公共安全、社会反响较大的事件。记住受众关心是选题的第一衡量标准。

调查类评论节目的记者要具备良知和社会责任感。真正优质的社会调查可以影响区域和行业的发展。爱新觉罗·蔚然的《粮民：中国农民会消失吗？》的调查报道对中国失地农民进行了深入调查，对新中国三农问题极具参考价值；晏阳初、费孝通、马寅初等大家的社会调查影响了时代的步伐；毛泽东做过的中国革命阶级和领导力量的调查，改变了中国。这些调查方法和思路都值得媒体学习。

国内电视媒体从20世纪90年代开始创新报道模式，纷纷开设舆论监督版块。中央电视台从20世纪90年代中期开始设立《东方时空》《焦点访谈》《新闻调查》《社会关注》等舆论监督类、社会调查类节目，2000年初，省台、城市台调查类节目风起云涌，尤其以民生调查为主，如河南台的《民生大调查》、南京台的《东升工作室》等；而近些年省会电视台如西安、武汉等地的问政节目逐渐向上延伸到一些省台，如山东台的《问政山东》，向下拓展到各地市台甚至县区级台的问政节目，成为各地党委政府督促部门工作、沟通社情民意的利器。

而平面媒体的《人民日报》《南方周末》《中国青年报》，网络客户端的“新华社”“澎湃新闻”“新京报”，公众号“侠客岛”“青蜂侠”等也都依托各自的媒体资源优势，推出快捷、优质的调查类评论节目，成为网络时代传播的主流之一。

调查类评论报道在几十年的发展进程中，在涌现出很多优质栏目和知名记者的同时，也暴露出不敢触及一些敏感问题、调查不充分和调查问题得不到有效解决等短板。尤其是与近年来新媒体和自媒体的内爆式增长和它们对相关领域话题探讨的广泛性、及时性、互动性相比，传统媒体调查类报道越发显出题材狭窄、与受众距离拉远等缺陷。

要解决传统媒体与受众的关系疏远的现状，需要媒体自身定位和记者角色的双重变化。

我们需要重新以受众—用户—公民的三重角色来理解跟媒体打交道的人。现在网络时代的受众已经不是单纯被动收看节目，他们的参与意识因为微信、微博、头条等新媒体从而由接受者变身为传播主体，由此受众不仅是接收者，也变成了真正媒体的双向互动的使用者。因为参与度急剧提高，所以受众的公民身份和自尊感不断强化。

针对受众环境和媒介生态的更新，传统媒体的调查类报道首先要问受众在媒体上想要看什么？有什么题材适于媒体表达？怎样设法让受众参与选题、策划、采访等整个调查报道全过程？

媒体大环境的变化也造成受众情绪化和躁动，受众“深思”的能力弱化，“快思”或“浅思”的意识可能会强化。而网络舆论基本上是事件主导型的，而不是话题主导型的。这也是网络媒体肤浅而浮躁的一面。

网络新技术只是从传播覆盖范围和传播速度上区分了与传统媒体的界

限，但是在受众个体理解能力和接受能力方面并不能起到同质化的把世界变成地球村的作用。

任何时候民众都需要对社会问题和现象深入翔实的分析了解和对社会前景进行前瞻性的推断理解，这时专业调查类记者就能发挥作用，从繁杂的信息中条分缕析，选择最有价值的题材，然后扎扎实实作出深刻准确的调查报道，这才是专业调查评论记者的生存之道。

第五节　新闻评论的网络语言

评论最能直指人心，最能痛快淋漓，最能直击痛处，最能立竿见影，最能激荡人心，最能表露心声。在互联网技术飞速进步的今天，网络评论因其互动性强、千人千面的差异性成为受众消耗休闲时间的主要关注对象。

在郑州遭遇百年不遇的暴雨灾害时，国家救援、当地自救、民间救助一起聚焦灾区。网上各类新闻层出不穷，围绕热点的各方评论也颇能体现网民的舆论力量。2021 年 7 月 26 日中共中央纪律检查委员会的一篇《鸿星尔克爆红：善引发善的动人故事》以近年亏损的体育服装企业鸿星尔克捐出巨款为例点评该品牌爆红现象，严肃端允的中纪委网站却因为一篇温情感人的网评被其他媒体大量转载成为爆文，一时传为美谈。

鸿星尔克爆红：善引发善的动人故事①

鸿星尔克“一夜爆红”。向河南灾区捐赠 5000 万元物资的鸿星尔克，最近在线上线下都火了：连续几日占据微博热搜，直播间涌进大量网友，数百万人“野性消费”参与扫货。线下门店也是挤满顾客，有的实体店销售额暴增十多倍。目前，鸿星尔克库存告急，以至于直播间的主播都被网友们催促“快去踩缝纫机，把产品都赶工出来让大家买”。

如潮水般的力挺和关爱，背后是一个善引发善、爱传递爱的动人故事。网友发现，“出手大方”的鸿星尔克，是营收远远落在同行后面的企业。去年鸿星尔克的营收为 28 亿，净利润为－2.2 亿元，今年一季度负 6000 多万。“感觉你都要倒闭了还捐了这么多”。自己家底不厚，却向灾区捐赠大笔物资，并且低调地在宣传上舍不得花钱，官方微博连会员都没有买。这种强烈

① 兰琳宗：《鸿星尔克爆红：善引发善的动人故事》，2021 年 7 月 26 日，https://www.ccdi.gov.cn/pln/202107/t20210726_142068.html。

的“反差”,感动了无数网友。一传十,十传百,网友自发支持的力量不断汇聚,效应层层叠加,最终造就了鸿星尔克的意外出圈和爆红。

支持鸿星尔克,实际是人们对善良价值的坚守,对“好人有好报”正义观的执着坚持。“为众人抱薪者,不可使其冻毙于风雪”,这是中国人朴素而可贵的价值观,也是几千年流传下来的崇德向善文化的重要内涵。对于一家保持社会责任感的良心企业,网友纷纷表示,“我们不允许你没有盈利”。风卷残云式的扫货,是对鸿星尔克真诚善良的回馈。一句流传很广的话这样说,“中国人的善良是刻在骨子里的”,感恩每一个无私付出的举动,让每一个善良的人都被善待。

透过鸿星尔克爆红,我们更能看到接力传递的力量,中国人团结一心的力量。经历过疫情、洪灾等考验的中国人,对同舟共济、守望相助有着更深的感悟和更强烈的共鸣。无论是鸿星尔克中“你支持灾区,我们支持你”,还是21岁女大学生创建“救命文档”,网友接力更新270余版,访问量破650多万次,还是人民子弟兵、消防人员等奋战在抗洪一线,广大群众自发参与进来,涌现无数凡人善举,都是以温暖传递温暖,一点一滴的微光汇聚成风雨同行的无穷力量。这是具有鲜明中国特色的有情有义、担当大义和齐心协力。

良善不被辜负,爱与爱的传递继续。鸿星尔克直播间里,两位主播不停地劝说大家要理性消费,其董事长也表示,“会继续做好产品和服务,用品质为国货品牌正名”。企业把大众“心疼”换来的流量与销量,转化为成长进步的动力,为社会贡献更多光与热,网友则汇聚温暖同时理性支持,更多的人与爱同行,为同舟共济付出行动,鸿星尔克爆火引出的正能量还在源源不断地传递下去。

这篇网文语言朴实,又不乏生动之处:如数百万人“野性消费”参与扫货,中国人的善良是刻在骨子里的,企业把大众“心疼”换来的流量与销量转化为成长进步的动力,而且全文大量使用短句,读起来晓畅明了,还引用网民原话,像网友们催促“快去踩缝纫机,把产品都赶工出来让大家买”“感觉你都要倒闭了,还捐了这么多”“我们不允许你没有盈利”。这些引文发乎其内、感动一片。

网络语言伴随时代进步、社会演变不断推陈出新,诸多的新语言汇集了网民的智慧,尤其折射了年轻群体的世界观和价值观,像“内卷”“凡尔赛”“实锤”等流行词语,而“吃瓜群众”“正能量”已经作为习语使用。

当然，网络语言的逐浪而生并非预示经过历史沉淀的警句格言的没落，使用巧妙和恰如其分的传统名言仍有着巨大的生命力和感召力。如本篇网文中“为众人抱薪者，不可使其冻毙于风雪”，就很形象地提炼了爱心传递的中国传统义利观。

彭博社(Bloomberg News)2021年7月发布新一期的“全球抗疫排名”，其中美国排名第一，成为“全球第一抗疫大国”，中国排名第八。对此，外交部发言人赵立坚在2021年7月12日主持的例行记者会上评论道：“中国人常说，老百姓心中有杆秤，群众的眼睛是雪亮的，所谓的排名和民调结果，把黑的说成白的，白的说成黑的，也许今后，还能把死的说成活的。我想世界民众只能表示‘呵呵’了，姑且把它当作茶余饭后的谈资。”这段评论在网络上迅速传播，就在于发言人运用平民语言，一听就懂，听完会心一笑，彰显了群众口语化的生动传神和易于传播的特点。

而传统媒体也应该借鉴精巧的网络用语，赋予节目以活力和时代气息。湖南广播电视台的评论《解读社会主义核心价值观——公正》引用了“萝卜招聘、火箭提拔”的新名词，把抽象概念具象化，也更符合新时代评论受众对象的欣赏趣味。由此可以归结以下几点。

1.学习和巧用受众喜闻乐见和通俗易懂的语言

在网络评论天山网林伟的《3万多群众合力围捕暴恐分子是一面镜子》中，作者引用了民众流传已久的俗语“狼怕打、灯怕吹、毒蛇怕石灰”“狼老了尚有吃羊的贪心，虎老了尚有捕鹿的愿望”等，生动揭示了暴恐分子的凶残和弱点。

2.标题拟取要清晰显著，把最能吸引受众的要素展示出来

光明网2014年11月15日发表的评论员刘文嘉的《法律如不能保民 同样不能保官》用了贵州一县委副书记因为受贿获刑八年，重审后检方撤诉的案例，说明了权大于法最终导致人人自危的混乱结果，标题亦即论题。而在片尾作者写道：法治当然利他，但说到底还是保护自己。结语即为论点。

3.抓住社会热点焦点问题、具备专业知识，才能第一时间切入受众的关注视域

针对社会不断涌现的热点和焦点现象和事件展开评论并不难，难在具备专业知识，讲出的道理能够高屋建瓴、引人深思。

在中国经济网2013年11月15日发表网评《限制“公款消费”本质是制约权力寻租》一文中，第一段就引用了经济学家弗里德曼的“花钱矩阵理

论”:花自己的钱办自己的事,既讲节约,又讲效果;花自己的钱,办人家的事,只讲节约,不讲效果;花人家的钱,办自己的事,只讲效果,不讲节约;花人家的钱办人家的事,既不讲效果,又不讲节约。

接着作者又从经济学语义剖析公款消费拉动的是畸形经济增长,扭曲商品相对价格,引起物价总水平的上涨,同时引发不公平的收入分配,所以限制“公款消费”本质是制约权力而非抑制消费。

最后点题:核心问题就是要坚持党的十八届三中全会公报中提出的“处理好政府与市场的关系,使市场在资源配置中起决定性的作用和更好发挥政府的作用”。

专业知识为网络评论增光添彩,增强了说服力与可视性。而从专业知识的角度,也更容易提出独到、有见地的论点,专业的建设性策略可以直接为决策层提供行动方案。

4.前后勾连、借古喻今,可以收到出乎意料的效果

把评论事件与之前或者与其他知名人物和事件相联系,这样的比较会丰富网络评论作品的层次,引发受众联想。在中国新闻网2013年11月9日的评论《十八届三中全会今开幕　全球关注中国改革再出发》中,有这样一段:

> 35年前,发端于中共十一届三中全会的改革开放,改变了中国,影响了世界。此后35年间,7次三中全会,改革,是不变的主题词。也正因此,在中国的政治语汇中,“三中全会”几乎成为改革开放的代名词。35年后的今天,执政的中国共产党迎来十八届三中全会。

这样的联系会因为受众对知名事件的熟悉而被移情到对马上要发生或者正在发生的事件的兴趣上,转嫁兴趣的同时达到吸引受众观看的效果。

思考题

1.新闻评论文风的衡量标杆有哪些?

2.举例说明新闻评论有哪些可以称为技巧的语言风格?另外,需要规避哪些为受众所厌恶的语言表达问题?

3.新时代的网络用语层出不穷,试例举出一些为受众喜闻乐见,并从群众中来的网络用语,分析这些用语为什么可以为我所用?

第九章　报纸评论

【学习要点】

了解报纸评论的基本形式、种类与功能，以及适合作为报纸评论的选题题材。掌握报纸评论中的观点和论证要求，学会评析报纸评论，进一步学习撰写报纸评论。在具体的报纸评论形态中，了解报纸评论写作之前的策划以及相关写作方法和报纸评论的运用与写作。了解在Web2.0时代，在多种类别的媒介内容竞相发展的环境下，报纸评论的创新形式以及存在的意义和独特价值。

报纸评论在大方向上属于报刊类评论，而报刊类新闻评论是指报刊媒体发表的各类评论形式的总称。是针对具体的新闻事件、社会现象等发表意见、阐明观点、表明态度的一种文体。报刊作为代表官方媒体甚至政府的官方出版物，其言论的真实性以及权威性可想而知，从而在营造舆论氛围、表达立场方面起到了至关重要的作用。尽管现在已经是互联网时代，但报纸评论仍然能够作为主流媒体有着不容小觑的重要地位。

下面是由《长江日报》发布的一篇经典的报纸评论：

奋力扛起历史使命①

7月22日，《中共中央 国务院关于新时代推动中部地区高质量发展的意见》公布。在向第二个百年奋斗目标进军、全面建设社会主义现代化国家

---

① 《奋力扛起历史使命》，2021年7月23日，https://baijiahao.baidu.com/s? id=1706033625320641105&wfr=spider&for=pc。

的新征程上，中部地区崛起迎来重大时刻。

习近平总书记高度重视中部地区高质量发展，明确强调奋力开创中部地区崛起新局面。《意见》在推动中部地区高质量发展的蓝图中多处“点名”武汉，明确了武汉在推动中部地区加快崛起中的战略位置，赋予了武汉重大使命、重大任务、重大机遇。蓬勃向上的中部地区必将为中国高质量发展持续作出重要贡献，武汉使命光荣、任务艰巨，我们要以更大作为扛起国家使命，努力书写无愧于历史的答卷。

我们要坚定不移扛起使命担当。进入新发展阶段，中部地区作为新时代中国高质量发展版图上至关重要的一块，是新的增长极和创新极。我们要把国家使命根植于心、付之于行，贯彻新发展理念，服务和融入新发展格局，锚定国家中心城市、长江经济带核心城市和国际化大都市总体定位，加快打造“五个中心”、建设现代化大武汉，奋力提升城市能级和品质，勇于担当、真抓实干、敢闯新路，为湖北“建成支点、走在前列、谱写新篇”作出武汉贡献，为新时代中部地区高质量发展扛起武汉责任，确保党中央、国务院决策部署在武汉落地见效。

扛好扛实重大使命责任，在推动中部地区高质量发展中奋勇争先，我们需要攻坚克难、爬坡过坎，需要扎实苦干、不懈奋斗。武汉是沉淀着百年党史的红色热土，在党的百年奋斗中，武汉始终勇担使命、挺立潮头。奋进新征程，我们要传承和弘扬伟大建党精神，从中国共产党精神谱系的历史源头中汲取不断攻坚克难的强大精神动力，一往无前，奋勇担当。武汉也是经历斗争洗礼的英雄之城，我们要在新的赶考路上弘扬伟大抗疫精神，激发英雄气概，奋力开拓进取。

让我们勇当排头兵、敢为先行者，在推动中部地区高质量发展中彰显更大担当、作出更大贡献，奋力书写红色热土、英雄之城的新时代壮丽华章，不负时代、无愧历史。

在新媒体诞生之前，传统媒体在新闻评论方面占据绝对话语权，其背后因有官方媒体作为支撑力量而在观点输出方面占有绝对优势。正如新闻和通讯可以区分成各种类型，报纸评论同样可以按照内容和形式划分为各种类型。

首先，按照评论内容，可以将评论大致分为三种：部署性评论、理论性评论、业务性评论。部署性评论主要是对全局性问题进行论述，目的是传达中央指示精神，阐明党在某一时期的路线、方针并对形势进行分析，部署任务，交代政策，指导工作；理论性评论主要是针对党在各个不同时期的方针路线出现的现实问题和倾向问题（通常具有普遍意义），从理论和思想认识上进行双重阐释，引导读者不但知道“发生了什么”，还要知道“为什么会这样安排”；业务性评论主要是对某条工作路线的具体工作进行指导，使政府相应工作人员以及群众都能发自内心地遵从该路线，并且这一类的评论在报纸占据了大多数版面。①

其次，按照评论外在形式，根据评论中具体内容，写作手法以及发表的等级，评论又分为社论、评论员文章、评论、编者按、编后、短文、短评等，以及专思想评论、文艺评论、书评、随感、杂文等。从广义上来区分，报纸评论又大致分为述评、来信、问题讨论以及一般理论性文章。

而在这众多类型的报纸评论中，最具有号召力和权威性的是由代表编辑部成员的报社工作人员对于集体言论和意见编撰生成的内容，应当引起足够重视。

第一节　报纸评论的形式与功能

报纸评论在宏观层面根据评论的文字规格以及篇幅主要分为以下几个大类：大型评论、中型评论、小型评论。其中，大型评论又包含社论、编辑部文章；中型评论根据作者区分为“本报评论员”撰写的评论以及“不署名”类评论；而小型评论主要包含短评、短文、编者按以及编后语。

一、评论的主要形式以及内容与部分写作要求

（一）大型评论

1.社论

社论代表报纸编辑部、党委就国内外的政治、经济、文化、思想领域中的重要问题进行剖析与评论，紧跟时事步伐，及时并准确表达当下的立场和态度，阐明路线、方针与政策，根据相应的指导措施，指出当前以及今后的奋斗方向等。

其中，社论又分为两类：一类是对当前某一事件、问题、典型事迹作专题性论述，也叫专论；另一类是对一个时期的一系列重大问题的全面概论，阐

① 参见丁法章：《报纸评论的分类》，《新闻大学》1982 年第 2 期。

述党的路线，指明方向，提出任务，指导各项工作。

案例：《新华社论“中国信心从哪里来”》[①]

从该案例中可以看出鲜明的旗帜方向和路线，彰显了作为主流报刊的担当，明确表示“要想提升中国信心，应当以总书记为核心的党中央坚强领导下，全中国人民勠力同心、埋头苦干、不畏艰险、攻坚克难的勇气砥砺前行，由此努力下实现自信豪迈地开创新境界的宏大理想”。并且在文章中陆续用短小精悍的“金句”体现出新华网要闻部、新华社评论员的重要观点，例如“科学把握中国发展的时和势”“高质量发展是开启未来的金钥匙”“用好改革开放这个关键一招”“党的领导是行稳致远的根本保证”等，并指出改革开放是决定当代中国命运的关键一招，也是实现中华民族伟大复兴的关键一招。这是回首来路、披荆斩棘的深刻总结，更是走向未来、攻坚克难的必然选择。

2.编辑部文章

编辑部文章指专门针对国内外政治、经济、军事思想文化等方面的现实问题进行各项党的理论、方针路线的阐述，既有现实性又有理论性，篇幅一般比社论长，时效性却比社论差，重要性仅次于社论。写作上依靠集体力量，深入研究，反复修改，涉及和论述的问题比较全面透彻。

新年致读者[②]

凡益之道，与时偕行。

今天，《经济日报》迎来了35周岁的生日。35年来，《经济日报》始终站在改革开放的前列，做改革开放的参与者、促进派，不忘初心，一路前行。

回首来路，心潮澎湃；展望前程，激情满怀。党的十九大明确提出，中国特色社会主义进入了新时代。习近平新时代中国特色社会主义思想写入党章，并被确立为全党的指导思想。新时代的中国经济正在转向高质量发展的新阶段。经济工作是党的中心工作，稳增长、促改革、调结构、惠民生、防风险，新时代促进经济社会持续健康发展的任务艰巨繁重。

水向石边流势猛，风从花里过来香。新时代中国特色社会主义的伟大

---

① 《新华社论“中国信心从哪里来”》，2018年8月25日，http://www.xinhuanet.com/nzzt/76/。

② 《新年致读者》，《经济日报》2018年1月1日。

实践为新闻媒体提供了源源不断的生动素材。哪些是涉及多部门、跨不同领域、牵一发动全身的突破口？哪些是议论多年、阻力较大、多年都啃不动的硬骨头？哪些是代表了经济发展新动能的新产品、新产业、新业态？一以贯之为改革开放鼓与呼的《经济日报》，将一如既往地紧跟时代步伐，聚焦经济热点，读者在哪里，受众在哪里，新闻报道的触角就伸向哪里，深入细致阐释党中央重大决策部署，生动反映人民群众伟大实践和精神风貌。

适应新时代媒体发展形势，2017 年《经济日报》建成运营“全媒体中心”，通过采编流程再造，整合内部资源，调整组织结构，完善考核体系，加快队伍转型，基本实现了报网端统一指挥、统一调度、统一考核。目前，已搭建起以经济日报、中国经济网、两微一端为主的三大传播平台，形成了一个多形态、多平台、多层级的传播矩阵。

2018 年是贯彻党的十九大精神的开局之年，是改革开放 40 周年，是决胜全面建成小康社会、实施“十三五”规划承上启下的关键一年。在新的一年里，《经济日报》将以习近平新时代中国特色社会主义思想为指导，继续深化改革，加快融合发展，贴近读者需要，改进经济报道，围绕加强党对经济工作的领导，把握好稳中求进总基调，贯彻好新发展理念，努力展现各地区各部门深入贯彻落实党的十九大精神的新气象、新作为、新成就。在继续办好原有特色版面的基础上，我们将陆续推出《深读经济》《乡村振兴》等新的周刊、专刊。欢迎广大读者点题、赐稿，并为进一步办好《经济日报》提出宝贵意见和建议。

益动而巽，日进无疆。中国正前所未有地接近实现中华民族伟大复兴的目标，正前所未有地走近世界舞台中心，作为一份以经济报道为主的中央党报，讴歌这伟大的时代，记录这伟大的实践，我们责无旁贷！

2018，让我们一路同行，共同见证新时代的壮阔与精彩。

（二）中型评论

中型评论介于社论和短评之间，但比社论的论述面要窄一些，比如大多数就当前社会问题的某一个方面进行阐述，类似对某项工作或者运动进行分析和评论。以伴随新闻报道的方式同时发表，也能够单独发表，主要起到推广典型、进行一般化指导的作用。

（三）小型评论

1.短评

短评一般通过对某一个重大问题的某一个方面，围绕较小的范围进行基本观点的表达，借此宣传重大问题的影响，或者能够对部门工作起到实际的指导作用。相比于评论，短评正如其名，篇幅更简短，比评论论题更单一，对于某一事件或者观点进行更为简明扼要的分析。

制度优势是战“疫”胜利的压舱石①

新中国成立以来，党领导人民战胜了一次次风险和挑战，办成了许多大事、难事，从根本上来说，是因为中国特色社会主义制度具有集中力量办大事的制度优势。邓小平同志曾指出，“社会主义同资本主义比较，它的优越性就在于能做到全国一盘棋，集中力量，保证重点。”习近平同志也强调，“我们最大的优势是我国社会主义制度能够集中力量办大事。这是我们成就事业的重要法宝。”

在《路易·波拿巴的雾月十八日》中，马克思曾把小农比喻成土豆，是不能聚集起来的马铃薯。“法国国民的广大群众，便是由一些同名数简单相加而形成的，就像一袋马铃薯是由袋中的一个个马铃薯汇集而成的那样。——而各个小农彼此之间只存在地域的联系，他们利益的同一性并不使他们彼此间形成共同的关系，形成全国性的联系，形成政治组织——。”中国共产党成功地解决了这个问题，把所谓的“土豆”聚集起来了，形成一股强大的群众团结力量。新冠肺炎疫情发生以来，在以习近平同志为核心的党中央坚强领导下，中国特色社会主义制度在全国上下展现出了“众志成城、万众一心；一方有难、八方支援；条块联动、执行有力”等世所罕见的集中力量办大事优势，为有效应对疫情提供了制度保障。世界卫生组织卫生紧急项目负责人迈克尔·瑞安也认为，中国短短数天内建成专门医院并开始收治新型冠状病毒感染者，“这是巨大的工程”，“中国在短短几天时间里所做到的无疑令人瞩目”，展现出了中国非凡的团结行动力。“上下同欲者胜”。在中国共产党领导下，充分发挥中国特色社会主义制度优势，我们一定能够打赢防控新冠肺炎疫情阻击战。

2.短文

短文通常只盯准当前工作的思想问题或者实际问题的某一方面加以评议和升华，写作手法相对于评论而言更加自由灵活，形式丰富，介于杂文和评论之间，张弛有度。

---

① 胡立法：《制度优势是战“疫”胜利的压舱石》，2020 年 4 月 17 日，http://www.rmlt.com.cn/2020/0417/577060.shtml。

3.编者按

编者按指编者对于已经发表的报道或者文章进行作为补充说明或者是阐述、评论一类的文字。主要写作要求是态度鲜明，逻辑清晰，文字精简凝练。编者按按照写作目的和内容方向又分为政论性编者按和说明性编者按两类。[①]

【编者按】7月3日至4日，全国组织工作会议在北京召开。中共中央总书记、国家主席、中央军委主席习近平出席会议并发表重要讲话，深刻阐明新时代党的组织路线。这在我们党的历史上是第一次，是对马克思主义党建学说的开创性贡献，具有里程碑意义，为新时代党的建设和组织工作指明了前进方向，提供了根本遵循。[②]

【编者按】2005年6月21日，时任浙江省委书记的习近平同志在光明日报发表文章《弘扬"红船精神" 走在时代前列》，首次提出并阐释了"红船精神"，阐述了中国共产党的源头精神。2017年10月31日，党的十九大闭幕一周，习近平总书记带领新一届中共中央政治局常委专程前往上海和浙江嘉兴，瞻仰中共一大会址和嘉兴红船，回顾建党历史，重温入党誓词，宣示新一届党中央领导集体的坚定政治信念。2017年11月30日，党的十九大闭幕一个多月之后，新华社配发编者按重新播发了《弘扬"红船精神" 走在时代前列》一文，包括光明日报在内的主要媒体纷纷刊载。一大建党时的初心与使命，与十九大"不忘初心，牢记使命"形成了历史的呼应；"红船精神"所承载的首创精神、奋斗精神、奉献精神，正成为新时代坚持和发展中国特色社会主义的坚强精神支撑。[③]

(1)政论性编者按

政论性编者按为使读者对于文章内容思路较为清晰加深对中心内容的理解，会对文章思想进行提纲挈领式的总结和凝练，能够将问题明确指出。其中，不少编者能够在文章中心内容的基础上进行主旨的升华，比如在原有内容的基础上，针对客观并且符合核心价值观的内容进行拓展介绍与描写，使原稿内容更加出彩，观点更加鲜明，思想上更上一层楼。经过价值判断之后，编者会将正确的观点进行突出表现与赞扬，反之则会进行批评，对较为

---

① 参见庄颖娜、王静：《报纸新闻评论的形态变化及功能拓展》，《新闻研究导刊》2002年第6期。

② 《落实新时代好干部标准 习近平总书记这样说》，2018年7月16日，http://cpc.people.com.cn/xuexi/n1/2018/0716/c385474-30150140.html。

③ 张政、刘文嘉、王子墨：《三论红船初心——"红船精神"的时代呼唤》，《光明日报》2018年1月2日。

负面的倾向进行抨击和批判。

(2)说明性编者按

说明性编者按为方便对于文章主题并不了解的读者进行更加全面立体地描述,会对事件评述的背景加以详细介绍,交代一些其他情况作为补充,主要是为了方便读者理解,并不会过多对读者进行情感态度或者价值观方面的引导。

4.编后

简要说明编辑部对于相关文章或者报道的基本态度,主要对文章内容进行情感方面的呼吁和延伸,比如会对多次宣传过的主题,从新的角度以及使用新的论证方法,给予必要的简单重复。

【编后】因为有了敢想敢干、具有战略思维的领导班子,有了新余人敢为人先、真抓实干的精神,新余经济社会发展取得了全面发展,在新型工业、城市建设、统筹城乡发展、解决民生问题、建设社会主义新农村等方面取得了突出的成就,新余展示出了空前旺盛的生机与活力。

"只要有一个平台,就要为百姓多干实事,多做好事。"这是新余市委书记汪德和的肺腑之言。

新余的变化让我们深深地感悟到:只要领导者"权为民所用、情为民所系、利为民所谋",就一定能赢得民心,促进发展。

确实,在中部崛起中,新余人没有豪言壮语,他们抓住了机遇,脚踏实地,以科学发展观统领经济社会发展,取得了可喜的成绩,迎来了新一轮改革和发展的高潮。其经验与模式对促进中部崛起,构建和谐社会具有一定的推广价值。[①]

二、不同类别评论的功能和作用

(一)大型评论社论

社论能够体现报纸的政治和思想方向,党的各级领导通过自己的机关报发表争论,分析形势,指明方向,提出任务,交代政策,对现实际工作有着重大的影响,为解决问题提供指导思想和应对措施,指出今后的任务导向,是一种最重要的评论形式。发表社论,一般要送有关领导部门审阅。[②]

① 人民论坛调研组:《新农村建设的"新余经验"》,《人民论坛》2007 年第 17 期。

② 参见孙玉:《微博时代报纸新闻评论的形态及功能探究》,《新闻研究导刊》2016 年第 10 期。

编辑部文章代表报纸编辑部和同级党委对某一重大问题的立场和观点，其内容含量一般比社论更大，规格更郑重，因而影响更大，一般都要送有关领导部门征求意见。

（二）中型评论

中型评论发表的郑重程度仅次于社论。无论是不署名的评论还是本报评论员撰写的评论，直接代表编辑部集体的意见。以“本报评论员”署名的评论，形式上虽不直接代表编辑部集体的意见，但较之短评、短文等形式，仍有较高的权威性。近年来中央报刊以“本报特约评论员”署名的众多评论，由于发表内容都比较重要，很受人们重视。评论一般可不必送审，但一些情况较为特殊的，需送到领导部门征求意见。

（三）小型评论

首先是短评，作为一种能够代表编辑部集体意见的评论形式，通常配合新闻报道发表，针对性、思想性、时效性都较强，抓住一个重点，起到画龙点睛的作用，能够进一步突出重点。

其次是短文，通常配合新闻报道发表，由作者个人署名，虽主要发表个人意见，但由于它发表的郑重程度和写作特点，在某些场合，就某一问题发表意见时会比短评更加适合。

再次是编者按，编者按非常适用于郑重场合以及诸多必要之时，因为其通常能够正式表明编辑部的态度。主要作用为引起读者注意，加强宣传效果和指导作用，文章规格长短不拘，运用灵活，有的加在文前，有的加在文中，有的加在文末；有的是为一篇文章或一组文章专门添加的，有的是针对一段文字或者一句话添加的。

最后是编后，编后通常起到总结主体和深化主旨的作用，引人深思，一般配合新闻报道、文章发表。①

我们指出和认识报纸评论的种类，了解和掌握各种评论形式的特点，一方面是为了在特定情况下得心应手地选择最恰当的评论形式，以便取其所长，更有效地进行宣传；另一方面也是为了我们对各种评论形式的要求有一个较为完整的认识，从而使我们在报纸工作中注意各种评论形式的配合，避免评论形式的单调，更好地发挥评论的宣传特长。

---

① 参见曾建雄：《转型期新闻评论功能的拓展与内容形式创新》，《国际新闻界》2012年第12期。

第二节 报纸评论策划

评论作为新闻的重要组成部分，具有至关重要的作用，其中报纸评论是新闻自由的重要形式。改革开放之后，社会经济生活发生了巨大变化，民众希望借助报纸这一媒介来表发和展示自己的见解和观点立场，因此这一时期报纸评论的地位得到了大幅度提升。报纸评论的兴起，是社会环境宽松化、开放化、多元化、互动化条件下必然会出现的现象。言论的操作本身对报纸对意见信息的冲突性理解、宽容性接受都是一种考验，因此，需要有效地策划和组织言论，特别是系列言论更需要策划。

报纸报刊为满足读者需求以及其发展的需要，设立了报纸评论专栏，这一部分的设置使长期以来居于权威地位，并且主要进行严肃议题叙事的报纸开始进入人民大众的生活。增设报纸评论专栏并对其进行细化能够在丰富报纸版面的同时进行内容上的升华和充实，使其更加立体化和全面化，也能够进一步了解受众的主要兴趣，结合兴趣帮助受众进一步了解社会经济生活中的一些新闻现象和事件，并且逐步形成相应的看法。

报纸评论专栏在新闻中有着举足轻重的位置，它是新闻评论的直接载体，把各种不同性质的新闻评论利用独立的专栏和普通新闻进行区分与区别，能够集中汇总同一类型的新闻评论，通过归类使不同类别的各式评论从杂乱无章变得井然有序。因此，做好报纸评论专栏的策划工作，能够充分发挥出专栏的调节功能。

本节主要通过介绍报纸评论策划专栏策划的步骤以及特点、存在的误区以及针对误区提供的几点建议来全方位地对报纸评论策划进行描述。

一、报纸评论策划的要点

（一）善于观察，发现热点

报纸评论策划要有新闻敏感，也就是“新闻鼻”，善于捕捉热点是选好评论选题策划的前提。在一些社会热点事件发生之后，评论撰写者应当广泛检索相关信息，从中发现蛛丝马迹，比如一些文艺汇演活动举行时，新闻媒体机构会针对这一活动或者这一类活动进行新闻报道发布。在对一些评论文章观摩之后，能够从自己的视角提出质疑，在采纳相关评论之后进行刊登，便有可能形成“文艺争鸣”的局面，借此吸引更多读者来信，进一步推动相关评论内容的丰富。[1] 编辑如果能够敏锐地感受到这一类报道或者评论能够引发热点关注，便可以及时组织策划各方言论，主动约请对应的撰稿人写稿并且刊发，丰富版面素材，为受众提供新思路。

（二）读者办报，良性互动

报纸评论专栏需要大量优质评论稿件，满足“优质”，同时也要满足“大量”，因此如何吸引读者进行大量评论成为需要认真思考的问题。言论需要主要围绕社会生活中新近发生的、颇为读者关注的事件，就会提高读者的阅读兴趣，在潜移默化中激发读者的言论发表欲望。[2] 与此同时，言论具有流动性与参与性，观点在不同言论的博弈中不断转移、升华，意见具有“能够带来全新意见”的特性，因此广大读者的青睐支持与广泛参与是办好报纸评论栏目的关键。

通过刊登质疑类评论，报社能够借此机会对此报道的前因后果以及事件背景进行介绍和阐述，进一步对内容进行补充，能够主动提出对内容的不同看法，很可能通过讨论甚至争论形成“多方对垒”的局面，以此为基础能够吸引更多作者加入撰文队伍，使多方力量“阵营”不断扩大，素材之源方不会断。这便是通过逐渐培养读者“发言欲望”的流程以及具体方法，也是媒体对于受众民主意识和表达能力的促进。想要保障言论发展的资源不受阻，就需要组织一支强有力的创作者队伍；只有通过挖掘整合各项社会资源，逐步组织起一支高水平的创作者队伍，才能做好评论策划，策划出健康、开放、充满生机与活力的评论。

（三）适度宽容，引导言论

评论语言能够反映社会现象，因此具有一定的冲突性与敏感性，语言的生命力在于强调“多重价值”，其包含了新闻媒体不断更新与学习进步之后不断完善的阅读规律，且其中会孕育出代表“不同”与“独特”的巨大的思想进步，这是最为重要的。把不同观点的公众言论摆放在对等位置的做法，除了能够体现客观性，也能体现对读者和社会公众的尊重。大众传播机构应担负沟通公共信息与意见的责任。组织策划言论应当科学合理，统筹安排，既要充分展示参与各方的观点和意见，也要把握好分寸，积极稳妥地加以引导，使同一系列的言论之间有内在的联系，“既系统，又深刻”，还不会“雷同”。同样，经过认真组织的独立成篇的言论，既能较为充分地体现报纸的

① 参见毕爱冬、李子亭：《发现·互动·引导——报纸系列评论的策划》，《青年记者》2004 年第 5 期。
② 参见张凤千：《报纸评论专栏策划研究》，《现代经济信息》2006 年第 6 期。

意图，打出鲜明的旗帜，做到有的放矢，又能宣扬保持正确的方向并不断深化。

二、报纸评论专栏策划当下存在的误区

与其他评论策划一样，报纸评论势头正火，在策划时也会出现不同程度的问题与误区，这是不可避免的，也是不能忽视并且需要进行修改的。具体误区以及主要应对措施如下。

(一)专栏定位——显著度不够

伴随着近年来受众对于垂直化内容的要求不断提高，专栏逐渐兴起，是报纸评论创办的大势所趋，各家媒体纷纷赶上这趟“快车”竞相创办专栏，但是由于操之过急，基础不牢，不少专栏定位并不明确，题材风格以及方向出现相类似已是不争的事实。既然是专栏，就要具备最基本的“专”，即专业性，而各个不同的报社需要具备不同的专业特点，拥有各自的专而精的言论栏目。由于涵盖范围广而在具体分类与划分方面存在一定程度的难度，因此很多言论专栏在定位上存在大同小异的问题，在某种程度上来说呈现出鲜明的同质化倾向。

(二)内容趋同——同质化倾向

随着 5G 时代的到来，通信方式今非昔比，当今报业已经随着通信工具的逐渐发达而更改了原来的姿态，网络的便利使地方报纸不再是传统意义上仅仅属于地方，而是拥有了更加广阔的报道内容和受众，多了不少共性的东西。比如对重大事件的报道，无论是官方报纸还是地方性报纸，都会进行不同程度的报道。拥有专业编辑团队的报纸刊物会选择制作属于自己的精良内容，而仍不少报纸选择在网络转发自己认为有价值和意义的内容进行报道，比如在体育、文化娱乐方面，不少报纸刊物表现出了惊人的相似“口味”，因而不同程度、不可避免地出现内容的同质化，除了报纸评论，新闻报道很多时候亦是如此。

(三)内容深度——“垂直化”不够

报纸评论栏目应当包含许多不同种类，以此来将各种不同类别的评论进行不同程度的分类。好的专栏，无论属于哪一种类别，都应当具备强烈的“独家”特色，也应体现出“专”的特点，包含人物、评论、新闻、副刊等多种专栏。专栏的独家风格由多种言语特色以及文字规范以及许多其他元素造成。而究其根本，这些因素正是由最初的报刊风格设定以及主要走向而指

定的策划方向决定的。

三、报纸评论策划提出建议

评论专栏是报纸报刊新闻评论办报中的一种基本形式，办好评论专栏，还要注重评论在策划过程中的策划定位，要遵循一些新闻言论中存在的基本一致的方向与原则，在舆论导向上坚定不移，树立正确观念，思想上的认识尽量争取深刻、题材选择上想方设法达到集中。作为个性特征，则需要强化以下三种观念。

(一)找准风格，精准定位

独特的风格对于报刊专栏来说十分重要，及时确立风格定位是其他程序的基础，是报刊专栏成功运营的保证。主要分为三个步骤。

第一，确定版面。在报纸固定版面、固定时间发表类别相似的评论文章即为评论专栏的基本要求。比如《人民日报》在二十多年里始终如一地维系运营“今日谈”栏目，产生了不小得影响力，在“名专栏评选”中多次上榜。[①]第二，明确方向。以“人民论坛”为典型案例进行介绍，作为党中央机关报的栏目，内容涉及范围相当广泛，在题材上要求广泛，尽量将“大家感兴趣的社会现象与社会问题”都纳入题材选择范围。在写作风格方面，要求“思想鲜明，观点有针对性，基调庄重，言语朴实亲切，贴近百姓”。经实践证明，这一办报理念受到中央领导以及广大百姓读者的充分肯定与热烈欢迎。第三，也是最后一点，即“选好编辑”。编辑水平直接影响着专栏水平的高度，影响着评论专栏的水准。要办出高质量的评论专栏，就需要提前明确负责相应专栏的责任编辑和对应的部门，及早明确责任义务和工作内容，提前制定相应的标准，明确需求和方向，这样才能够有的放矢，齐心协力，携手共同办好报刊。

(二)贴近生活，缩短距离

近些年，我国正处于社会变革关键时期，人民群众生活水平提高，知识水平和思想觉悟都有所提高，思维日渐灵敏，对于精神需求提出了新的要求，过去报刊主要是服务政府，因此很多时候会存在选题范围过于狭窄的不足，不少评论与受众之间始终保持一种距离感，不少受众批评一些言论是“高高在上”“隔靴搔痒”，无法证实群众真正的内心需要。贴近生活是为适

---

① 参见王蕊:《浅谈专栏在版面中的作用、特征及创新路径》,《大庆社会科学》2018 年第 3 期。

应读者需求以及时代发展和精神文明发展的需求。社会生活中提取与百姓日常息息相关的题材,这些题材是很好的办报选题,能够在丰富选题内容的同时,更好地贴近群众,聆听受众的心声。①

选题贴近群众十分有必要,首先,贴近群众,也就是贴近主要受众,这样能够使评论更加具有针对性;其次,选择大量贴近生活的评论题材能够让人民群众在通过阅读相关报刊评论对生活中存在的问题和疑惑有全新的认识,也能够帮助受众在思想上有所升华,面对生活中各种难以解决的问题打开全新的视角和思维,更能够将纸面上的理论转移到现实生活中,解决现实生活中面对的问题。

"人民论坛"在进行选题策划时会尽量将大家感兴趣的社会现象与社会问题都纳入选题范围;《中国青年报》也设置了"求实篇"栏目,从设立之日起,就立足于对民间话题进行评议和分析,题材更能吸引老百姓的眼球,抓住老百姓的心。

在树立和培养贴近意识时,更重要的是有属于自己的独特的方法给予受众以启迪和引导,在贴近受众的同时给出拓宽视野的新思路并且展现全新思维高度,做到真正意义上满足精神文化需求。

(三)重视品牌,创新经营

想要报刊评论能够独树一帜,就需要在发展过程中树立"提升知名度"的意识。受众最关注的是与自己息息相关的内容,也就是上面提到的"贴近群众",报刊评论专栏设立初期,应秉持向着更广方向发展的理念认真进行题材策划,并且在逐步吸引读者之后,逐步开始不断完善专栏的框架结构。除了受众关注度之外,报刊评论专栏的撰写人以及编辑队伍的名气也会成为品牌的重要组成因素,同时也是影响因素。

《南方周末》的专栏评论之所以能够受到广大受众的青睐,正是因其拥有一大批著名的评论作者,其主笔更是一张"名牌",例如林放的"未晚谈",以及下面将要提到的储瑞耕的"杨柳青"专栏等,都是国内知名的报纸评论专栏。毕竟广大受众的关注度对于评论专栏是否能够长远发展起到了至关重要的作用。

品牌化经营不仅需要依靠高质量的评论内容和知名编辑团队,还需要报社制订科学的经营计划,也需要确保能够在相应的版面以及相对时间刊

① 陈杞:《新媒体时代的报纸评论》,《新闻传播》2014年第5期。

发不同风格类型的文章，从而把评论专栏的品牌风格延续下来，将其逐步打造成为真正的知名评论专栏，比如著名的“今日谈”“人民论坛”等专栏，都是历经十余年逐步发展成为经典专栏，也是报刊专栏策划的典范。

想要长久地将品牌办下去，就需要有较强的“突破”意识，只有具备了这种意识，才有可能将专栏办得有声有色。不同于社论、评论员文章等，专栏评论严肃叙事特征相对较弱，因此评论者能够放心地进行文笔探讨与争论，以“真理越辩越明”为思想基础，能够使评论撰写者大胆鼓励不同观点，发表不同角度的文章参与讨论。

这里需要再次提到《中国青年报》的“青年话题”专版，该专版包含许多不同种类的激烈讨论类的文章，作者能够针对同一观点进行反复论证与讨论，“百家争鸣”的局面就此形成，读者能够通过阅读不同视角的文章，作为“调味料”与个人观点的佐证，进行属于个人的剖析，在心中和头脑中按照自己的倾向整理与汇总，最终形成属于个人的结论，有利于读者提升辩证思维。

如果说激烈争辩属于“重视与创新”的一种体现，那么评论专栏更应该以“创新精神”作为贯穿，这样才能独树一帜，取得一些成果，使评论专栏的创办与运营更上一层楼。《河北日报》闻名全国的“杨柳青”专栏，曾被《中国新闻年鉴》作为新闻报刊转型的经典成功案例并加以表扬，在全国大范围地推广宣传，一度成为“进步标兵”。该专栏无论是在观念、写作手法还是论点选取方面，都颇费心思，提出了不少突破性的创新思路。[①]

从上述案例中能够得知，重视品牌建立、定位与培养以及经营创新是一个专栏生存的根本，也是持续发展的力量源泉。一成不变的东西难以获得大众青睐，只有跟随事物变化，对原有的结构和机制进行有策划的大胆突破，才能立足现在，把握未来，获得长足发展。

第三节　报纸评论的应用与写作

在新闻业务中，新闻评论作为报纸的重要组成部分，被称作报纸的灵魂，是报纸编辑水平和思想深度的集中体现，在增强新闻宣传核心影响力、舆论引导方面发挥着不可替代的作用。随着信息传播技术的发展，新媒体

---

① 参见李婷：《怎样做好报纸评论专栏的策划》，《新闻传播》2015 年第 4 期。

的崛起对以报纸为代表的传统媒体产生了巨大冲击,传统媒体转型迫在眉睫。而报纸转向新媒体方向的至关重要的步骤在于新闻评论对新媒介环境的适应能力。[①]

本节通过全面阅读、分析和比较总结出几种国内评论常见的写作手法和角度,即观点论证、观念演绎、宏大叙事、硬语法。新闻评论写作中能够有意无意表露与体现其意识形态立场,主要表现为一定的表达方法及其话语系统的内在形式。作为反馈,频繁使用某种表达方式的结果便是使其想要表达的意识形态得到不同程度的强化。[②]

评论版汇聚多种言论主体、多种言论形态,在发挥意见整合乃至社会整合方面具有不可替代的作用。我国报纸评论版在发展方面仍存在巨大潜力,优化言论生态,明确自身定位,强化编辑功能,完善评论机制,丰富言论形式,改善版面形象,才能更好地发挥社会功能。[③]

新闻评论的表达方式是指作者借取一定的资料和形式,表达对新闻事实的见解和意见,完成作品过程中遵循的原则及表达技巧,包含借鉴的资料内容、采用的话语形式、遵循的言语逻辑,进而创作出相应样态的产品。表达方式能够直接体现撰写人的精神思维和个性与写作习惯,也在一定程度上折射出当下特定的社会文化背景及其意识形态。对新闻评论表达方法的讨论,可以从人们认识、理解与意见交流之精神活动方式的层面,总结梳理作者的写作经验及其影响社会的规律,为新闻评论写作的批评、相互借鉴与水平提高提供理论参照。[④]

一、报纸新闻评论写作基本结构

新闻评论多侧重于论证一个观点,并且突出表现在结构上。中国新闻评论的结构大多如下:概述事件或现象引发出或直接提出观点→论证并阐发观点→以观点回照实际→提出解决办法→发出号召或升华观点。

(一)观点论证

中国新闻评论在表达上多采用以观点为中心的逻辑论证,旨在建立观

① 参见李雅林:《新媒体环境下新闻评论的创新与发展——以〈新京报快评〉为例》,《中国广播电视学刊》2020 年第 4 期。

② 参见顾建明、王青:《中美报纸新闻评论表达方法的比较》,《新闻大学》2011 年第 2 期。

③ 参见李舒:《我国报纸评论版的优化路径探析》,《现代传播(中国传媒大学学报)》2013 年第 3 期。

④ 参见顾建明、王青:《中美报纸新闻评论表达方法的比较》,《新闻大学》2011 年第 2 期。

点，“为国家立想，为天地存心”[①]。例如，中国的新闻评论《倡导担当精神》[②]就是基于此种论证手段。文章第一段提出观点：“领导干部必须要有一种担当精神。”第二、三段对“担当精神”展开阐释和论证，“担当，就是要敢于负责任”“勇于担当，源于强烈的事业心、责任感”。第四、五段回到现实情况，指出“现实中有一些干部担当精神不够，无所作为”；最后，号召广大的领导干部要有强烈的事业心、责任感和勇于担当的精神，并带着这种精神去工作，创造人民满意的业绩。

以观点为轴心展开评论，多在文中反复出现表述观点的中心词。如《权利“烫手”才正常》[③]一文，文中以比喻表达观点的“烫手”一词，在全文六个自然段中出现12次。“烫手”这一中心词的反复出现，使作者的观点统领全篇，对观点本身也是一种强化。

以观点为轴心的评论，重点布局在观点和价值判断上，所以在新闻评论中会出现许多用于价值评价的词语。如在社论《推荐鲁冠球的一封信》[④]中，作者在引述完鲁冠球“很有见地”的信之后，使用了“诚信”“道德”“社会责任”“举一反三”等几个概念展开论述，充满价值判断。

（二）观念演绎

运用演绎方法，即由外在的、更宏大的一般观念观照具体的事物，折射出或直接演化出具体的观点。在阐述上，也多是由大道理推演出小道理，由大局评说个体。这样，新闻评论在表达观点上更喜欢使用大概念或给事物以性质判定。比如，《“网友曝”是一种很恶劣的文风》[⑤]一文以新闻真实性的行业要求作为行为准则与参考来论证以“网友曝”为出发点进行视频内容的剪辑工作的有害性。文章通过使用一些相关概念评论说明对象，借此表明自己对理性与客观的追求与向往。

通过类比引发观点，也是演绎的一种形式。首先，“化特殊为一般”；其次，基于前面得出的一般性结论来对需要评价的事物或者时间推算出具体针对性的观点。如《不是所有弯道都是超越好时机》[⑥]用赛车比赛中“弯道超

---

① [美]马丁·迈耶：《麦迪逊大道》，刘会梁译，海南出版社1999年版，第7页。

② [美]马丁·迈耶：《麦迪逊大道》，刘会梁译，海南出版社1999年版，第153页。

③ 刘庆传：《权利“烫手”才正常》，《新华日报》2009年12月3日。

④ 江坪：《推荐鲁冠球的一封信》，《浙江日报》2008年10月8日。

⑤ [美]詹姆士·韦伯·扬：《广告传奇与创意妙招》，林以德译，内蒙古人民出版社1998年版，第26页。

⑥ [美]罗瑟·瑞夫斯：《实效的广告》，张冰梅译，内蒙古人民出版社1999年版，第33页。

越”的机遇与险情并存的道理做类比，提出当下的世界金融危机也是机遇与险情并存，提醒决策者注意险情。

（三）宏大叙事

新闻评论的表达离不开叙事。国内报纸新闻评论主要采取宏大叙事的方式。如前文提到的《不是所有弯道都是超越好时机》，叙事仅有开头一句："最近，有个'弯道超越'词汇很时新，诸如'正是弯道超越时'、'超越常在弯道处'等等，常见诸媒体"。

不少作品在叙事上被某种宏大的观念统摄，表达某种历史感与高远的意境，讲究价值判断。如《再造珠三角的发展春天》这样叙事："国务院常务会议通过了《珠江三角洲地区改革发展规划纲要》。这意味着，珠三角的改革事业再次纳入了国家整体战略的范畴，广东将迎来改革发展的新纪元"①。在这种宏大叙事的新闻评论中，具体事件往往被观念裁剪得很厉害，呈现出意盛事凋的局面；而且，形容词用得多，习惯给对象事物作出地位、性质的外在判断。如在新华社 2008 年 8 月 22 日发表社论《永恒的经典　历史的丰碑》一文中就能深切感受到这一点："这将是一个令人难忘的时刻。充满生机与活力、传递激情与梦想的北京第 29 届奥运会，将以空前宏大的规模、精彩纷呈的竞技、绚丽多姿的文化、海纳百川的胸怀，定格在人类奥运史册上，化作一部永恒的经典，留下一座历史的丰碑。"

（四）硬语法强化理论性、客观性

依据什么逻辑规则，使用怎样的话语系统展开评说，从而使作品在内容上呈现出怎样的面貌特色，使用语法的软硬会对这一内容有较大影响。硬语法是指依循政治、经济、文化的逻辑规则，并使用其理论话语系统展开评论；而软语法则是就人的现实体验，依据一般人道规则，使用自然生活话语展开评论。

硬语法往往是从外在理论概念出发，由外而内、由大局而个体展开理据，全篇理论话语。软语法则往往是从个体内在体验出发，由内而外地展开理据，生活话语成为作品语言的基本面貌。比如《权利"烫手"才正常》中，"高强度监督""公民社会""社会主义民主"等概念反复出现，理论性强。

前述《权利"烫手"才正常》一文就是运用硬语法展开评论。文章针对北大实行的校长推荐制，对校长的推荐权做了政治逻辑上的解读。作者首先

---

① 文建明：《再造珠三角的发展春天》，《南方日报》2008 年 12 月 19 日。

从政治上提出了一个概念——权利的"聚光灯效应"(即被高强度监督),进而用政治理论话语展开评议,指出这种推荐权的烫手,表明社会制约力的勃兴,体现社会主义民主的发展;并提出要将这种高强度监督常态化,在阳光下运行,为民造福。

表达方法及其背后的意识形态,都是适应一定的社会历史条件被创生并发挥作用的;同时,它也存在超特定社会历史的合理因素。作为人类的一种文化创造,它有其合乎一般人类性的地方。从人类性视角,展开国际视野,批判地汲取不同国度、不同民族、不同时代人类创造的文明成果,将有利于新闻评论写作的健康发展。

二、Web2.0 时代报纸新闻评论写作特点

与传统报纸评论不同,当下报纸评论以及报刊办报都是基于 Web2.0 蓬勃发展借以不断扩大影响力的,因此当下的报纸新闻评论在写作中结合了网络评论的特征,因而拥有了全新的特点。比如就评论本身而言,报纸评论内容涉及的范围相较于以前大大拓宽,讨论范围较为广泛,形式上也随着社会热点事件类型的日益丰富而更加多元,因而会不断进行突破与创新;而着眼于报刊机构内部工作单位,由于网络新来源的增加以及竞争压力,强化了队伍力量,比如组建以经过挑选的网友为主要力量的"评论部"。

具体特点主要从以下三个方面来说。

(一)风格亲民,生动多样

互联网话语表达方式和语言习惯拓宽了评论的表现面,使评论升级,呈现不同样态、亲民并且生活化的特征。这一优势也逐渐被应用在新闻标题话语中,不同于"标题党"式的哗众取宠、文不对题,而是通过有趣的标题来吸引受众阅读更加有深度、值得一读的内容。如《中国青年报》上刊登的评论员文章《给自带干粮的老人们点个赞》,"点个赞"是网络语言,出现在《中国青年报》头版中规格较高的"本报评论员文章",必然使人眼前一亮,通常会激发受众的好奇心,引发读者关注阅读。[①]

(二)网民言论作为论据

随着网络媒体的兴起,网民的言论与评论逐渐纳入传统媒体进行评论论据筛选的依据,例如《南方都市报》社论版刊登的评论文章曾经数次出现

① 参见姚瑶、化麦子:《网络环境下报纸新闻评论的发展》,《青年记者》2014 年第 5 期。

“网友”“网民”等字样,即将这一群体的言论观点作为论据挑选出来进行发表,不少文章甚至直接引用。传统的新闻评论中,论据分为事实性论据和理论性论据,其中理论性论据是指“被实践检验过的理论”。而网友的评论并不属于两者的范畴,由此可见,新闻评论理论或许有跟随网络发展而逐步作出修改、改进的必要,在使用时应当谨慎,也从侧面说明引用网民观点和言论已经成为一种不可逆转的趋势。

(三)评论员重要性增加

网络在发展,评论员团队也正在与时俱进,在互联网平台上日渐活跃的评论员队伍已经成为评论队伍的中流砥柱,传统媒体,报纸评论的文章传播力已经得到不小的增强效果。传统的新闻样式主要有社论、评论员文章、短评等,读者阅读的多半是严肃性叙事,而互联网社交媒体则娱乐性、趣味性更强。借助社交媒体后台,受众能够对评论员进行了解,对评论员的工作、评论文章生产的过程也有了新的认识,双方之间的距离被无形之中拉近,受众对评论员文章进行二次转发,评论的传播力进一步增强。

三、当下报纸评论评论应用与写作现存问题

(一)客观真实地体现“民意”

李普曼认为:“世界太大,我们面对的情况过于复杂而我们能够获得的信息又非常有限,因此绝大部分舆论就必然产生于想象的绝大部分就必定会产生于想象。”[①]由于受到撰写者自身关注、感兴趣内容的影响,评论员本身就存在写作方式受到限制的情况,如果盲目大量引用网民言论和评论,反而在写作时受到这些因素的限制,导致观点的公正性很可能得不到应有的保证。单纯引用网民观点甚至以此来代表全体意见,显然是有失公允的,毕竟并非全部公民都参与网络平台发表言论,因此网络民意实际上是一种伪民意,这种言论具有情绪化、碎片化、易逝性等特点。

(二)内容浅薄,议题空泛

国内目前的报纸被划分为党报系列与非党报系列,二者之间尽管所属系列不同,但仍然彼此相连。譬如党报由于其特殊的政治性质需要经常发表社论,但社论言论较为正式,与受众生活相去甚远,但非党报系列在这方面又有跟随主流的必要性,因而复制粘贴这一类内容,尽管宣传形式已经具

① [美]沃尔特·李普曼:《公众舆论》,闫克文、江红译,上海人民出版社 2006 年版,第 51 页。

备，但宣传效果可想而知。泛泛而谈、浅尝辄止又自说自话的模板套话并非报刊之必需，导致空泛化进一步加剧。

不同于人们认为的那样，报纸评论并非一定比网络评论深刻，由于受到网络传播便捷性的影响，报纸在评论上难免也客观地存在单纯追求速度的倾向，以致忽略了评论内容深度的重要性，导致评论内容普遍深度不够。与此同时，报纸开设的评论版块与栏目越来越多，造成稿件需求量增多，反过来进一步加剧了内容的浅薄化。

网络语言虽然能够在一定程度上使官方媒体更加亲民，但为了亲民而亲民的方式则是不恰当的，盲目使用网络语言也会使传播效果与预想大相径庭。互联网具有传播速度快、传播范围广的特性，因而能够较快推动每个热点事件。然而，并非每个热点事件都值得推动，因而传统媒体在进行筛选时，更应当基于传统媒体行业准则，有自己的判断，从而起到良好的舆论引导作用。

（三）趋同化的写作模式与方法

评论作为一种独特的传统写作文体，在说理手段方面已经形成了一种固有模式。报纸评论逻辑性强、说理深刻、条理清晰等显著优势，尽管如此，报纸评论单一的说理方式，模式化、程式化的写作方式仍旧会引发读者阅读的疲惫情绪。

报纸编辑由于经历了长期的同质化工作模式，难免形成套路化格式化的版面设计思路，比如最为经典的条块分割版面，尽管错落有致、区别清晰，但长期仍会形成审美疲劳。因此，突破惯有模式，在版式版面上寻求创新思路也是评论编辑应当认真思考的一大课题。

四、报纸新闻评论的未来发展趋势

（一）创新性实现公平，不忘树立权威

“对版”即在报刊首页刊登代表编辑部团体意见的社论。[①] 我国评论存在长期的言论生态不平衡现象，看待问题的角度较为单一，主导型评论占主要地位，不同认识主体、认识主体与读者之间交流不充分等。“对版”存在的重要意义就在于宣传了一种重要的现代评论观用来表达“平等与平衡”。《人民日报》“观点”版的“谈治论理”专栏原本设置了“治理者说”和“旁观者言”两部分，即由政界和学界分别表达对同一现象、问题的看法，后来“旁观

① 参见[美]迈克尔·埃默里、[美]埃德温·埃默里：《美国新闻史》，展江、殷文主译，新华出版社2001年版，第250页。

者言"却有时不见踪影，只剩下"治理者说"。这种传播方式虽然针对性较强，观点鲜明，但是"一面劝说"难免让人感觉过于强势，对版能够扩大与提升评论在报纸上的版面和比重，这一拓展变化能够使得不同意见更加充分表明。通过不同评论主体多元观点的呈现，读者能够在接收不同观点的同时形成自己的观点，培养辩证看待问题的思维模式和阅读习惯。①

更重要的是，"对版"也能够保证"各家见解"都能够机会平等地出现在讨论的天地中，从纯粹的中央到基层到后来的基层到中央，甚至是专门突出了来自基层的声音，目的是通过收集基层的意见，更好地对中央的意见给予反馈。能够促进言论生态的多样性、平衡性，更好发挥评论在舆论舆情中的引导作用。这一设置也算是评论版通过自我突破、不断创新实现影响力扩大的重要途径和手段。以创新性吸引受众目光的同时也不能失去对于评论产品质量的把控，目的是更好维护报纸刊物的严肃性和权威性。

（二）重点突破创新，打造自身风格

评论版稳抓独家风格，做好特色打造，进行差异化竞争，体现独特优势，是扩大自身竞争力与影响力的有效手段。《人民日报》的"今日谈"和"人民论坛"专栏以及《中国青年报》的"冰点时评"就很好地贯彻了这一理念，具有鲜明的言语特色。评论版除了在内容题材选择上提前做好受众细分，针对性进行内容创作，内容需与整体风格相吻合，也要站在报刊现实生存的角度，在确立风格之时考虑到媒体的市场战略问题，进而作出受众的细化与区分。②

某种程度上来讲，在顺应市场的同时考虑到受众划分的问题其实也是一种创新，除此之外，在具体内容方面，也要有所创新。比如考虑到受众逐渐倾向于年轻化，报刊逐渐开始重视新闻评论板块的互动性，丰富互动方式，增添互动内容，比如对于同一评论进行借鉴新闻报道的排版形式，对同一版面进行分块论证，此做法对于编辑的综合能力要求很高，要兼顾到报刊风格的整体性。

（三）重视编辑步骤，梳理多重关系

应当认真梳理的关系包含好几层，首先是"版式与报纸之间"，其次是"编写与阅读"之间，最后是"评论版面内部"。第一步需要做好规划与统筹，对于媒体机构内部不能仅仅按照性质进行划分，更需要做好各部门之间的协调工作以及各部门与整体的协调。第二步需要通过对评论来源以及评论

① 参见李舒：《我国报纸评论版的优化路径探析》，《现代传播（中国传媒大学学报）》2013 年第 3 期。

② 参加屈会超：《网评冲击下报纸评论的发展空间探析》，《编辑之友》2016 年第 2 期。

的主题进行标注和说明，以便于读者进行源头追溯研究，进一步参与讨论，同时能够体现对中央与基层的言论同等重视。最后一步则需要借助多元载体来承载和体现报刊想要表达的思想和内容，在编排方面都要有所考虑，最大程度发挥版面优势。评论版逻辑层次的把握直接关系着评论版在呈现多元观点的同时发挥整合舆论的作用。

(四)纵向拓展评论深度，重视调查研究

为避免评论的“常规化”和“同质化”，各家报刊应当在基于自身风格的前提下做好相应的深度拓宽，重视思维的深度以及跟踪报道，发现、提出新问题并为解决问题提供新思路。其中必不可少的思考就是“警惕并尽量避免盲目追逐热点”，选题雷同会直接导致评论思想的浅薄化以及缺乏新意，很难做到真正发现问题。

深度报道和调查性报道的重要性不言而喻，是市场竞争中真正的“制胜法宝”，要求评论记者有全局性的视野和眼光，有研究相应题材的兴趣以及相应的知识储备，有整合各方信息的能力，即有深厚的专业素养。①

(五)顺应媒介发展，传统结合网络

随着网络日益普及、网络技术飞速发展，报纸有着无法忽视网络的支撑作用，网络论坛能够成为新闻评论的“双翼”，插上“双翼”之后的新闻评论能够成为传统报纸评论的有效补充。要求二者做到同等重视，并且寻求彼此之间的互补性。譬如，纸质报纸在做好自身品牌的同时推出电子版，实现网络和传统报纸的相互促进。

目前我国经典的媒体互动有两种主要模式：一是由网络率先发酵热点，再引发传统媒体关注；二是由主流传统媒体发起议程设置，表现为以网友有关的新闻为由头展开进一步的讨论。②

思考题

1.列举报纸评论有哪些形式？

2.谈谈报纸评论的要点。

3.谈谈如何在 Web2.0 时代开展报纸评论的写作，其特点有哪些。

---

① 参见陈奕奕、何志武：《实现网络论坛与报纸评论的共生》，2004 年 7 月 18 日，http://news.xinhuanet.com/newmedia/2004-07/18/content_1606221_1.htm。

② 参见董天策、陈映：《传统媒体与网络媒体的议程互动》，《新闻与传播研究》2006 年第 7 期。

第十章　广播、电视新闻评论

【学习要点】

本章对广播、电视新闻评论的特点进行分析，详细阐明其因为媒体声画传播特征而要求的与其他媒体相差异的采制特点和传播特性。结合实战，从选题、采访、写作、制作等流程，对广播和电视新闻评论如何采制进行剖析，归纳总结要领，并对未来走向提出建议，具有较为实用的借鉴和参考价值。

广播、电视新闻评论包括两种类型：第一种是指单独的广播电视新闻体裁，通常单独成篇，从几分钟到几十分钟长度不等，一些调查类报道篇幅可能更长，也被归类到新闻评论；第二种是新闻消息、系列连续报道和专题节目等后面附加的编后话等短评，也被称为评论。

很多广播、电视媒体开办新闻评论栏目，如央视的《焦点访谈》《新闻调查》《面对面》、央广的《新闻纵横》等，每期栏目多以一篇报道为主体；很多省市级广播电视媒体也开办有新闻评论栏目，且长盛不衰。

第一节　广播、电视新闻评论的主要特点

广播、电视新闻评论节目是指利用广播的音频手段，采取夹叙夹议的手法，对新闻事件的背景、原因、影响、结果、趋势等提出意见和观点。节目中既有叙述新闻事实的部分，同时一定要有评论的内容构成节目内核。

从传统的收音机到现在的互联网音频网站、App 等都可以传播新闻评论这一传统的新闻体裁节目。

一、需要精选重大主题和民生题材，拉近节目与听众的心理距离

题材选取得当，是广播评论先入为主、先声夺人的第一关。早新闻经常是广播媒体设置新闻栏目的黄金时段，晨练的人们、上班族是早新闻的首选受众。

上海广播电视台上海新闻广播《990早新闻》周导、胡旻珏的《带着感情去拆违》①就是着眼于上海市老城区的拆违难题采制的一篇寓情于理的佳作。对老城区很多居民半平方米建个洗澡间、两平方米放两张床等为了谋生而非谋利的违建，拆违的锤子怎么下得去手？这时拆违指挥部采取了刚性执法、柔性操作的办法，一户一策，拿出公共空间，想出就地改良、集中提供和租借使用等人性化方案，一方面不耽误拆违大政，另一方面又实实在在地解决了民众生活之困。

这种一枝一叶总关情的民生情怀是广播评论最好的选题。

二、关注现存体制缺陷和勇于探讨问题，提出建设性意见

从传播途径分析，文字符号要经过语义解析、重新组合再由受众进行思维解读，而声音转入思考的中间环节更少，人们可以在相对放松的状态下进行理性思索，而且比起视频信号较少受到其他干扰元素，所以广播评论具有文字和视频节目不具备的优势。

在舆论监督类或者时政分析类评论中，广播自有其引人深思的特长，在新媒体倒逼传统媒体节目改革的今天，广播评论反而有着更广阔的发展空间。

2015年12月31日广西人民广播电台广播评论《民意被满意 民众不满意》记录了临近岁尾一些政府部门对民众进行满意度调查，竟然附上答案，变成了现实版的“皇帝的新衣”。本来应该作为公仆被民众监督考核的政府部门名义上是考生，却又兼着考官，一身双跨，这种既当运动员又当裁判员的错位实际在相当长时间里很多地方普遍存在。

评论结尾给出了建设性意见：政府部门要信息公开，用一切手段及时公开公共服务的信息。让老百姓知道部门在做什么，要扩大公众参与公共服务决策的能力。民意内含民智，民意关乎民生，征集民意的核心价值在于运

---

① 周导、胡旻珏：《带着感情去拆违》，2018年5月15日，http://imedia.eastday.com/node2/2015imedia/i/20180515/u8i749035.html。

用到决策中、运用到工作中,这样民意才不至于出现“被满意”的情况,老百姓才能真正认同。

2014 年黑龙江人民广播电台播发的评论《转基因博弈背后的国家利益较量》采用了声东击西的写作方法:先在当时的热点转基因安全的话题上虚晃一枪,吊起听众的好奇心,接着引出另一重要论点,也是实质主题——国家粮食主权的安全问题才更迫切、更值得关注,饭碗要牢牢端在自己手里。

这种具有先见之明的选题显示出广播评论的特殊价值,也为广播评论在未来领域的发展指明了方向。

三、反思和探索新生事物

与电视节目更依赖于现场画面和具有指向性的视频不同,广播可以就更为抽象和富有想象空间的未来世界展开思辨,不需要配套的画面,而侧重严密的逻辑和层层推进的结构。

广东广播电视台的《“罗尔捐款门”,到底谁更受伤?》讲述的是深圳的罗尔发表悲情微信公众号文章,记录女儿重病需要救治的发酵效应短短时间打赏额达到 260 多万元,但是随后被质疑采用欺骗手段悲情营销,在网民和各方议论纷纷之下,微信平台将巨款原路退回的事件。

在背景复杂的事件背后,节目作者从新募捐法颁布第一案,全面调查采访:专家提出相关求助是否要打上明确的标签,慈善组织人士指出要对救助数额进行预估并对被救助人的信息公开,再呼吁社会大众更加理性和专业地对待此类事件。

评论最后总结道,爱心要与制度结合,慈善机构制度要更加完备,这样我们的社会救助体系才更有出路。

习近平总书记提出媒体从业人员要具备脚力、脑力、眼力、笔力,广播评论作者同样如此,好的作品来自生活生产实践。创作者要多走基层、多到民间,要善于积累和学习。要充分了解社情民意,积攒社会经验、熟悉人情世故、掌握法律法规,这是评论作者的基本功和基本素质。来源于生活和现实的素材更能拉近作品与受众的心理距离。说理论事就能消弭隔阂、易于沟通,让受众更好地理解和接受。

第二节 广播新闻评论的写作要求

广播新闻评论因其线性传播和无画面、文字辅助收听的弱传播特点,写作时要依据以音频为载体的独特性,从题材选取、文稿组织、结构架设、词句雕琢等方面凸显声音传播的特点。

广播新闻评论因为无法让受众看到文字和画面,所以声音的清晰、准确表达尤为重要。从生理学理论分析,广播无法像平面媒体如纸质媒体一样可以反复浏览,也不像互联网 PC 端或者智能设备接收端、电视大屏设备那样可以融文字、声音和视频于一体。线性的易逝和听觉的容错率低都使广播听众更易接收音乐类、交通类等节奏悠长或者辅助主要行为的伴随类节目。

所以,广播的新闻评论在媒介传播上并不占优势。不过,如果能充分考虑和研究广播的小众收听群体特点,精心发挥广播的音频特长,新闻评论在广播媒体中也大有可为。

一、注意声音的准确表达

中国文字的丰富多样体现在一字多音和同音异形上,在广播稿写作时尽量避免因为音同字不同或者连读、不当分隔等引发的歧义,免得闹出“武汉市市长——江大桥”(武汉市长江大桥)的笑话。

同音异形词要慎用,尤其一些同音反义可能让听众如堕五里雾中,如“全部成功”和“全不成功”、“他为通过考试”和“他未通过考试”等。前者可以改为都“没有成功”,后者可以改为“没有通过考试”。

对一些声音相近,音调因为阴平、阳平、上、去之间略有差异的字词也要注意区分,如哀怜、爱恋,败血症、白血症,昧良心、没良心等词语声音近似,如果读得不准容易使受众误听。

广播评论写作时还要尽量用词语或者专用术语的全称,简写简称也容易让听众感觉不舒服或者引发误听。如可、能、或等尽量写成可以、能够、或者;中行、建行等要完整表达为中国银行、建设银行等。而对有定规的地名、人名多音字或者形近字要读准,像丽水、丽江,前者为二声,后者为四声。亳(bó)州不能读成“毫州”等。

汉语的文白异读也要区分,如“剥”字文读“bō”,剥削读此音;白读“bāo”,剥花生等用此音。广播稿配音要注意这些词语的正确读音。

广播评论要多用短句子,少用复合结构尤其是转折关系超过三层的长句子。因为与平面媒体的网络信息和报纸杂志不同,文字可以反复阅读,揣摩语义,但是广播语言属于线性流动表达,过耳即逝,过多的层次既让听众费解，也不符合声音语言的表达规律。

二、注意语言的生动表达

广播习作中如何用平实的语言来抒发真挚的情感？这是门大学问。辞藻并非越华丽越好，而做到平中见奇才是更高的境界。广播语言和书面语言的最大不同就是质朴中见真实。

《中国青年报》2014 年 10 月 24 日刊登冯雪梅的《让法治托举起青年梦想》一文，其中一段很能显示质朴语言的力量：

> 创业中的青年，希望不被繁琐的审批所限制，不被非法权力所侵扰，小微公司的合法财产能得到保护；报考公务员的青年，希望在招考中公平竞争，不因莫名其妙的理由被挤掉；漂在大城市的青年，希望自己能享受平等的市民待遇；买房置业的青年，梦想房价平稳，不因变幻莫测的政策而忽高忽低……所有这些梦想，汇聚成我们共同的希冀——生活有尊严，未来有希望，幸福够得着。而这一切的基石，将是法治。

这段话如果用广播音频传达，也一定富有穿透力和感染力。

甘肃广播电视台经济广播的评论《对办事群众不妨多说一句话》标题很接地气，一下子就拉近了与听众的距离，仿佛变成了一家人的谈心私聊。

广播评论语言要少用书面语和晦涩难懂的文言，作者写作时设想面对的是朋友和家人，用聊天的方式传达自己的想法，要让听众既轻松又愉悦地接收自己的作品。

湖北广播电视台的广播评论《警惕"指尖上"的形式主义》在生动表达方面值得称道，且不说记者对变种的形式主义旧瓶装新酒的白描速写，让听众颇有于无声处听惊雷的恍然警醒之感，语言运用也特别为作品增光添彩。记者的遣词造句多为平实的口语，与最基层的社区工作人员常年与群众打交道的环境浑然一体，如"武汉市多个社区的工作人员向记者倒起了苦水""洪山区某社区工作人员小李向记者吐起了槽""为了完成任务，不少网格员只能带着手机到小区走一走，他们戏称这为遛手机"，这些句子播音员读起来朗朗上口，生活味儿很浓，听众听来也毫无违和感，似乎身边邻居和家人与自己在侃侃而谈、倾诉家长里短。这样的评论充满了人间烟火气息，用精巧的文字演奏出推动社会和谐的动人乐章。

三、巧用同期声和现场音

在广播评论中，一般叙述性的解说起到交代事件主体、起承转合、组织结构等作用，是一篇节目的主干；而采访的不同被采访对象的同期声则起到交代背景、代表不同个体或者群体发声等作用，因其独到和不可复制性，既起到解说达不到的生动传神的效果，又往往在关键时画龙点睛。特别是对一些有深度的点评，通过当事人或者专家和权威人士说出来，能起到支撑论点的支柱作用。现场音作为广播的独特传播手段，用音效让受众仿佛身临其境，产生真实自然的代入感，具有文字和视频有时无法达到的价效，特别在受众无法用视觉接收信息的环境中，声音的优势无与伦比。

黑龙江广播电视台的广播评论《生态资源大省的尴尬和抉择》在使用同期声方面可谓典范。

生态资源大省的尴尬与抉择①

国家统计局等多部委近日联合发布《2016 年生态文明建设年度评价结果公报》，这是我国首次开展生态文明建设年度评价工作，并首次公布绿色发展指数与公众满意程度排名。数据显示，黑龙江绿色发展指数在全国 31 个省(区、市)中名列第 21 位，公众满意程度仅列第 25 位。生态资源丰富的黑龙江缘何排名落后？“生态大省”转型“生态强省”路在何方？新时代美丽中国“龙江样板”怎样打造？请听牟维宁、任广镇、韩天、任季玮采制的新闻述评《生态资源大省的尴尬与抉择》。

(出村民搬迁现场，压混……)

元旦将至，齐齐哈尔扎龙乡道口居住点村民正陆续从扎龙国家级自然保护区核心区搬出。扎龙保护区拥有中国最大的以保护丹顶鹤等珍稀水禽为主的湿地，它是世界最大的丹顶鹤人工孵化中心。一直以来，当地居民的生产生活严重破坏了鸟类的生存环境，人鸟争地、争食矛盾日益突出。

村民：小时候那鸟很多很多。捡野鸭蛋，成桶成桶捡。现在都机械化(作业)，一影响的话，现在鸟渐渐地少了。原来铺天盖地，现在一飞一行行都能查出数来。过去除那蒲草够我们一屯烧，现在就够一家烧。退化非常

---

① 牟维宁、任广镇、韩天、任季玮：《生态资源大省的尴尬和抉择》，2018 年 5 月 14 日，https://heilongjiang.dbw.cn/system/2018/05/14/057992358_01.shtml? spm＝zm5115-001.0.0.2.cGGXD6&file＝057992358_01.shtml。

非常严重！

就在上个月，黑龙江省就中央环保督察组移交的13个生态环境损害问题作出的整改问责结果进行了通报。其中提到，因违法实施土地整理、灌区改造工程，扎龙有10000多亩湿地被损毁。

对此，扎龙保护区鹤类驯养繁育中心工程师李志刚忧心忡忡：

李志刚：湿地是地球之肾，丹顶鹤是环境好与坏的风向标。生态破坏以后，水文系统自然就破坏了，鸟类就飞走了，湿地就得枯竭了，对整个大气的环境影响是非常非常大的！

扎龙的"人鸟争地"是黑龙江发展进程中生态破坏问题的缩影。作为传统老工业基地，长期以来，黑龙江经济发展过度依赖增加物质资源消耗、规模粗放扩张与高能耗高排放产业，资源浪费、土地荒漠化、耕地森林草原湿地遭破坏、大气污染等环境问题突出。在中国自然资源学会理事、湿地与生态保育国家地方联合工程实验室主任倪红伟看来，黑龙江在《2016年生态文明建设年度评价结果公报》中排名靠后，主因就是经济发展与生态文明建设的不平衡。

倪红伟：绿色增长这个指标，从资源的利用、环境的质量、增长的贡献这些方面对一个地区的经济增长做一个权衡。黑龙江叫生态大省，生态资源确实比较丰富，但随着近几十年甚至上百年的开发利用，从森林、湿地、草原，甚至农田都出现了比较大的退化的趋势，这些都是我们片面地追求GDP而形成的。

年初，甘肃祁连山国家级自然保护区生态环境问题被媒体曝光后，引发社会强烈关注。近半个世纪的过度开发与破坏让这个"中国西部天然生态屏障"伤痕累累。尽管当地花了大气力进行生态修复，但植被退化、地表沉陷等一系列环境恶化连锁反应却难以消弭。倪红伟说，祁连山保护区现状给黑龙江也敲响了一记警钟。

倪红伟：就像一个人似的，身体各个机能都已经受到损伤了，你不去恢复它，你还利用它，只能是加剧死亡。生态是我们的最大优势，又是底牌，发展的基础。

我国生态资源总体不占优势，对现有生态资源保护具有战略意义。众所周知，地处祖国北疆的黑龙江拥有大森林、大冰雪、大界江、大湖泊、大湿地等得天独厚的自然资源。习近平总书记来黑龙江考察调研时曾强调，生态就是资源，生态就是生产力。如果仅仅靠山吃山，很快就坐吃山空。要按照"绿水青山就是金山银山、冰天雪地也是金山银山"的思路，摸索接续产业发展路子。对此，中国林业经济学会常务理事、黑龙江省科顾委专家组成员曹玉昆认为，两座"金山银山"重要思想，实质就是要求资源型地区抓住机遇、创造新发展模式、走新文明之路。

曹玉昆：既要大力发展经济，赶超发达省份与地区，又要保护现有资源与环境，特别是保护大小兴安岭重点生态功能区；既要承担经济下行的巨大压力，又要肩负保障民生的社会责任；既要保护生态环境，提供社会所需要的生态产品，同时又要面临资源枯竭、经济发展难以持续的窘境。如何妥善处理好生态环境与经济发展之间的关系？如何利用特有的冰雪资源、绿水青山资源？探索一条绿色的新发展模式势在必行！

作为我国第三个生态省建设试点省份，近年来，黑龙江围绕生态文明建设做了许多具体工作。然而受经济利益驱使，一些基层政府往往以牺牲环境为代价换得经济指标提升。除扎龙外，兴凯湖国家级自然保护区与肇源沿江湿地自然保护区，也都出现了违法违规开发建设现象。在很多专家看来，环境问题出现，根本原因是发展不平衡不充分；环境问题解决，还是要靠平衡发展与充分发展。对于资源型地区未来转型发展，长期从事生态文明建设公众参与机制研究的生态经济专家刘伟杰指出：

刘伟杰：以牺牲生态环境为代价的经济发展不是生态文明；仅仅以保护生态环境为目标，经济不发展，也不是生态文明。要立足现实，调整结构，大力扶持一批新兴特色绿色生态产业，实现经济发展方式转变，努力把生态优势转化成经济优势。

值得关注的是，《2016年生态文明建设年度评价结果公报》中，位于绿色发展指数排行前列的多为经济发达省市，这显然与这些地区产业结构调整较早、环境和资源消耗相对较少不无关系。黑龙江省森工总局党委书记李坤认为，在中国工业化进程步入中后期之际，利用资源优势，大力推进绿色食品、生态休闲、健康养老、文化体育、冰雪旅游等绿色生态产业体系和空间格局的构建，这是黑龙江经济转型的必由之路。

李坤：由过去的卖木材向现在的卖风景转变、卖环境转变，把旅游业、健康养老业、医养结合的健康养老集团都组建好、推动好、发展好，早日实现林区转型。真正实现把森林资源管住、把产业搞活，让森工职工有业就、有资开。特别是林木以外的林地资源、林下资源、林中资源的有效释放，国有重点林区的板块一定是一个新的增长极！

眼下正值冰雪季，位于大海林林业局的“中国雪乡”游人如织，一房难求。自从黑龙江重点国有林区全面停止天然林商业性采伐，摆脱传统“大木头经济”的林区正走出一条生态致富路。今年，龙江森工森林生态旅游业预计接待国内外旅游者约 1200 万人次，旅游总产值 68 亿。李坤说，念好“山水经”与“冰雪经”，将是黑龙江实现绿色发展的突破口。

采访中，多位专家还提到增加优质生态产品供给的重要性。党的十九大报告明确提出，既要创造更多物质财富和精神财富以满足人民群众日益增长的美好生活需要，也要提供更多优质的生态产品以满足人民群众日益增长的优美生态环境需要。

黑龙江省林业厅资源管理处处长张志军说：

张志军：木材需不需要？当然需要，但它不是唯一，比木材和林副产品更重要的是生态产品。我们不但要为国家提供有形的林产品，也要为社会提供更多的优质生态产品，比如说我们追求天蓝、水清、山绿，美好的生活环境，使广大人民群众能够享受到更多、更为普惠的生态产品。

中央财经领导小组办公室副主任杨伟民抱有同样观点。在一次论坛上，杨伟民一针见血地指出，当下生态产品缺乏，恰恰是中国经济的短板。要以人民需求为主，把提供更多优质生态产品作为发展的重大战略任务。

杨伟民：除了对农产品、工业品、服务产品的需求以外，也包括对清新的空气、清洁的水源、舒适的环境、宜人的气候等生态产品的需求。绿水青山就是金山银山，这个道理也就在这里头。生产生态产品它也是需要“耕地”的，也就是说需要生产资料，就是生态空间。实质上就是要纠正过去的功能错位和产品错位，退的是耕、牧、养，减少的是农产品，还的是林、草、水，也就是说要增加生态产品。

良好的生态环境是经济社会可持续发展的重要条件。令人欣慰的是，资源大省黑龙江正积极弥补发展中的环境历史欠账。上月召开的省委十二届二次全会的决议中，“可持续发展战略”“生态强省”“污染防治”纷纷被列入现代化新龙江目标。从“闯关东”“北大荒”垦荒时代的“征服自然”“人与天斗”，到当下的“人与自然和谐共生”，生态文明建设被黑龙江提到了前所未有的高度。

几天前，“中国林都”伊春也确定了新目标，提出要着力打造绿色、健康、美丽、时尚的“全景伊春”，力争早日实现习近平总书记提出的“让老林区焕发青春活力”。伊春市委书记高环认为，推动生态文明建设，关键在人，要引导全社会尤其是青年一代，让绿色发展方式和生活方式成为全民意识，使生态文化从自发转到自觉，进而实现自信。

高环：要少一些人定胜天的豪情，要多一点道法自然的从容，统筹山水林田湖草的系统治理，重新复归于自然，达到古人所追求的那种理想，就是“天人合一”的精神境界。不要走先破坏后恢复的弯路，更不要走先污染后治理的老路，必须更加注重升华生态综合效益，还自然以宁静、和谐和美丽。

（扎龙湿地生态移民入户现场，压混……）

随着《黑龙江省湿地保护修复工作实施方案》近日出台，扎龙正在加大生态移民力度，力争尽快迁出保护区核心区域内的所有居民，为丹顶鹤等珍禽让位。对此，绝大多数当地村民都表示理解。他们说，要给鸟儿留下生存空间，给子孙留下一片净土。

村民：生态已经是被破坏，咱必须得退耕还草、退耕还林！当年在这个湿地上索取，现在咱们把湿地退还给大自然。把大自然让给鸟类，好让它们繁衍生息；给孩子一个好的环境，还一个美好的大自然。

整条报道用了十多处同期，不仅不拖沓，而且各有其用、精到传神，如村民用鸭蛋和蒲草的减少对比环境几十年来的变化时的遗憾和无奈，鹤类驯养繁育中心工程师谈到“湿地是地球之肾，生态破坏后的一系列后果，对整个大气的环境影响非常非常大”时的忧心忡忡，专家倪红伟以人体打比方说明生态的重要性；专家曹玉昆、刘伟杰则论证了创新的绿色发展模式对生态与经济协同发展的作用；机关负责人介绍了正在实行的具体办法。最后又与篇首呼应，用村民的“给孩子一个好的环境，还一个美好的大自然”点题，尤为精彩。

这部作品的同期声集中了三个层次的人群的声音：身处其中的村民对搬迁的理解和支持；专家学者的阐释兼具思想和理论的维度与深度；官员的解读显示了政府的决心和执行者的未来施政方向。通过不同人群的发声让受众感知到了做法、信心和希望。

在广播评论的同期声前，一般要先说明被采访对象的身份、名字等，而如果前文已经交代，则可以直接播放其音频。

第三节　电视评论类节目的特点

电视评论类节目是指利用电视手段，采取夹叙夹议的手法，对新闻事件的背景、原因、影响、结果、趋势等提出意见和观点。节目中既有叙述新闻事实的部分，同时一定要有评论的内容构成节目内核。电视评论类节目没有具体的限定时间，但是必须有评论内容，而且评论部分一般要占到10%～40%。

像央视的《焦点访谈》《今日说法》《新闻调查》等都属于电视评论类节目，最为脍炙人口的《焦点访谈》于1994年4月1日开播，每天播出，成为继《新闻联播》后央视最具影响力的新闻栏目。时事追踪报道、新闻背景分析、社会热点透视、大众话题评说涵盖了评论节目的诸多特点。各省市台的评论类节目也有很长的播出史。

电视新闻评论节目必须体现思想性，深刻思索社会现象，针砭时弊。首先要挖掘线索、选好题。单一的突发事件、有限的采访对象、简单的新闻过程，很难作出像样的评论节目。因为这样的节目往往触及个别政府部门的不作为或者少数窗口单位公职人员的失职渎职、一些企业组织和团伙等社会阴暗面，往往触及一些群体和个人的切身利益，而且涉及的对象大多不当得利，所以记者的采访经常受阻，甚至有时面临较大的风险。但是正因为这类节目坚守社会监督的职能，为弱势群体说话，从正义立场出发，所以更有新闻价值和社会影响，对整个社会发展进程更有推动作用，记者的无冕之王的终极价值在此能得到有效体现。

现在的舆论监督与十多年前的舆论监督从监督方向上不太一样，十多年前大多从下往上进行舆论监督，更多的问题从民间开始，但是现在更多是顶层推动，从上往下监督，主管部门要求媒体必须加强舆论监督。

党的新闻理论认为，舆论监督能帮助政府部门推进工作，政府部门要勇于接受监督，而不要抵触舆论监督。因为现在老百姓向上反映问题的渠道线索太多，因此作为本地媒体就要加大舆论监督的比例，为老百姓尽量提供疏导情绪、反映问题的本地出口。群众越级往上反映问题的难度肯定比在本地反映问题的难度大，本地出口增加了，能地方解决的，谁也不会舍近求远或者舍易求难往上反映。像央视的《焦点访谈》，地方台若报道了一般不再做重复报道。

各地近年来主动推出的电视评论类问政节目，一般是自上而下的要求，即主要领导倡议开办，以求通过媒体架起沟通基层和政府、群众和领导干部的桥梁，把更多群众难办的事情和诉求、现实社会中存在的问题和痼疾及时反映上来，把矛盾纠纷化解在萌芽状态。

现在主管部门对各地的“放管服”改革、窗口单位服务质量、行业作风建设的监管变成了常态。不少电视媒体每年都要配合上级和当地党委、政府和纪委等党政部门明察暗访，从项目推进到作风建设，采制大量电视评论类节目。

目前，整个社会舆论氛围是由领导推动，把媒体作为反映问题、解决问题的最重要的利器之一。电视媒体要正确理解、积极配合，把舆论监督类的电视评论节目作为推动工作、改进工作的重要手段。

烟台广播电视台的电视新闻评论《圈地建别墅　相关部门为何集体失声?》获得山东新闻奖一等奖。但从题目看，前半部分讲的是一个新闻事件，属于典型的舆论监督类节目。占了农用土地建造对外出售的别墅，这个事件有典型性、有看点。土地是农民的命根子，国家 18 亿亩耕地的红线绝对不能突破。土地问题是原则问题，因为粮食安全是关乎民生和国家安全的头等大事。但是土地交易又是最来钱的，一些村里卖地、建房，有的地方政府热衷出让土地、拍卖土地使用权，最大的受益者是谁? 是政府部门、开发商、炒房团、建筑商等利益链条上众多的受益者。

这个片子没有回避矛盾的主要方，对国土资源局、规划站、耕保站、办事处进行了抽丝剥茧式的层层推进式的采访，故意装傻、踢皮球的推诿在记者的采访中一览无余。记者的解说和后面的编后语都很有力量，引用土地法，对利益方的分析非常到位。

如果没有题目的后半截“相关部门为何集体失声”，那么它仅仅算一条新闻消息，如果幕后的背景挖掘不出来，观众会有疑问，会觉得看得不过瘾。作为记者，采访也就不充分；而如果没有后半部分记者向国土部门和当地街道办的掷地有声、直击痛处的发问，没有主持人深刻犀利的点评，就发挥不出电视媒体的舆论监督作用。而恰恰是记者一针见血地连番发问和痛快淋漓的评论才揭露了当地村委卖地敛财、非法获利的事实，也暴露了当地相关部门失职渎职的行为。

第四节　电视新闻评论的制作要领

评论类节目的采访根据记者是否需要公开身份分为暗访、明拍、明暗结合的采访。暗访通常是某些舆论监督类报道必须隐瞒记者身份，使用当事人或者旁观者身份参与采访进程；有时可以亮明身份，但最好不引起被采访者的警觉，采用旁敲侧击、层层剥笋的办法逐渐触及关键问题。

有了好的线索，对于记者来说，要设想可能遇到的各类意外情况。记者要认真研究问题产生的各种原因，尽管不能先入为主、带着成见去采访，但是脑子里要有想法，要学会分析，设想各种可能性，围绕主要问题展开采访报道。

一、掌握评论节目的采访技巧

（一）递进式

层层递进式的电视评论报道是循着采访对象的逻辑关系由表及里、从现象到实质、从点到面、从存在问题到解决方式的逐步深入的报道方式。层层递进需要记者对所报道的事件和现象脉络有清晰的认识，分清主次、理出先后，随后按照时间顺序或者按照逻辑关系分步展开采访。

央视《焦点访谈》2015 年 6 月 10 日播出的《未婚时如何证明“未婚”》一片，就是围绕奇葩证明的现象，层层递进采访，剖析这一痼疾在很多地方和行业存在的现状、产生的原因以及如何解决的办法。

节目开始引用了胡女士想把户口从昆明迁到成都遇到了一系列跑断腿开各类证明的例子：本来就是迁个户口，结果在近两年的时间里，胡女士反复奔波于当地的社区居委会、民政局、派出所、教育局、档案馆等部门，要开未婚未育证明、户籍证明、户口托管证明等各类似乎与迁移户口关联不高的证明，而且本来在一家单位的电脑里就显示的信息，却让胡女士去别的部门开另外的证明来调取这个证明。

胡女士的经历并非个例，紧接着片子又例举了需要开的“我妈是我妈”“自己的父亲没有私生子”“不是故意损毁人民币”等各种奇葩证明。

到这里，记者分析造成这种现象的深层次原因：部门之间职能交叉、管理分割、服务意识差；制度规定过时，办事过程中信息化、数据化利用程度低等。最后片子指出，解决问题首先要做好简政放权的减法，消除信息壁垒，保障信息互联互通，最好的办法是要改进工作思路，真正落实服务意识。

层层递进的报道方式在电视新闻评论节目中最为常见，因为电视叙述结构呈线性排列，受众一般也更适宜于线性叙述结构，所以层层递进的报道方式常被包括电视新闻评论类节目在内的各类视频节目采用。

（二）并列式

这里的并列式指的是相互有关联但并非层进关系的报道结构，各个组成部分之间为并列关系，存在内在主题的相关性，但是没有前后递进关系。

我曾在20世纪90年代末采制过电视理论片《农村社会保障——九亿农民的企盼》，全片分为最低生活救助、农村合作医疗和社会帮扶三部分，采访了当时的民政部部长多吉才让和中国人民大学、中国社会科学院的多位学者专家，全片采用夹叙夹议的结构。这三部分互为补充，没有内在的主次关系之分。

（三）对比式

福州电视台的新闻评论片《心灵的拯救》使用了两个例子：一个是孩子溺水，周围人以运气不好为由见死不救，反映了人性的冷漠甚至残酷的一面；另一个讲述了一个恶劣海况里救人的事情，救人者没有告诉被救者自己的姓名，还给了他路费，然后淡然离开。危难时刻挺身而出、救人不图回报的大善之举本就激荡人心，而被救之人几十年一直寻找救命恩人，反映了爱心传递的人性善的一面，救人者救人于危难的高尚之举和被救者知恩图报的拳拳之心感人至深，与现实社会个别的冷漠现象有机整合在一部新闻评论节目中形成鲜明对比，令受众深受触动，也大为感动。

这部片子又连续采用了讲述了一位农民工因为救完了人流下热泪与一位女记者对一位溺水者人工呼吸但终因无力回天而失声痛哭两个事件，唤醒人们的良知。整个片子有视频、有图片，抓住感人瞬间，对比性地谴责冷漠者、颂扬救人者和感恩者，引起人们对大爱的思考和回味。

这显现了新闻评论节目在电视媒体中的舆论力量，而这样的节目在网络传播中很难达到如此效果。这是因为网络视听节目的快节奏和海量化的特征，往往很难让受众拿着智能化设备长时间收看一个主题集中的长视频节目。而这正是电视媒体的优势，电视评论通过整合和筛选题材，通过递进式的评论就可以达到新媒体有时难以达到的深度。电视评论类节目也可以体现电视新闻记者的综合素质，它也是电视媒体最有魅力的节目类型，能够充分发挥电视媒体和电视媒体人的特长和优势。

现在央视最大的优势在于新闻优势，这其中新闻评论栏目独树一帜，占据着重要的位置。1993年创办的《东方时空》，1994年开播的《焦点访谈》节目，还有随后的《新闻调查》《每周质量报告》等高质量的新闻评论节目，仍旧是卫视台和地方台甚至其他平面媒体无法抗衡的。这类电视评论节目的成功在于选题的独家、立意的高度、题材的重要、线索的综合等全面优势。

国外的节目如哥伦比亚广播公司电视网（CBS）的《60分钟》，开播时间是1968年,每周日播出,每期节目通常像杂志一样被分为三个独立的部分和一个口头新闻评论,每个部分都是记者就某个事件展开的调查和评论。其主题以报道严肃新闻为主,涉及政治经济外交领域的重大事件,报道风格严肃客观却不拘谨,内容深刻而不晦涩。他们的记者擅长从社会热点事件中找到独特视角,给观众以全面、理性的解读。如迈克华莱士报道的美军在伊拉克的虐囚门事件等影响深远。还有美国广播公司(ABC)的《夜线》也在本国受众中广为人知。英国广播公司(BBC)的《全景》,开播于1953年,是一档新闻专题调查节目,有关药品安全、职业足球黑幕等报道在英国社会产生了广泛的影响。

电视新闻评论节目的记者和编导也要学习其他行业和其他媒体的优秀经验和做法,保持理性树立正确的世界观、人生观和价值观,掌握实事求是、辩证思维的方法论。

二、分析评论对象的内在逻辑,抓住矛盾的主要方面得出准确结论

新闻评论事件发生、发展直至结束自有其内在逻辑,记者在调研、创作过程中,尤其在提前策划阶段,首先应该了解事件发生的背景、原因和关联信息。对较为复杂的事件,要认真分析各种表象掩盖之下的真相。

在厘清事件的线索之后,再按图索骥,抓住评论对象的主要矛盾和矛盾的主要方面。在采访报道过程中,也要抓大放小,揪住首要问题一追到底,不能纠缠次要问题,更不能被假象迷惑,甚至被人牵着鼻子走。

笔者参与策划把关的电视调查评论报道《阴阳之惑》调查的是一家民营医院如何欺骗乙肝患者的事件:记者在采访了当事人小王之后,带着他对这家叫仁和医院的民营医院所谓的“乙肝阳转阴”的疑问,来到了烟台传染病医院进行咨询。医院的专家负责任地告诉记者,小王乙肝五项指标中的第五项在短短一周的时间内转阴,这几乎是不可能的。记者的第一个结论是小王的检测结果是伪造的。而且据了解,国家规定的医院诊疗科目中并没有肝病科这个具体科目,而是传染科。此时,记者得出第二个结论:仁和医院有可能根本没有治疗肝病的资质。那么,所谓的专家很可能就是个假医生。

顺着前期深入外围调查推断的逻辑,假如真如记者设想,那么这家医院的问题就非常严重了。单凭记者无法查出仁和医院肝病科的内幕,于是记者第一时间将问题反映给了当地区卫生局医政科和市药监局。医院问题多

多却能够一直经营，而且电话中这两个部门人员的态度，让记者不得不留了个心眼儿，他们将车停在医院门口，不停地盯着医院的正门和后门，不敢关机。

果然，不到半个小时，一个身着便装的熟悉身影——被有关人员通风报信、想要金蝉脱壳的王专家出现在了医院后门。记者和当事人赶紧追了上去。王专家的步子是越走越快，同事灵机一动装作接了个电话“派出所的吗？我们在仁和医院后门”，没想到，这位王专家真以为警察来了，撒腿就跑，跑到拐弯处竟然想往路边的草丛中钻，“医跑跑”的狼狈相顿时暴露无遗。

此后，当地卫生局和药监局迫于压力，对医院进行了查处。经过检查，药监局认定“王专家”是假医生，他所使用的“抗乙肝蛇毒转阴注射液”也是假药，除了对医院进行罚款，当地卫生局还责令医院停业整改。

虽然医院得到了处罚，但是如此多在此就诊的患者耽误最佳的治疗时机又有谁来为他们埋单？这家医院为何能长时间如此明目张胆地欺骗病患者呢？调查到这里，一组前后几个小时内拍到的镜头显示：之前记者暗访时，肝病科的牌子赫然在目；而执法部门工作人员和记者时隔不久再次来到科室门口，牌子虽然已经匆忙摘掉，但是挂钉还没来得及移除，从镜头言语和片子隐含的逻辑，受众已经能够心领神会到监管部门存在失职甚至提前通风报信的渎职行为。

三、跳出现象看问题，从符合社会实践发展的客观规律中寻求本质答案

新闻评论存在的价值就在于能够发现现象背后隐藏的客观规律，在一些貌似无懈可击的旧事物中抓取漏洞和弱点，为新事物的萌芽和壮大开辟道路。

内蒙古广播电视台 2016 年 8 月 3 日的电视评论《收粮商贩王力军的尴尬》就聚焦这样一个在官方看来违法、在粮农眼里不可或缺的收粮商贩被判刑后又被释放的案件。一方面农民连年丰收，另一方面粮食卖难。这时被有关条例认定为二道贩子的粮商在粮农看来是能帮他们大忙的二郎神，而粮食加工企业也认可这样的二道贩子。节目毫不避讳相关法规存在的固化僵化、条文落后于实践的缺陷，通过多方采访呼唤促推粮食法出台。这样的评论既有现实针对意义，又有着对未来大政方针的预见指导价值。

电视新闻评论需要拍摄到现场，采访到相关当事人，不同于可以通过电

话或者资料调查组织稿件的其他媒体的评论，采制起来难度较大，但同时也为核实采访题材的细节真实提供了更为充分的条件。如何扬长避短，把电视媒体的新闻评论推向新的高度，仍是一个值得探索和研究的课题。

第五节　电视评论类节目的喜与忧

因为新媒体的信息爆炸与传播渠道的剧增，电视媒体面临网络化、智能化的严重冲击。但是，隐藏在受众逐渐疏离电视机、电视节目作为半个多世纪的视听娱乐主角沦为配角的尴尬背后的现状是全国数千家电视台正掀起轰轰烈烈的转型运动：大屏与小屏联动的巨变带来电视台由原来的发布平台为主向更多的内容生产为主的转型。在有线光缆和通信运营商IPTV的网线竞速占据千家万户以后，互联网上的各类平台出口也由电视媒体最致命的竞争者变身为深度合作对象。

科技的进步已经把受众由被动的媒体传播信息的接收者变为很多发生在受众群体环境之中的事件的主动发布者，在这些信息传播过程中，传统媒体由媒介主体变成了再次解读或者补充信息的机构。电视不再作为即时直播反映当下世界的最快速的渠道，而是成了一种记录历史和选择娱乐的工具，因为新媒体替代电视成为第一手信息的获取渠道，电视机构似乎更多的是为了总结和再现。

面对这种巨变，各家电视台纷纷建立融媒体中心和类似机构，而从业人员也向融媒创作者过渡，电视制作正在探索一次采集、多重分发的全新采编播模式。

就像广播没有因为电视出现而消亡反而借助汽车工业、车联网兴起重现繁荣一样，电视传媒碰上多平台、多渠道的分发传播路径，更加萌发了新生动力。随着5G、AI、AR、4K、8K等技术大潮扑面而来，一方面吐故纳新让传统媒体焕发生机，另一方面电视节目的基本规律和技巧在应对变革时显得愈加重要和富含生命力。

“万变不离其宗”，以受众为中心、为客户服务的理念永恒不变，发挥视听语言在不同平台的可视性和真实感的本质优势，是电视生产者必须坚持的固有原则。

一、严肃的新闻评论才有生命力，避免画蛇添足或者无病呻吟的低效表达

重大、深度、时效、犀利、贴近，可以归结为电视新闻评论节目的几个标

准。在现在信源芜杂、人人皆可为评论员的信息社会里，以深度报道为特点的新闻评论节目是电视媒体的优势。

生命力强是因为在现在的新媒体、自媒体的包围圈里，评论类节目是电视媒体最有生命力的新闻类题材，它的严肃性、调查的难度，还有对记者素质的要求，辅之以电视媒体本身的权威性，包括与采访对象沟通的顺畅程度，都是别的媒体无法与之相比的。

电视新闻评论类节目与社会政治环境直接相关，既要高屋建瓴，又要角度准确，还要视角独到，看到普通大众看不到、想不到的视域。这里有知识的储备，有生活经验的积累，有发散性思维的养成，还有对法律政策的理解。

二、观点要准确、全面，避免主观臆测带来的偏激表达

电视新闻评论节目一定要从事实出发，全面采访涉事的当事人，真实反映事实全貌，理性发表论点，不能从一个极端走向另一个极端。

以 2014 年 8 月 10 日湖南省湘潭县妇幼保健院的产妇在手术后死亡为例，开始是网民一边倒地骂医院、骂医生和护士，不久又有人从羊水栓塞的医学角度出来讲解此病的难以治疗、家属为了生二胎而延迟签字导致手术拖延以致延缓了最佳治疗时机。后来舆论又一边倒地骂家属、骂医闹，变成了全是家属的不是。

还有关于广东小悦悦的报道，2011 年 10 月 13 日，广东佛山一家五金城内，年仅两岁的女童小悦悦被先后两辆车碾压，事件发生后，几分钟内路经的十几个人都没有救助被车子碾压的小女孩。后来一位拾荒阿姨把她抱到路边找到孩子的母亲，送医后抢救无效死亡。

这一惨剧一时间引起国内外巨大的反响，对人性沦丧的谴责，对社会道德滑坡的讨论成为热点。

网络和传统媒体口诛笔伐，对拾荒阿姨的颂扬，对两个司机和众多路人以及市场管理方的抨击，是当时各媒体和论坛的主基调，并引起官方的关注和参与。

实际上后来记者又到现场模拟，发现事实是当时市场内的大棚光线昏暗，因为视角原因，大部分路过的人没有看见倒在路边的小悦悦，其中看见的人有两个去找了她的亲属，并非前期媒体报道的全部路人都视而不见、见死不救。

由此例可以看出，评论应该调查现场、综合意见、尊重事实、依法评论，

不能人云亦云、偏激武断，更不能信口开河，甚至违法乱评，否则就可能出现问题，非仅没有产生正面效果，反而带来负面效应。

无论通过采访对象还是以主持人之口发表观点，评论作者都应该具有理性引导的思维。媒体评论人要戒除不负责任、破坏性的评论，针对问题想办法、出主意，从建设性的角度摆出论点，尽量往良性发展的社会方向引导受众思考。

如一些人用绑架、烧车、爬塔吊等手段索要工钱，以致反复报道后引起很多人仿效，媒体就不宜再多做类似采访，以防同类事件不断出现。这时增加评论类节目的播出，可以从另外的角度进行策划，如督促政府主管部门出台更有力度的欠薪整治和预防办法，建议出台更有效率的法规，执法部门采取更有针对性的执法行动，对涉事方也要从情感、道德、法制等几方面动之以情、晓之以理、明之以法。

三、采用多样化、灵活生动的评论方式，避免僵化、传声筒式的表达

电视媒体的声画一体的特点，更适于表现富有动感的场面、叙述情节化强的故事，评论体裁并非电视媒体的专长。但是如果与恰当的事件、人物等有机结合，充分发挥电视媒体形象、多元的表达特征，电视评论也一样能出精品力作。

评论的出现方式一是可以通过片中解说、片前导语和片尾编后直抒胸臆，传达媒体观点；二是可以采访不同的对象，通过他们的同期发表观点。这些被采访对象可以是专家、当事人或者当事单位、旁观者等。

另外，电视评论节目要掌握好评论比例，不是越长越好，也不是越尖锐越深刻。评论尽量贯穿在新闻主体事件之中，所占比重不宜过高，否则会给受众夸夸其谈的印象，应该点击痛处、一击而中，不能长篇大论，不得要领；要紧贴事实，有理有据，既要实事求是，又要鞭辟入里，切忌抓一漏万，也不能主观臆断，否则可能适得其反。

评论的文稿应该多次打磨，做到主题鲜明、散而能收、观点准确、指向犀利。

对评论写作者而言，要有丰富的知识储备和严密的逻辑思维。电视媒体的评论经过事实论证后得出的结论或者观点必须经得起推敲，所以日常的学习积累很重要。对比较复杂和有争议的新闻事件，要各方求证，客观引用，不能厚此薄彼。同时，要站在人民和真理的立场上，敢于发声，摆明自己

的观点。面对繁复的线索论据，要讲求逻辑、主次分明、条理清晰。

电视评论要避免“声画两张皮”的现象，如果只是一味播报评论内容，而不注意视频的配合，恰恰削弱了电视节目的优势。电视评论应该充分借助演播室和画面等视觉手段，把不易传达的理性概念、抽象名词用贴切、生动的资料镜头、特效手法生动解读，达到“1＋1＞2”的效果。

思考题

1.广播新闻评论的特点有哪些？

2.结合实例说明广播新闻评论的创作要求。

3.电视节目具有声画文同步传播的特征，表现在电视新闻评论中有哪些具体特点？

4.面对新媒体短、众、快的冲击，谈谈广播电视新闻评论的潜力区和突破口在哪里？

第十一章　网络新闻评论

【学习要点】

了解网络新闻评论的兴起之路、新媒体时代是如何推动网络新闻评论发展的以及网络新闻评论本身的特点和传播特点。学习网络新闻评论的专业写作手法。在复杂的网络媒体平台中，提高自己的评论素养。在具体的学习实践中，正确发表自己的看法，遵守党性原则，不违背道德和法律法规，推动网络新闻评论向更好的方向发展是本章学习的重点。

在世界不断发展的过程中，万事万物都在更新换代。新闻评论也是如此，随着新媒介的出现不断进行自我更新、完善并形成个性化的能够适用不同的媒介传播方式的新型体裁。因此，在互联网高速发展的时代，网络新闻评论应运而生。

网络新闻评论是如何发展来的？什么是网络新闻评论？表现形式有哪些？网络新闻评论与传统的媒介评论相比有哪些不同？

第一节　网络新闻评论的崛起概述

一、中国网络新闻的兴起历程

中国互联网近三十年的发展格外引人关注。

1987 年 9 月 14 日，北京计算机应用技术研究所发出中国第一封电子邮件。

1994 年，中国引入互联网。1996 年开始，我国传统媒体开始尝试接触互联网，并且在同年 12 月创建了央视网。

1997 年，人民日报社、新华社相继创办了网站。

1999 年 10 月，中宣部、中央外宣办联合发布了网络新闻宣传工作的第一个指导性文件《关于加强国际互联网络新闻宣传工作的意见》，该意见明确了网络宣传工作发展的方向，完善了互联网新闻宣传的规范管理等。

2000 年 1 月，中宣部和国新办联合召开中国首次互联网新闻工作会议。对中国网络新闻传播业的发展作出重要的战略部署。

2000 年 4 月，国务院新闻办公室成立网络新闻管理局，主要负责互联网新闻宣传工作的统筹协调工作。随着中央网络新闻管理局的成立，各省、市相继建立了地方重点新闻网站。

2000 年 12 月 27 日，随着新浪、搜狐商业网站正式获批，我国逐步形成了以新媒体新闻网站、各级地方新闻网站、政府各部门网站、商业门户网站等为主的网站群。

2005 年 9 月，国新办、信息产业部联合发布《互联网新闻信息服务管理规定》，规定非新闻单位设立的互联网新闻信息服务单位，不得登载自行采编的新闻信息，包括有关政治、经济、军事、外交等社会公共事务以及有关突发事件的报道、评论。因此，商业网站为了寻求新的发展，转向转载新闻信息，注重日常策划性评论专题。

2006 年，第十六届中国新闻奖首次颁给网络新媒体，此次奖项的评选对象是经国务院新闻办公、批准的由新闻主管部门和新闻单位主办的具有登载新闻业务资质的新闻网站。这标志着网络新闻传播受到重视，获得了新闻业的认可，也被认为是网络新闻发展的里程碑。

在网络的不断发展之下，网络可供用户发表的平台越来越多，加之网络的匿名性和门槛较低，越来越多的人通过网络来表达自己的意见。而网络媒体平台也从各种论坛、讨论区、BBS 讨论、博客等逐渐变为微博、朋友圈、空间等。网络媒体是民众意见表达极为方便的渠道和重要的意见“市场”。

二、网络新闻评论的界定

对于网络新闻评论，学者们从不同的角度进行了界定。李青青认为：“网络新闻评论指以互联网为媒介针对某一现象或事实发表的所有评价性的看法和观点。"[①]殷俊在《媒介新闻评论学》中这样定义:以互联网为载体,根据新近发生的新闻或存在变动的事实,用文字、链接、图片、影音等手段,发表的宣传性、意见性的主体信息。[②] 王俊赛、张菊兰认为网络新闻评论是网民针对最新的新闻事件,将自己的看法和态度通过网络平台如微博、微信、贴吧、空间等表达出来的一种议论形式。[③]

本书将网络新闻评论定义为:个人或组织在网络媒体平台上就某一新闻事件或社会现象发表的、具有新闻评论性质的、以文字、图片或者音视频等方式呈现出来的一种意见性信息。

第二节　网络新闻评论的特点与传播优势

目前,在网络新媒体上最普遍的网络评论表现形式就是网络新闻评论。认识网络评论,了解网络评论的特点与优势,对于推动网络新闻评论的发展和完善有着重要的意义。

一、网络新闻评论的特征

(一)信息传达的即时性

网络新闻评论将新闻的时效性发挥得淋漓尽致,"快"是网络新闻评论必备的特点。碎片化时代,网络新闻评论一边快速地将已有的信息传播出去,一边继续更深入地挖掘新闻价值。相较于传统的新闻评论,网络新闻评论时效性有了质的飞跃,和报纸新闻评论相比,省去了排版、印刷等过程;和电视评论相比,省去了节目策划、录制等过程,更加省时省力。

人工智能时代,智能手机的普及和 5G 网络的发展,使人们可以随时随地获取新闻资讯,也可以随时随地利用身边的电子设备公开发表自己的言论。并且网络新闻评论没有篇幅限制,一句话、几个字或者一个词语、成语都可以成为网络新闻评论。因此,这种时效性是传统媒体无法达到的。

例如,《温州都市报》于 2018 年 8 月 25 日最先报道了"8·24 乐清女孩遇害案","澎湃评论"随即于当日 14:47 发布全网最早的新闻评论《所有人的疑问:滴滴顺风车,还能坐吗?》。再如 2021 年于东京举行的奥运会,微博

① 李青青:《网络新闻评论及其问题浅析》,《新闻研究导刊》2019 年第 18 期。

② 参见殷俊、殷瑜等编著:《媒介新闻评论学》,四川大学出版社 2005 年版,第 439 页。

③ 参见王俊赛、张菊兰:《新媒体时代网络新闻评论特征分析》,《今传媒》2019 年第 4 期。

实时对东京奥运会的动态进行更新，甚至于前一秒中国运动健儿刚夺冠，后一秒的庆祝微博下面就有几万条的欢呼评论。

随着网络媒体话语权争夺战愈演愈烈，网络新闻评论的时效性也在向更高的水平迈进。

（二）表达具有自主性、平民化

网络平台意见发表相较于传统媒体，限制较少，门槛较低，并且网络新闻评论的新闻信息采用和意见的发表都比较得随意、自由。同时，网络新闻评论的评论者不再限制于党媒的评论员，网友在网络平台上基本都是以“草民”“平民”“百姓”等自居。因此，其代表的是个人的看法，不是党和政府的看法，发言接地气、草根化。任何人，不论是谁，只要想说出自己内心的想法，并且敢于表达，那么这个评论就会走进公众视野，还有可能由于网络各方声音的汇集，形成强大的“优势”意见，影响政府决策、维护自身利益，进而推动社会的发展。

例如，2021 年 8 月一条盲童出行妈妈跟随身后默默守护的视频引发众多人的关注。重庆渝北区的 10 岁小姑娘邓某患有先天性双目失明，在妈妈的鼓励下独自拄着盲杖出门，妈妈全程悄悄跟随记录。后来其母亲将此视频发到网上，呼吁大家关爱残障人士，自觉维护残障设施。8 月 29 日，微博话题“重庆 10 岁盲童的出行路”登上热搜榜，阅读量高达 7615.1 万次，讨论量高达 3000 条，视频的评论区中都是关于“清理路障”的发言。

（三）传播多频道共振

网络媒体平台的不断拓展，打造了网络新闻评论生产的“多频道”布局。“多频道”的类型有三：一是传统的新闻评论数字版，基本通过各大报业集团网站传播；二是专业的网络新闻评论专栏如湖北荆楚网“东湖评论”、澎湃新闻网“澎湃评论”、腾讯“今日话题”等；三是一些自媒体、网络社区、网络论坛等，也成为评论的孵化地。互联网的发展，打破了评论“垄断”的特权，同一话题的媒体覆盖面逐渐拓宽。

例如，郑州暴雨发生后《人民日报》在人民网、微博官方账号、微信公众号官方账号等发表了评论。除此之外，众多的网民在微博、朋友圈等平台发表了评论。还有自媒体账号在多个平台进行信息的转发和发表看法。

（四）评论体裁丰富多样

传统新闻评论的话题比较受限，相比之下，网络新闻评论的话题选择范围广泛。首先，从媒体平台的角度来看，专业的新闻评论网站都设置了精细的话题分区，例如“人民论坛网”主页可见思想理论、学习新思想、国家治理、学术前沿、乡村振兴、中国品牌、理论视频、电子期刊、人民时政的话题类别。从评论文章的写作方法来看，挖掘不同话题之间的联系成为备受青睐的行文方式。例如，有评论者结合“清朗行动”和《未成年人保护法》的推进作出评议。丰富的题材是网络新闻评论“遍地开花”的驱动因素，也是激发评论活力、实现文章创新的重要条件。

伴随 Web2.0 技术的日益成熟和普及，多数网络新闻评论平台均开设了留言区，传受双方的观点在此实现了交流和碰撞。澎湃新闻“社论”、网易“另一面”、新浪“新观察”凭借母媒的影响力常常引发“千人评论”的跟帖热潮。值得注意的是，一部分评论媒体正尝试着更为简便的受众互动方式。例如，“今日话题”在每期新闻评论的末尾都添加了观点投票区——“新闻立场”，在《减少生活垃圾，除了收费，还得分类》一文中，“新闻立场”提出的问题是：你认为垃圾处理应该计量收费吗？选项分为“应该”“不应该”和“说不清”三项。读者只需轻点所认可的选项便能完成与媒体之间的观点交流。

（五）交互性强

网络新闻评论与传统媒体评论最大的不同之处在于交互性明显增强。网络为我们提供一个双向交流的平台，任何一台计算机既可以成为信息的接收终端，也可以成为信息的发布终端；任何一个有条件接触网络的人既可以充当信息的接收者，也可以充当信息的传播者。当今网民对网络新闻不仅满足于知晓，更表现为强烈的参与意识，每个网民都可以把自己知道的信息或发表的意见传播给别人，也可以针对别人的观点发表自己的见解。这一点在微信群、QQ 群以及微博评论区里体现得更为突出。在交流群里网民可以与室内其他网民就任一话题进行交谈。在论坛里，网民可以选择到自己感兴趣的专区发表意见，还可以针对别人的论述阐释自己的看法。因此，网络新闻评论实际已经成为一种互动式评论。

二、网络新闻评论的传播优势

网络新闻评论和其他的媒体评论一样，从互联网的传播方式出发，体现新闻评论的新闻性和政论性这两个基本体裁特征。在逐步适应这两个基本体裁特征的过程中，形成了不同于其他媒体评论的表现特点和传播特点。

（一）传播渠道具有高度开放性

在道德和法律允许的范围内，网民可以在网络平台上畅所欲言，不限地域、种族、身份和职业等条件。来自不同地域、不同种族、不同身份、不同职业的发言者和观看者“网”到一起,他们关注的主题多种多样,对同一谈论主题往往各有自己的看法和观点,造成了网上舆论的多元。由网络论坛、博客、微博等提供的开放言论表达空间和公共话语平台,大幅度降低了意见表达的门槛,传统的“精英—草根”的单向传播模式被“去中心化”的传播模式所取代,所有网民在作为意见接受者的同时也成为意见的发布者和传播者。”

互联网打破了传统的大众传播媒体单向度、线性的传播秩序。根据计算机网络互联的共同协议——TCP/IP 协议(互联网最基本的网络通信协议,用于决定计算机和网络在互联网上对信息流的管理方式),在网络提供的许多路线中,计算机能够通过其中任何一个可用路线而不是通过某一个固定路线来发送消息。当一些节点被破坏之后,它就会自动地绕过节点通过其他的路径方式将网络重新链接起来,于是就有了信息在电子空间中的多向度、发散式的网状传播。

如果将大众传播的传统媒介比作一个信息沙漏,新的传播技术结构就可看作一种发散(distributed)型的信息交流结构,也可以将这种媒介结构看作矩阵或者渔网,四通八达。因此,很明显,这种网络化的信息系统有着高度的开放性,区别于传统的信息空间。

但也正因此,传统的大众传媒中“把关人”“过滤”等功能受到了限制和在一定程度上被削弱。多节点的链接访问方式,可以使得网友避开“把关人”的设置障碍,从而自由地获取信息。除此之外,相比于传统媒体时期,网民有了更多的自由发布言论的权利。

(二)传播主体广泛

网络新闻评论虽然刚刚兴起,但是传播主体多元化展现的十分强烈。每个人都可作为一个社会的主体,尤其是随着政治清朗,社会整体的参与度提高,发表真实想法的欲望也不断增强。而当下互联网公平、开放的原则恰巧为满足这种欲望提供了可能。大量的网络评论例如网友评论、特约评论开始丰富起来了。

例如,《人民日报》微信公众号除了有新闻记者进行新闻评论的发表,还拥有一批特约评论员进行发表,并且会特地标明为“特约评论”。这样,网络评论作者群相较于传统媒体,来源更加丰富多样,使评论关注的社会生活领域更加广阔,政治、经济、文化、生活等各方面的话题都成为领域的主题。

但是主体的广泛在一定程度上也降低了评论的水平，由于网络媒体平台的限制较低，有些人在网络上只会宣泄自己的极端情绪，这与新闻评论反映社会现实、引导舆论的初衷相去甚远。

（三）传播方式即时性、互动性强

截至 2021 年 6 月，我国网民总体规模超过 10 亿，互联网普及率为 71.6％。[①] 十亿用户接入互联网，形成了全球最为庞大、生机勃勃的数字社会。据统计，约有 70％以上的网民在网络上针对某一新闻发表过自己的看法并且与他人进行交流和辩论。例如微博中的评论回复功能，官方发布新闻后，不仅能够在下方进行评论，还可以对评论进行评论。

传统媒体为了增强评论互动性，开拓了很多互动渠道，例如读者来信、热线电话、观众现场参与等方式，但是这种互动毕竟只能涵盖到一小部分受众，只能获得有限的信息反馈。而网络新闻评论依托互联网的超文本表达，只需要点击“发送”即可迅速地发表自己的观点。

评论本质上是看法、观点的交流，网络媒体平台帮助评论把这种互动性发挥到了极致，使之成为一个即时的动态过程，使观点的交流和碰撞更充分、更即时。

总而言之，网络新闻评论的传播特点与网络媒体相似，发展时间短、速度快、变化大，这与互联网技术的发展迅速关系密切。随着技术手段的变化，网络新闻评论的传播特点也会随之变化。

第三节　网络新闻评论的类型

网络新闻评论根据不同的标准有不同的类型。就新闻评论的主体来说，可以分为以下三种：媒介网络新闻评论，包括传统新闻媒介的网络版和网络媒介新闻评论；专家网络新闻评论，某一领域的专家就该领域话题发表见解，以促进受众对事件的理解；网民新闻评论，网民就事件发表个人意见。其中，网络媒介新闻评论是由网站编辑人员或网络新闻评论员就新闻事实进行评论，代表网站或个人对该事件的态度。按网络新闻评论的载体，可以分为网络专栏评论、时评、论坛杂论。

① 参见中国互联网络信息中心：《第 48 次中国互联网络发展状况统计报告》，2021 年 8 月。

一、按网络新闻评论的主体划分

1.媒介网络新闻评论(编辑评论)

媒介网络新闻评论(编辑评论)是网站的编辑、记者或特约评论员所撰写的评论文章,代表本网站对新闻事件的立场和观点,类似于传统媒体新闻评论的社论、评论员文章和署名言论。

2.专家网络新闻评论

专家评论是网站邀请有关专家学者就某个新闻事件所发表的评论。专家评论既可以由专家本人撰写,也可以采取专家与网民直接交流,如在线访谈、聊天室嘉宾座谈等形式。

3.网民新闻评论

网民新闻评论是网民发表的各种形式的言论。网民新闻评论既有一两句话的简短评价,也有成千上万字的长篇大论。相比媒介网络新闻评论(编辑评论)、专家评论的权威性,网民新闻评论带有一定的随意性和自由性。

二、按网络新闻评论的载体划分

1.网络专栏评论

网络专栏评论主要是指网络编辑、网民在网站评论专栏发表的文章。这类文章的特点是有一定的长度,能独立成篇。如澎湃新闻的“评论”专栏,不定期刊发一篇特约评论员的评论文章,围绕党和政府工作的重点、舆论关注的焦点、百姓生活的热点等内容展开论述。

我的“人脸”该由我说了算①

近年来,随着信息技术飞速发展,人脸识别逐步渗透到人们生活的方方面面。但人脸识别技术在诸多领域发挥着巨大作用的同时,也存在被滥用的情况。

今天(28 日),最高人民法院发布司法解释,对人脸识别进行规范。其中明确,宾馆、商场、银行等经营场所滥用人脸识别均属侵权。

人脸识别近些年快速普及,带来的风险也引发全社会的关注。比如,此前杭州野生动物世界强制要求年卡用户刷脸入园,就被消费者告上法庭,被

① 朱昌俊:《我的“人脸”该由我说了算》,2021 年 7 月 28 日,http://m.thepaper.cn/uc.jsp? contid=13779242。

称为“国内人脸识别第一案”。

而有的商场、售楼部，在未经告知的情况下，悄悄部署人脸识别摄像头，从而窃取顾客的人脸信息。此外，不少小区为了方便管理，也强制引入人脸识别系统。诸如此类或明或暗的应用场景，都反映出人脸识别在现实中所存在的失范和权益侵犯风险。

最高法发布专门的司法解释，是司法层面对于规范人脸识别作出的权威回应。就内容来看，相关条款覆盖的范围相当广，指向性和针对性非常突出。如物业不得强制将人脸识别作为出入小区唯一验证方式；应用程序不得强制索取非必要个人信息，信息处理者须就人脸信息处理活动单独取得个人同意；处理未成年人人脸信息，须征得监护人单独同意。这些都可谓切中了时下人脸识别应用中的“痛点”。

尤值得关注的是，司法解释还对于现实中常见的“信息勒索”现象进行了明确纠偏。如其对处理人脸信息的有效同意采取从严认定的思路——若信息处理者采取“与其他授权捆绑”、“不点击同意就不提供服务”等方式强迫或者变相强迫个人同意处理其人脸信息的，信息处理者据此认为其已征得相应同意的，人民法院不予支持。

这就意味着，“不交出人脸信息就不能使用”的潜规则已被法律打破，一些应用开发者的“小心思”需要改改了。

规范人脸识别并不意味着搞一刀切。司法解释明确，在宾馆、商场、银行、车站、机场、体育场馆、娱乐场所等经营场所、公共场所违反法律、行政法规的规定使用人脸识别技术进行人脸验证、辨识或者分析，应当认定属于侵害自然人人格权益的行为。这里强调的就是，公共场所的人脸识别应用，前提应是遵守法律和行政法规的规定。

那么，对于普通人来说，如何判定公共场所的人脸识别应用合法？对此，最高法强调的一个原则具有重要的参考意义，那就是“个人同意是信息处理活动的合法性基础”。这一点，有助于个人在日常生活中对于形形色色的人脸识别行为是否有合法性作出准确判断，从而建立更清晰的防范意识。

包括人脸信息在内的生物信息具有唯一性和终身性，其泄漏带来的不良后果不容低估。对于人脸识别的应用及早作出规范，不仅是保护个人信息之必须，也能为该技术的良性发展确立航道，实现善用。

当然，法律的生命力在于实施。对于最新的司法解释，也希望它能够得到不折不扣的执行，展现权威，以案释法、普法。

2.时评

时评(即时评论)是指网民在浏览网页时,对某条感兴趣的新闻作出回应的文字,或者媒体针对某一事件发表的简短的看法。时评的特点是跟帖迅速,长短不限,文字较少修饰,口语化痕迹较浓,这种形式是报纸上没有的。比较典型的如微博平台的"发表评论"的功能,网民阅读新闻后如有什么看法可直接留言,实现了传受二者的即时互动。再如微博中的人民日报、新华社、澎湃新闻、光明日报、半月谈等官方账号,除了长篇正式的新闻评论外,还会即时地对事件进行简短的评论。

《光明日报》时评:从容自信,这才是大国气象。中国运动员在赛场上拿下奖牌,也在场外留下一幕幕动人瞬间,为奥林匹克精神增添了属于黄皮肤与方块字的中国表达,在更快、更高、更强之上对"更团结"作出无声注解。可以说,运动员风度的背后,是一派泱泱大国气象。东京奥运会落下帷幕,21世纪的赛道还长,一个"有实力又可爱"的中国,一群"有实力又可爱"的中国运动员,在未来的赛道上,必将迸发更强的中国力量,留下更美的中国笑靥!

《人民日报》时评:越是扩张发展,企业文化越需"实质校准"。有文化的企业才有生命力。企业发展,没有什么危机比价值观危机所付出的代价更沉痛、教训更沉重。越是扩张发展的企业,隐含的风险度越高,越需要强化价值观引导;越是专注核心竞争力的企业,抗风险能力越强,越能保持价值观的有效稳定。

《半月谈》时评:治理饭圈乱象别让无良营销号漏网,饭圈互撕当止无良营销号该打。在一些涉及谩骂互撕的饭圈事件中,虽然冲锋在前的是粉丝,"引爆"的却是无良营销号和披上马甲的"职业黑粉"。在饭圈,粉丝间撕得越激烈,给营销号带来的阅读量就越多,经济获益就越大。在利益的驱动下,"黑白通吃"的营销号时常通过设置争议性的讨论话题,发布整齐划一的"黑通稿"、带偏舆论的"洗白文"以"拉踩"不同艺人,某些看似八卦、实则造谣的小道消息更是不断挑起粉群间的纷争。部分无底线的营销号一手制造了乌烟瘴气的网络空间,却在每次事件过后都能"巧妙隐身"。"互撕"之风当止,无良营销号该打!

3.论坛杂论

论坛杂论是网民围绕某个话题各抒己见、讨论交锋、发布言论的主要场所。它是利用网络的互动特征创造出的新形式，是互联网上功能强大的大众化信息服务空间。以笔者在网上搜索到的“天涯论坛”为例，涉及政治、军事、科技、教育、经济、外交、体育、娱乐等诸多方面，大到国计民生，小到个人感受，话题设置非常广泛。

第四节 网络新闻评论的影响

一、正面影响

（一）强化“观点自由市场”

现在，在我国网络用户“传”地位日益明显的背景下，网络新闻报道的“平民化”日益显现。一方面，陆续涌现的是时事话题，作为一篇评论文则是充斥在微博、交流群、论坛中。微博上的“头条新闻”不仅已经成为时事批判者和评论家作为评论基础的普遍喜爱的互联网网络平台，而且凭借自身的“无门槛”性质，在一般的微博用户层中受到广泛欢迎。另一方面，出现以一部分“民间思想”作为研究主题的网络新闻批判评论网站，其中最为典型的就是草根网络。草根网络为大量草根人士提供了发表言论的途径和渠道，评论性的文章甚至可能是涉及“大国崛起”“谈房地产”“扫描技术”等各种具备理论和技术要求的话题。如上所述，兼具各种观点和意见的“自由市场”将在我国前所未有地进一步得到巩固和强化，社会民主化的过程也将伴随着“去中心”的分配过程进入一个新的阶段。

（二）加强舆论监督和舆论引导

孙旭培教授把舆论监督的具体实现方法划分为三种，分别为公开报道、评论、批评。[①] 其中，新闻评论作为阐述其显著性的理论，成为推动舆论监督工作的一个重要途径。现在，各大评论网站纷纷建立舆论监督专栏，如“东湖评论”的“地评线”“红辣椒评论”的“社会纵议”等。网络新闻的评述不仅揭示了真相与事理及故事内容，还有“雁过留声”，揭露了热点事件背后的人际矛盾，刺激了人民群众的合法理性思维和民主监督。事实上，舆论监督就是通过引导接收方的主流意见观点和想法，减轻接收方的疑虑，让舆论朝着良好的方向前进。有学者就 2006～2017 年中国网络新闻奖（电视台评论）

① 参见孙旭培：《舆论监督的回顾与探讨》，《传媒》2003 年第 4 期。

网络影片一等奖(电视台特等奖)12部影片展开了人际感情的分析,发现这些影片正面的人际感情都明显超出了负面情绪。也就是说,舆论监督和舆论引导相互交织,为特定新闻话题的讨论营造积极的媒体氛围。

深学、细照、笃行焦裕禄精神——论中国共产党人的精神谱系之十①

“焦裕禄同志是人民的好公仆,是县委书记的榜样,也是全党的榜样。”习近平总书记强调:“亲民爱民、艰苦奋斗、科学求实、迎难而上、无私奉献的焦裕禄精神,过去是、现在是、将来仍然是我们党的宝贵精神财富,永远不会过时。”

焦裕禄同志1962年12月到河南省兰考县工作,1964年5月积劳成疾病故。一年多时间,他在群众心中铸就了一座永恒的丰碑。兰考县饱受风沙、盐碱、内涝之患,他身先士卒、以身作则,带领全县人民开展封沙、治水、改地的斗争。从风沙最大时、大雨瓢泼中带头查风口、探流沙、看水势,到铺天盖地的风雪中率领干部访贫问苦;从衣、帽、鞋、袜补了又补、缝了又缝,到起草《干部十不准》对干部廉洁自律作出具体规定;从靠一辆自行车和一双铁脚板走访和蹲点调研120多个生产大队,到用手甚至硬物顶住剧痛的肝部坚持下乡、忘我工作……焦裕禄同志用自己的实际行动,塑造了一名优秀共产党员和优秀县委书记的光辉形象,铸就了亲民爱民、艰苦奋斗、科学求实、迎难而上、无私奉献的焦裕禄精神。虽然焦裕禄同志离开我们50多年了,但焦裕禄精神是永恒的,永远都是激励我们求真务实、开拓进取的宝贵精神财富。

习近平总书记深刻指出:“生命有限,很多英雄模范人物崇高精神的形成过程也是有限的,但形成了一种宝贵精神财富,是一个永恒的定格。焦裕禄精神,同井冈山精神、延安精神、雷锋精神、红旗渠精神等都是共存的。任何一个民族都需要有这样的精神构成其强大精神力量,这样的精神无论时代发展到哪一步都不会过时。”今天,我们开启了全面建设社会主义现代化国家新征程,正在向着实现第二个百年奋斗目标进军。立足新发展阶段、贯彻新发展理念、构建新发展格局、推动高质量发展,确保“十四五”时期目标任务落到实处,都对领导干部提出了新的更高要求。面对新形势新任务,各级领导干部要以焦裕禄精神为标杆,拧紧世界观、人生观、价值观这个“总开

---

① 《深学、细照、笃行焦裕禄精神——论中国共产党人的精神谱系之十》,《人民日报》2021年8月20日。

关”，做到心中有党、心中有民、心中有责、心中有戒，振奋精神、激发斗志、树立形象、赢得民心，把为党和人民事业无私奉献作为人生的最高追求，努力创造无愧于党、无愧于人民、无愧于时代的业绩。

习近平总书记强调：“各级干部特别是领导干部要按照‘三严三实’要求，深学、细照、笃行焦裕禄精神，努力做焦裕禄式的好干部。”要特别学习弘扬焦裕禄同志“心中装着全体人民、唯独没有他自己”的公仆情怀，坚持全心全意为人民服务的根本宗旨，践行以人民为中心的发展思想；学习弘扬焦裕禄同志凡事探求就里、“吃别人嚼过的馍没味道”的求实作风，坚持实事求是、求真务实，从实际出发谋划事业和工作；学习弘扬焦裕禄同志“敢教日月换新天”“革命者要在困难面前逞英雄”的奋斗精神，保持攻坚克难的锐气和斗志，鼓起迈进新征程、奋进新时代的精气神；学习弘扬焦裕禄同志艰苦朴素、廉洁奉公、“任何时候都不搞特殊化”的道德情操，克己奉公、以俭修身，永葆清正廉洁的政治本色。要把焦裕禄精神作为一面镜子，从里到外、从上到下反复照一照自己，从今天做起，从眼前做起，从小事做起，像焦裕禄同志那样对待群众、对待组织、对待事业、对待同志、对待亲属、对待自己，像焦裕禄同志那样生命不息、奋斗不止，努力做焦裕禄式的好党员、好干部。

“百姓谁不爱好官？把泪焦桐成雨。”“生也沙丘，死也沙丘，父老生死系。”“为官一任，造福一方，遂了平生意。”……一首《念奴娇·追思焦裕禄》，写出了焦裕禄同志的为民情怀与英雄本色，也道出了无数人心中优秀中国共产党人的良好形象与精神风貌。深学、细照、笃行焦裕禄精神，学习弘扬焦裕禄同志对群众的那股亲劲、抓工作的那股韧劲、干事业的那股拼劲，锤炼坚强党性，牢记初心使命，忠诚履职尽责，我们一定能团结凝聚起亿万人民的磅礴伟力，让中华民族伟大复兴在奋斗中梦想成真。

（三）“观点风暴”带来经济效益

互联网彻底改变了传统新闻批判的生产模式，网络新闻批判的大范围主题和人们的广泛参与形成了惊人的“观点风暴”，主要表现之一就是把自己各种见解都总结成了论述文。例如，“东湖评论”专栏开设了“网络用户评论”专栏，编辑在这里收集了关于网络用户话题的短评。但是当自由奔放的各种观念席卷互联网时，网络评论传播媒体自身就收获了不可估量的关注力和资源。赵振宇教授认为，网络新闻评论“最盛行”被认为是进一步增强传统媒体的竞争能力、拓展传统媒体的知名度与声誉的一个重要手段。[①] 现在,“沸腾”的理念、思维依然被视为“注意力资产”,并且支撑了网络传播的虚假繁荣。媒体的市场竞争能力与影响能力也随之在经济方面的注意力积累中迎来了较大的发展空间。

二、负面影响

(一)验证时间短,促成假评论

时效性既是新闻资讯服务产品的必然需要,又是假新闻泛滥的原因。“伪评论”的出现不一定是主观的企划,可能是由“伪新闻”引发的。例如,“红黄蓝幼儿园儿童虐待事件”虽然在近年来受到了广泛的关注,据媒体报道,幼儿园的孩子们仍有被老师用针扎、喂药等行为,甚至是猥亵行为。但是,根据警方最后的调查结果,只是扎针的行为是事实,“喂药”“猥亵行为”等都是恶意制造出来的。但是,很多传统媒体批评者已经公开地发表了一系列引起骚动的“群体猥亵”之言。“虚假的评论”如果传播开来的话,不仅会影响到相关产业的社会经济效果,而且也可能使社会的评价受到严重的影响,引起不必要的社会恐慌。因此,网络新闻评论对于时效性的要求一定不能太急躁,恰当的静观其变才是防止假评论的正确做法。

(二)“愤青式”独白影响社会风气

专业的网络新闻评论媒体保留着原稿审查的手续。所有人发表的批评都被认为是理性思维的产物。但是,网络上仍然有很多来自媒体的评论,其话题选择和观点表述都没有受到限制,内容混杂。其中,思想偏颇、感官跳跃的“愤青式”新闻文章往往是当时网络媒体评论不良形式的一个典型代表,它们往往包括绝对本质的审判、夸大的煽动性基调等。例如,江歌案处于社会格局的发酵时期,有着极强感情倾向的媒体的评论报道相继出现。把新闻评论看成一种感情传播和宣泄的工具,轻则污染了网络环境,重则凝结了公众的情绪,危及整个社会稳定。因此,在网络平台上必须保留适当审查的基础上,应该积极地引导更多的中国网民尤其特别是网络评价的创造者养成理性自我发声的良好习惯与责任感,在“外审内省”两条防线的共同作用下,对于网络新闻的评价不会成为少数群体感情流出之所在。

(三)有偿评论:戴着观点面具的广告

新闻报道“有偿化”已经成为当今学术界关注和讨论的热门话题,有偿

---

① 参见赵振宇:《关于新闻评论现状与发展的思考》,《媒体时代》2011 年第 8 期。

新闻已经开始出现于传统媒体的时代。随着移动互联网的发展和日益普及，也逐渐产生了对广告意图充分的“有偿评论”。例如，一些网络媒体因为“生意”，基于专门的评论和发表文章的渠道，评论当地的时事，表达自己的观点，最后把话题“硬拖到了广告商品上”，让读者心烦。因此，笔者认为，虽然新闻批评和商务性广告都不应该是刻意地成为整个媒介的一体，但是在“相互分离”基础上可以相互借鉴。

第五节　网络新闻评论的新趋势

一、新闻评论质量变高

在移动互联网经济全球化的巨大背景下，新的媒体和网络正在迅猛地发展，一个由媒体报道和社交媒体加入的新闻节目正迅速被一个位于互联网边缘的社区和大众所广泛熟知。一个微博“大 V”发布的一条消息可以在几秒钟内得到粉丝们的称赞、评论及转发。这些批判性的评论家们的言谈可以在网络上得到快速的传播，并且可以在第一时间对媒体事件发表意见。由于新闻批评人员的专业知识水平及其立场不同直接决定着各种新闻批评的素养和品位差异，甚至一些为了避免其他目的而过激、不文明的话题往往都夹杂到这些批评中。这就需要我们的新闻批判家提高自身素质，积极地提供有利于国家和社会进步的新闻批判。

二、网络新闻评论应积极提高舆论引导力

在新的互联网媒体时代环境下，人们所获取信息不仅仅是通过我国传统的各种报纸、广播、电视，更多的人则是通过移动手机传播媒体获取信息，新闻评论家更偏向年轻的群体，这样一群年轻人作为头脑中信息丰富者，就应该积极地提升对网络新闻评论的整体舆论正确判断导向的能力。新媒体大环境下，我们应该分清是非和善恶，以提高对新闻批判的舆论引导能力。

三、网络新闻评论中立性的公共语言

时代的发展改变了新媒体发展，任何一个人都希望可以借助互联网来发表自由、公开的观点和言论，但这种自由的前提必须是保持健康、良好的网络新闻报道和评论的环境。一边观看视频一边参加弹幕式的讨论，鱼龙

混杂的聊天信息淹没了自己的评论，在一种不被监管的心态下，评论中出现了广泛的娱乐化、非文明的现象，这一切都妨碍了良好的网络新闻评论环境的建立和形成，因此国家、社会和每一位个人需共同努力把网络新闻的评论空间改造成为一种更加合乎理性的、公开的话题空间。

新闻评论是反映人民心声最重要的指标，也是进行舆论引导的着力点，在新媒体环境下，更应该发挥其积极作用，引导公众在不断讨论交流中无限接近新闻事实真相，使新闻评论成为社会公众的"减压阀"，推动新闻评论高质量发展，引导舆论，推进网络评论向理性的公共话语空间转变，传播正能量。①

作为融媒体时代典型的新闻产品之一，网络新闻评论在反应速度、平台传播、呈现方式、互动程度等方面优势明显。伴随传播载体的开放性、普遍性与日俱增，网络新闻评论与社会的联系愈发紧密，其在产生正面效果的同时也表现出"亚健康"的状态。因此，网络新闻评论在发挥自身优势的同时也应着力解决自身存在的负面问题，及时矫正偏差，努力实现良性发展。

思考题

1.结合实例比较分析评论员文章、本报特约评论员文章、观察家评论文章的写作要领。

2.网络新闻评论的传播有什么特点？

3.结合实例分析网络新闻评论的功能。

4.谈谈网络评论的标题党现象及影响。

① 参见张毅：《融媒时代网络新闻评论的特征与传播效果》，《新闻世界》2019年第7期。

参考文献

一、专著

1.《习近平新闻思想讲义(2018 年版)》,人民出版社、学习出版社 2018 年版。

2.《马克思恩格斯选集》第 1 卷,人民出版社 2012 年版。

3.《列宁全集》第 5 卷,人民出版社 2013 年版。

4.《列宁选集》第 3 卷,人民出版社 2012 年版。

5.《毛泽东新闻工作文选》,新华出版社 1983 年版。

6.《毛泽东选集》第 1 卷,人民出版社 1991 年版。

7.《毛泽东文集》第 7 卷,人民出版社 1999 年版。

8.《刘少奇选集》上卷,人民出版社 1981 年版。

9.《习仲勋文选》,中央文献出版社 1995 年版。

10.本书编写组编著:《〈中共中央关于坚持和完善中国特色社会主义制度、推进国家治理体系和治理能力现代化若干重大问题的决定〉辅导读本》,人民出版社 2019 年版。

11.操慧等编著:《新闻评论教程:原理、方法与应用》,四川大学出版社 2019 年版。

12.陈望道:《修辞学发凡》,复旦大学出版社 2006 年版。

13.戴俊潭主编:《新编新闻评论教程》,山东人民出版社 2015 年版。

14.丁法章:《当代新闻评论教程》,复旦大学出版社 2012 年版。

15.范荣康:《新闻评论学》,人民日报出版社 1988 年版。

16.冯广艺:《汉语比喻研究史》,湖北教育出版社 2002 年版。

17.姜淮超主编:《新闻评论教程》,中国政法大学出版社 2003 年版。

18.梁建增、孙杰主编:《央视论坛:透过现象说本质》(2),高等教育出版社 2003 年版。

19.刘茂华、焦俊波:《新闻评论:原理、方法与案例》,上海交通大学出版社 2017 年版。

20.吕智胜主编:《新闻评论》,北京师范大学出版社 2010 年版。

21.马少华、刘洪珍:《新闻评论案例教程》,中国人民大学出版社 2008 年版。

22.马少华:《新闻评论教程》,高等教育出版社 2012 年版。

23.秦珪、胡文龙:《新闻评论学》,中国人民大学出版社 1987 年版。

24.邵华泽:《同研究生谈新闻评论》,人民日报出版社 1999 年版。

25.殷俊、殷瑜等编著:《媒介新闻评论学》,四川大学出版社 2005 年版。

26.张成良:《新媒体素养论:理念、范畴、途径》,人民出版社 2015 年版。

二、文章

1.毕爱冬、李子亭:《发现互动引导——报纸系列评论的策划》,《青年记者》2004 年第 5 期。

2.蔡敏:《把纸媒做成观点纸——谈全媒体时代纸媒的核心竞争力》,《传媒》2010 年第 7 期。

3.曾建雄:《转型期新闻评论功能的拓展与内容形式创新》,《国际新闻界》2012 年第 12 期。

4.陈力丹:《不拘一格的新闻写作——读马克思、恩格斯在〈新莱茵报〉上发表的作品》,《新闻大学》1982 年第 4 期。

5.陈杞:《新媒体时代的报纸评论》,《新闻传播》2014 年第 5 期。

6.翟慎良:《民生实事莫沉迷于“数字识破”》,《新华日报》2017 年 2 月 24 日。

7.丁法章:《报纸评论的分类》,《新闻大学》1982 年第 2 期。

8.董天策、陈映:《传统媒体与网络媒体的议程互动》,《新闻与传播研究》2006 年第 7 期。

9.杜涛:《新闻评论标题制作的信息——修辞四方格》,《编辑之友》2014 年第 7 期。

10.顾建明、王青:《中美报纸新闻评论表达方法的比较》,《新闻大学》

2011 年第 2 期。

11.金梦玉、丁韬文:《“短视频＋新闻评论”的创作路径、发展瓶颈与未来探索》,《中国编辑》2021 年第 6 期。

12.康维佳:《提升广播评论的思想性——以中国新闻奖获奖作品〈脱贫攻坚摆不得半点“花架子”〉为例》,《中国广播》2018 年第 9 期。

13.李彬:《政治素质　文化底蕴　实践意识——清华大学新闻教育与人才培养点滴谈》,《新闻与写作》2008 年第 11 期。

14.李锋、熊克成:《圣火,从水中升起——评白岩松之奥运解说》,《声屏世界》2000 年第 11 期。

15.李金锴:《简述事实判断与价值判断的区别与联系》,《华北水利水电学院学报(社会科学版)》2013 年第 3 期。

16.李青青:《网络新闻评论及其问题浅析》,《新闻研究导刊》2019 年第 18 期。

17.李舒:《我国报纸评论版的优化路径探析》,《现代传播(中国传媒大学学报)》2013 年第 3 期。

18.李婷:《怎样做好报纸评论专栏的策划》,《新闻传播》2015 年第 4 期。

19.李雅林:《新媒体环境下新闻评论的创新与发展——以〈新京报快评〉为例》,《中国广播电视学刊》2020 年第 4 期。

20.李亚东:《如何理解“政治家办报”》,《吉林日报》2014 年 10 月 14 日。

21.陆高峰:《新环境下新闻评论面临的困境》,《青年记者》2017 年第 15 期。

22.马少华:《什么样的新闻评论倾向于演绎推理》,《新闻与写作》2018 年第 4 期。

23.彭迪:《媒介融合背景下传统媒体新闻评论的困境与突围》,《视听》2015 年第 9 期。

24.秦俊:《融媒时代新闻评论的舆论引导策略》,《新闻世界》2020 年第 4 期。

25.屈会超:《网评冲击下报纸评论的发展空间探析》,《编辑之友》2016 年第 2 期。

26.任勇:《坚决抵制西方意识形态渗透》,《人民日报》2016 年 5 月 20 日。

27.桑翔:《发挥新闻评论的舆论引导排头兵作用》,《新闻战线》2020 年第 8 期。

28.桑翔:《新闻评论在融媒体时代的舆论引导探究》,《今传媒》2018 年第 12 期。

29.孙婷:《"反转新闻"与"观点超越事实"问题的解决策略分析——基于"新闻策展"理念》,《新闻爱好者》2021 年第 6 期。

30.孙旭培:《舆论监督的回顾与探讨》,《传媒》2003 年第 4 期。

31.孙玉:《微博时代报纸新闻评论的形态及功能探究》,《新闻研究导刊》2016 年第 10 期。

32.王景波:《新闻评论论据选用技巧初探》,《新闻传播》2011 年第 10 期。

33.王俊赛、张菊:《新媒体时代网络新闻评论特征分析》,《今传媒》2019 年第 4 期。

34.王蕊:《浅谈专栏在版面中的作用、特征及创新路径》,《大庆社会科学》2018 年第 3 期。

35.王志贤:《事实论据在时事评论写作中的运用》,《东南传播》2009 年第 8 期。

36.肖隆平:《新闻评论中新闻事实的功用与核实》,《中国记者》2019 年第 6 期。

37.徐虹:《新闻评论标题运用修辞手法探析》,《信阳师范学院学报》(哲学社会科学版)2018 年第 6 期。

38.杨保军:《简论智能新闻的主体性》,《现代传播》2018 年第 11 期。

39.杨新敏:《重新认识新闻评论》,《现代传播》2002 年第 4 期。

40.叶济舟、燕婕:《融媒体报道中"三微一端"的模式构建》,《青年记者》2019 第 11 期。

41.张成良、王可良:《不是亲人胜亲人》,《鲁东大学报》2006 年 11 月 20 日。

42.张成良:《城市党报新闻评论面临的困境与突围》,《青年记者》2015 年第 11 期。

43.张成良:《新闻舆论:概念源流与内涵解读》,《中国社会科学报》2017 年 3 月 16 日。

44.张凤千:《报纸评论专栏策划研究》,《现代经济信息》2006 年第 6 期。

45.张涛甫:《时评为时而著　教育因势而变——互联网时代评论写作的

变与不变》,《新闻记者》2019 年第 10 期。

46.张学文、冯军福:《探析新时代党报评论的困境与突围——以〈河南日报〉的评论实践为例》,《新闻爱好者》2020 年第 12 期。

47.张毅:《融媒时代网络新闻评论的特征与传播效果》,《新闻世界》2019 年第 7 期。

48.张颖无、李亚彬:《关于真理标准问题的讨论:推动时代变革的思想先声》,《光明日报》2021 年 3 月 24 日。

49.赵永多、周杨、李佳:《新媒体环境下新闻评论的创新策略》,《今传媒》2017 年第 12 期。

50.赵振宇:《关于新闻评论现状与发展的思考》,《媒体时代》2011 年第 8 期。

51.赵振宇:《怎样认识和做好新闻评论》,《新闻战线》2018 年第 8 期。

52.郑妮:《论电视新闻评论主体的多元化呈现———以央视新闻评论为例》,《西部广播电视》2017 年第 14 期。

53.周世康:《第二十五届中国新闻奖评委眼中的好新闻——来自评奖现场的报告》,《传媒观察》2015 年第 11 期。

54.朱丞轩:《融媒体时代背景下新闻评论类节目的创新分析》,《新闻传播》2021 年第 8 期。

55.朱迪:《新闻评论在重大突发事件中的舆论引导分析——以新冠肺炎疫情期间的主流媒体为例》,《新闻知识》2021 年第 1 期。

56.庄颖娜、王静:《报纸新闻评论的形态变化及功能拓展》,《新闻研究导刊》2002 年第 6 期。

后　记

本书构思缘于山东省新闻传播学本科教学指导委员会的总体策划与安排。2019年起，教学指导委员会便策划这批系列教材的编纂工作。作为教学指导委员会的秘书长，受到各位委员的托付，在遵循整套丛书的编纂体例和相关要求的同时，我也在考虑本书的框架设置等问题。《新闻评论》是我讲授了十余年的一门课程，也是我第一次以召集人身份主编的教材。

本书将前面四章作为上篇，是理论部分，主要涵括了新闻评论的性质与新闻评论的形态、新闻评论的党性原则、新闻评论的主体、新闻评论的事实等。下篇实践部分由新闻评论的选题策划、论证、标题制作、文风与语言，再加上三种代表性的报纸评论、广播电视新闻评论和网络新闻评论构成。

本书的理论部分从评论文体的本位视角出发，通过对主体、事实及其遵循的原则问题入手，突出新闻评论的学理性内容和影响；教材的实践部分则强调了在实践新闻评论写作中的主要关注点和写作规范等，是从形而上的认知到实践写作的过程。最后的三种评论文体意在说明现实评论的主要媒介形态和特征问题。

本书的编撰是集体智慧的结晶。感谢我的同事和我的研究生们，他们积极参与本书撰写，为本书的编写提供了宝贵的视角。本书最后由研究生林恩全统筹校对和排版，研究生韩萍、刘远参与了本书的校对工作，研究生闫思瑾参与了后期校对修改工作。为了增强教材的可读性，我们同步推出了配套教材的PPT，分别由研究生林恩全、李晓慧、尹美琪、李珂心、韩萍、魏忠淏、赵大友、闫思瑾、陈淑湘、乔欢、韩金池参与制作完成，在此表示感谢。

新兴媒介环境给新闻实践带来的机遇与挑战，远远超出我们的认知和想象，面对不断变化的媒介环境，新闻评论正展现出全新的原则和姿态，未来的新闻评论如何，是更加平民化还是更加精英化，都值得我们期待。

媒介形态的发展演进，永无止息；新闻评论实践发展的走向，我们将继续关注。

编　者

2021 年 8 月于烟台